中國学術思想 研究輯刊

初 編
林 慶 彰 主編

第21冊
讖緯思想研究

殷 善 培 著

花木蘭文化出版社

國家圖書館出版品預行編目資料

讖緯思想研究／殷善培 著 — 初版 — 台北縣永和市：花木蘭
文化出版社，2008〔民 97〕
目 2+196 面：19×26 公分
（中國學術思想研究輯刊 初編：第 21 冊）
ISBN：978-986-6657-93-1（精裝）
1. 讖緯
296.5   97016356

ISBN - 978-986-6657-93-1

中國學術思想研究輯刊
初　編　第二一冊　　　　　　　ISBN：978-986-6657-93-1

讖緯思想研究

作　　者　殷善培
主　　編　林慶彰
總 編 輯　杜潔祥
出　　版　花木蘭文化出版社
發 行 所　花木蘭文化出版社
發 行 人　高小娟
聯絡地址　台北縣永和市中正路五九五號七樓之三
　　　　　電話：02-2923-1455／傳真：02-2923-1452
網　　址　http://www.huamulan.tw 信箱 sut81518@ms59.hinet.net
印　　刷　普羅文化出版廣告事業
封面設計　劉開工作室
初　　版　2008 年 9 月
定　　價　初編 28 冊（精裝）新台幣 46,000 元

作者簡介

殷善培，淡江大學中文系學士、碩士，政治大學中文系博士，現任淡江大學中文系副教授。著有《讖緯中的宇宙秩序》、《讖緯思想研究》及〈讖言與美刺：漢代謠諺的兩種類型〉、〈郊祀歌與漢武帝的郊祀改制〉等論文數十篇，近年致於漢代禮制及郊祀歌的研究。

提　　要

　　「讖緯」即漢代的圖讖之學，後世也泛指一切與占驗有關的文字，但本題的「讖緯」義取前者，並不涉及漢代以後的各種讖言圖籙。「讖緯」在歷史上的地位頗尷尬；因其涉入天命國運，起事者奪權時藉讖緯以明天命，但奪權後又懼他者攻其矛盾，所以自曹魏立下禁令後，幾乎無代不有禁令，致令讖緯文獻散佚；又因讖緯的非理性思維，學者多以迷信、荒誕排斥之，導致讖緯研究長期受到冷落。本文試圖從宏觀高度來評述讖緯思想，文分引論、本論、結論三部份。引論部份先將歷來研究的定位與取向做一整體的把握，並指出本文所運用的方法。本論部分依序從讖緯的名義與篇卷、命名與敘述、思維結構、主題結構等四章來綜攝讖緯思想，運用敘述學、詮釋學等方法來掌握漢代讖緯所欲回應的時代問題及其回應之道。結論部份則以《白虎通義》與讖緯為例說明漢代學術與讖緯的關係。

目

次

引　論

　　本題既名爲「讖緯思想研究」理當先就「讖緯思想」進一解。

　　「讖緯」即漢代的圖讖之學，雖後世頗亦泛指一切與占驗有關的文字（不過，實際上又特指與國運盛衰有關的讖言），但本題的「讖緯」義取前者，並不涉及漢代以後的各種讖言圖籙。「思想」簡單地說就是「建立判斷（命題）與推理的活動」（勞思光：《思想方法五講》，香港：香港友聯，頁4），或者說是「有規律地想」（波謙斯基，王弘五譯：《哲學講話》，台北：鵝湖，民國72年，頁49）。「讖緯思想」可以從「第一序」（first order）探討，說明「讖緯」在思想上的種種特質；亦可從「第二序」（second order）闡釋，研究其在思想史上的意義。本題所謂「讖緯思想」是就「第一序」來論說的，以期爲「第二序」立一基礎。

　　「讖緯」在歷史上的地位頗尷尬；因其涉入天命國運，起事者奪權時藉讖緯以明天命，但奪權後又懼他者攻其矛盾，所以自曹魏立下禁令後，「圖書讖緯」就幾乎無代不有禁令了。〔註1〕耐人尋味的是，這類文獻多不是因其內容不稽而遭禁絕，而是因爲它們構成了對既有秩序的潛在威脅，遂成爲政治

〔註1〕曹魏之禁，見《三國志·魏書·常林傳》引魚豢《魏略》；煬帝之禁，見《隋書·經籍志》。歷代查禁讖緯的情況，鍾肇鵬曾製表說明，參見鍾肇鵬《讖緯論略》，頁32～33。值得一提的是，《周禮·春官·大司樂》鄭注引《孝經說》，唐·賈公彥疏：「孝經說，『說』即緯也。時禁緯故云說。」而《禮記·檀弓下》孔穎達疏亦說：「鄭志：張逸問禮，註曰：『書說』。『書說』何書也？答曰：《尚書緯》也。當爲注時，在文網中。嫌引秘書，故諸所牽圖讖皆爲之『說』云。」漢末果有禁讖緯之事？史無明文，難以稽考。但以「說」指讖緯，應當是視此類文獻如解經之注、傳、故一類，與禁緯無涉也。又，歷朝查禁讖緯動機及方式可參見安平秋、章培恆主編《中國禁書大觀》（上海：上海文化，1990），第一部份，中國禁書簡史。

角力下的犧牲品。也許就是這番歷史因緣的影響，如何為「讖緯」尋得學術
上的定位，迄今仍乏共識！不過在東漢，反對「讖緯」的只不過桓譚、尹敏、
張衡、王充等數人而已，上至帝王公卿，下至儒生循吏，更多是接受與學習；
這不宜以「上之所好，下必從之」來權為解說。試想：東漢重氣節，顧炎武
且譽為「三代以下，風俗之美，尚無過於東京者」（《日知錄》卷十三），若明
知其為非，氣節之士豈有不大加撻伐之理？不過，這並不是說「讖緯」中絕
無虛妄難徵的內容，恰恰相反，這些內容不但處處可見，更可說是讖緯明顯
的特徵，這種認知上的差距其實反應出我們與漢代已存在「不可共量性」
（incommensurability），〔註 2〕因此，若不進一步理解「讖緯」的搏造（如命
名、敘述型態、思維結構、主題結構），而只泛論讖緯種種就不免成了對塔說
相輪了！我們權以此篇〈引論〉將歷來研究的定位與取向做一宏觀的把握，
以為本題「讖緯思想」張本。

一、讖緯研究的取向

　　研究的終極目標雖不外是展現整體，但具體研究卻得從選擇特定的方向著
手。準此，讖緯研究的取向不外基礎研究、讖緯學史研究與專題研究這三類：

（一）基礎研究

　　「基礎研究」指對讖緯文獻所進行的輯佚、校勘、釋名工作。

　　隋煬帝時下令「凡與讖緯相涉者皆焚之，為吏所糾者至死。自是無復其學，
秘府之內，亦多散亡。」（《隋書·經籍志》），這次嚴重焚禁以致唐代只存讖緯
十三部九二卷，宋末元初馬端臨《文獻通考》時更只存易緯八種及《禮·含文
嘉》而已；其後易緯八種亦復散佚，直到有清四庫館臣方從《永樂大典》輯出
易緯八種。〔註 3〕從輯佚史看，讖緯輯佚始見於元末陶宗儀的《說郛》，〔註 4〕
但陶氏並非刻意進行讖緯做輯佚工作，因此輯錄無多；真正讖緯輯佚工作從明

〔註 2〕「不可共量性」是孔恩在《科學革命的結構》（台北：遠流，民國 78 年，王
　　　道還中譯本）一書所提出的概念，照孔恩的說法，兩套理論若無法完全地翻
　　　譯到一個中立語言中去，這兩套理論便是不可共量的。廣為漢人所接受的讖
　　　緯，到了今天反而被視為迷信、神秘，這也是一種「不可共量」的現象。
〔註 3〕易緯八種並不非全係漢代舊有，詳見本論第一章第三節的考辨。
〔註 4〕今所存的《說郛》有二種版本，一是宛委山堂刊本，百二十卷，為清初陶珽
　　　所增訂；一是商務印書館排印的百卷本，是民國 16 年張宗祥據京師圖書館所
　　　藏明抄本校訂而成，而後者較前者為詳瞻。

代才展開，先是孫轂《古微書》卅六卷，《古微書》本有刪微（輯圖緯）、焚微（輯秦以前逸言）、線微（輯漢晉間箋疏）、闕微（微皇古七十二代之文）四部，而館臣所得僅有「刪微」一部，計有：尚書緯十一篇、春秋緯十六篇、易緯六篇、禮緯三篇、樂緯三篇、詩緯三篇、論語緯五篇、孝經緯七篇、河圖緯九篇、洛書緯五篇。雖說孫氏此書將伏生《大傳》視爲讖緯，且未著明文獻出典，檢覈不便，但對後來的輯佚者提供了良好的「底本」，其價值正如《四庫總目》所云的「其採摭編綴，使學者生於千百年後，猶見東京以上之遺文，以資考證，其功亦不可沒。」其後楊喬嶽亦輯有《緯書》十卷，唯缺失一如《古微書》。

有清讖緯輯佚之風頗盛，康熙時期朱彝尊《經義考》卷二九八〈通說四‧說緯〉及卷二六二至二六七的「毖緯」，所蒐篇目最爲博洽，今日所見讖緯篇目幾乎全臚列其中。道光年間，李元春輯有《諸經緯遺》一卷，資料並未超出前述諸書，較無特色；嘉慶年間，林春溥編有《古書拾遺》其中〈緯候逸文〉類收有部份讖緯資料；趙在翰輯《七緯》卅八卷，所收緯書較爲完備，並且著明出典，唯資料只限在緯；至於讖，一蓋不收，這與趙氏墨守《四庫總目》對讖緯的界定有關。輯佚大家馬國翰《玉函山房輯佚書》「經篇緯書類」收有尚書中候三卷、尚書緯五篇、詩緯三篇、禮緯三篇、樂緯三篇、春秋緯十五篇、孝經緯九篇、論語讖八篇，並對《古微書》舛誤處加以訂正。黃奭《漢學堂叢書》亦收有〈通緯逸書考〉五十六種，即河圖類七種、洛書類四種、易類六種、書類四種、詩類三種、禮類三種、樂類二種、春秋類十五種、論語類二種、孝經類五種，另有〈附讖〉一類，收有《河圖‧聖洽符》、《論語‧撰考讖》、《孝經‧雌雄圖》、《遁甲開山圖》四種。不過，有清讖緯輯佚中最爲博賅的該算是光緒年間喬松年的《緯攟》十四卷，其中卷一至卷十二爲讖緯輯佚資料，收有易緯十四篇、尚書緯七篇、尚書中候十四篇、詩緯三篇、春秋緯二十三篇、禮緯三篇、樂緯三篇、孝經緯九篇、河圖緯卅一篇、洛書緯七篇。卷十三爲〈古微書訂誤〉，卷十四爲〈古微書存考〉。其他如陳喬樅、胡薇元、殷元正、廖平等均單獨對詩緯進行輯證或考釋，因數量不多，難與前述諸家比肩，故此處從略。〔註5〕

目前最好的輯佚本當推日本學者安居香山、中村璋八兩先生所輯六卷八

〔註5〕 清末今古文之爭亦帶動了讖緯的輯佚與詮解，如：廖平有《詩緯新解》一卷（新訂六藝館叢書）、胡薇元有《詩緯含神霧訓纂》、《詩緯推度災訓纂》、《詩緯氾歷樞訓纂》各一卷（玉津閣叢書甲集）。

冊本的《重修緯書集成》（前身是油印本的《緯書集成》），這套集成係兩先生歷時卅年所得的成果，以喬松年《緯攟》為底本，彙錄《說郛》、《古微書》、《緯書》、《古書拾遺》、《諸經緯遺》、《七緯》、《玉函山房輯佚書》、《漢學堂叢書》、《黃氏逸書考》、《集緯》及中國、日本所藏未刊刻及新出土文獻（包括敦煌文獻），且還原至原引典籍如十三經注疏、《大戴禮記》、《五行大義》、《天文要錄》、《天地瑞祥志》、《開元占經》、《困學紀聞》、《北堂書鈔》、《初學記》……等四部圖書進行校勘，卷末並附有條目索引，頗便取覽。此套集成，一九五九年三月出版卷三（詩‧禮‧樂）及卷六（河圖‧洛書）二冊，九月刊行卷二（書‧中侯），一九六○年三月刊行卷五（孝經‧論語）、十一月刊行卷一（易上），次年刊行卷一（易下），一九六三年刊行卷四（春秋上），一九六四年刊行卷四（春秋下），然後吸收各方意見及新出資料，於一九七一年三月刊行《重修緯書集成‧卷三》，並計劃以三年一冊的進度做進一步的補充修正，至一九九三年二月推出《重修緯書集成‧卷四》（春秋下）而告一段落（安居先生於 1999 年謝世，此冊為中村先生及其助手合力完成）。只是「校書如掃落葉」，雖傾卅年心力，多方校勘，但仍存有許多缺失，陳槃先生就指出刪削注文之不當，〔註6〕鐘肇鵬先生更提出了句讀、校理、文字之誤及重複、誤引等現象，〔註7〕然瑕不掩瑜，此集成仍是目前讖緯研究上最方便的資料。

再則是上海古籍出版社一九九四年六月出版的《緯書集成》（上下二冊），收錄了緯書輯本十三種：

1. 易緯：據文淵閣《四庫全書》本影印。
2. 說郛：據明宛委山堂本《說郛》摘印《緯攟》五所收緯書三十五種，另附以民國排印本《說郛》卷二所收緯書十三種。
3. 古微書：據文淵閣《四庫全書》影印。附以潘承弼所藏清對山問月樓刊本《古微書》殘帙（缺尚書緯），上有清人批校。
4. 緯書：即《集緯》，據上海圖書館所藏寫本影印。〔註8〕

〔註6〕 陳槃曾舉出不少例子，詳見《古讖緯研討及其書錄解題》（台北：國立編譯館，民國 80 年），頁 366、404、460、468，471、504、510、518。
〔註7〕 鐘肇鵬，《讖緯論略》（遼寧：遼寧教育，1991），頁 268～276。不過，我們以為這裡涉及幾個問題，一是重複、誤引有些是與所據底本有關，這是方法上的問題，倒不一定是編者之誤；二是斷句，從韻譜加以歸納倒不失為好方法。
〔註8〕 安居、中村二氏所據引的《緯書》係日本京都大學圖書館所藏平江蘇氏鈔本，為全帙，而上海圖書館所藏乃胡金諧之觀我生齋鈔本。

5. 七緯：據上海圖書館所藏小積石山房嘉慶十四年刊本影印。原爲獨山莫棠銅井文房舊藏，書中有批校語。

6. 諸經緯遺：據道光十五年刊青照堂叢書第二函摘印。

7. 七緯拾遺：據上海圖書館所藏寫本影印，書中有校語及眉批。

8. 詩緯集證：據道光二十六年刊本影印。

9. 玉函山房輯佚書：據清代通行本摘印卷五三～五八的「經編緯書類」

10. 緯攟：據光緒四年強恕堂初刊本影印。

11. 通緯：據光緒年間印本影印。

12. 玉函山房輯佚書續編：據上海圖書館所藏稿本摘印其中緯書部份。

13. 緯書佚文輯錄：搜集中、日古籍中尚未爲以上諸輯本所收入之緯書佚文。

另收有相關資料五種：

1. 張惠言《易緯略義》

2. 孫詒讓《札迻》

3. 姚振宗《隋書經籍志考證》卷九

4. 朱彝尊《經義考》卷二六三～二六七

5. 陳槃先生之讖緯書錄解題。

上海古籍出版社的這一套集成基本上是將安居、中村二氏集成本所用的資料加以還原，這對讀者檢覈原始資料時頗爲方便，但若與安居、中村之集成本相較，明·楊喬嶽《緯書》十卷及清·林春溥《古書拾遺》未收，這可能與編輯者僅以上海易見者爲準有關（因集成本所引楊喬嶽《緯書》藏日本內閣文庫），令人不解的是，既收陳喬樅《詩緯集證》卻不收胡薇元、廖平等人的詩緯論述，不知原因安在。〔註9〕

基礎研究的論述以安居、中村兩先生的《緯書の基礎的研究》（東京：圖書刊行會，昭和四一年）最爲重要，此書分思想篇（安居）及資料篇（中村）兩部份。中村先生整理的「資料篇」，第一章〈緯書資料的問題所在〉將中國歷朝各書志中所記戴的讖緯篇目資料，日本歷代引用讖緯資料及中國的讖緯輯佚研究做了詳細的考索，並附有〈現存緯書篇目一覽表〉，便於取覽，第二章〈各緯書中的問題〉則是讖緯文獻的解題。

〔註 9〕但據《叢書總目集成》上海圖書館藏有胡薇元、廖平著作，所以確實的原因待考。

（二）讖緯學史研究

讖緯學史研究包括讖緯的起源與流衍、讖緯通論以及讖緯與漢代思想史的研究等等，目前已有的方向是：

1. 源與流的研究

在探討讖緯來源、名義等問題上最具代表性的是陳槃先生。陳先生一系列有關讖緯論述，多發表在中央研究院史語所集刊，民國八十年彙編爲《古讖緯研討及其書錄解題》（台北：國立編譯館），全書共有七篇書錄解題及三篇附錄，書錄解題部份探討了讖緯篇卷中的七十二篇，〔註 10〕研討部份則有〈秦漢間之所謂『符應』論略〉、〈論早期讖緯及其與鄒衍書說之關係〉、〈讖緯命名及其相關之諸問題〉、〈戰國秦漢間方士考論〉四篇文章，陳先生的主要論點大致是：

一、讖緯起源於鄒衍及燕齊海上之方士。

二、讖緯是秦漢間符應說下的產物，亦即秦漢間人迷信的遺說。

三、讖、緯、圖、侯、符、書、錄，七名者，其於漢人通稱互文，同實異名。

這些論點對往後讖緯學的研究起了極深遠的影響，尤其是第三點，幾已成今日學界對讖緯的「共識」。不過，我們以爲「讖緯起源於鄒衍及燕齊海上之方士」只適用於河圖、洛書並不包括諸緯；符應是「受命」系統的一個主題（「受命」與「天文」並爲讖緯結構系統）；至於讖緯互辭無別並不是漢代通例，這些問題牽涉到與讖緯整體的理解，無法簡單地論述，我們將在本論第一章第一節（互辭問題）、第三章（起源問題）及第四章（符應問題）詳加回應。

至於流變方面目前除了丁鼎、楊洪權的《神秘的預言：中國古代讖言研究》（山西：山西人民，1993）、李豐楙〈唐人創業小說道教圖讖傳說〉（《六朝隋唐仙道類小說研究》，台北：學生，民國 75 年，第六章）等少數論述外，尚未有進一步的研究。

2. 讖緯通論

安居先生以《緯書成立の研究》於一九七七年獲文學博士學位，後將此書擴編成《緯書の成立とその展開》一書，這是一部相當具有份量的讖緯研

〔註10〕這七二篇主要是對河圖及洛書篇目進行解題，至於六經緯只零星處理了春秋緯、孝經緯等少數篇目。

究專著，前篇環繞在讖緯成書的種種問題上，其中最值得留意的是第五章，從釋經與齊詩學等多重角度考察詩緯，此章足以說明讖緯研究在學術史上所俱有的意義，也開啓了讖緯學研究的一個新方向。至於後篇從東漢受命改制、感生帝說及圖讖特性等立論探討讖緯在思想史意義，這是讖緯顯而易見的主題。

　　安居先生《緯書》（東京：明德，昭和四四年）及《緯書と中國神秘思想》（東京：平河，1988），〔註11〕前者是普及讀物，後者是前者學術新版，也可以說是安居先生讖緯研究的晚年定論，安居先生在〈前言：怎樣正確理解中國思想〉指出：不能正視讖緯就無從正確理解中國思想。爲調和儒學正統對讖緯的排斥，安居先生提出了「緯書思想是儒教思想向神秘方向的傾斜……緯書並不是『向迷信墮落』的產物，而是對儒教經典所作的神秘解釋。因此，它不是墮落，而是朝某一方向的傾斜，是從另一個角度對儒教經典所作的新解釋。把這種傾斜和新解釋看作是向迷信的墮落，這是作者表述的自由。但無可否認的是，這種說法會貽誤讀者。」（中譯本，頁 7）這無疑是十分通達的見解。

　　鍾肇鵬的《讖緯論略》（遼寧：遼寧教育，1991），臺灣洪葉書局有繁體字版。本書一如黃開國評介中所說的：「這是四十多年來『國內』學者撰寫的第一部系統研究讖緯的學術專著。」（《中國社會科學》，總七九期，1993 年一月），從這一角度看，《讖緯論略》一書的導論、入門意義是絕對存在的，〔註12〕鍾先

〔註11〕《緯書》爲明德出版社「中國古典新書」套書中的一冊，分解說及本文兩部份：這是本言簡意賅的普及著作，文不求深，旨在爲有興趣者提供導引；相較而言，海峽兩岸就缺乏此類普及讀物。《緯書と中國神秘思想》有河北人民出版社田人隆中譯本（1991 年），前有呂宗力序文〈緯書研究和安居香山〉。值得一提的是，第五章〈中國革命的特點〉是安居先生讖緯學研究的重點之一，在這一主題方面，安居先生還著有《予言と革命》（東京：探究社，1976）及《中國神秘思想へ日本とその展開》（東京：第一書局，1984）。

〔註12〕黃光國以爲本書有三方面的成就：一是對讖與緯的異同及讖緯的形成作出了證據充分的說明。二是對讖緯繁雜的思想進行了全面、深刻的分析，揭示了讖緯的實質，該書第一次將讖緯的思想內容歸結爲對經典的解說，關於古代的典禮制度、解說文字、天文學、歷法與氣象、地理、古史與神話傳說、符瑞、災異九大類……該書認爲，讖緯內容雖博，但其中卻貫穿著以陰陽五行爲體架的天人感應神學目的論，它繼承郵衍和董仲舒的陰陽五行說及天人感應神學目的論加以發展而成。三是對讖緯和與其相關的重大問題之間的關聯作了精深縝密的研究，最值得指出的是作者對讖緯與漢代今文經學的分析。於是得到「全書取材廣博，論辨精審，剖析入微，文字明晰，創見迭出」這

生憑其深厚的學術涵養，在既有研究的成果上縱橫論說，的確做到「論略」應有的工作，使讀者能於最短時間內掌握讖緯學的大要，在宏觀研究上具有一定價值。

3. 讖緯與漢代思想史

思想史類的通論研究最容易看出讖緯定位的轉變，從顧頡剛、侯外廬、任繼愈到金春峰，就是最清楚的線索。

顧頡剛《秦漢的方士與儒生》的第十九～二十一章分別以〈讖緯的造作〉、〈讖緯的內容〉、〈讖緯在東漢時的勢力〉為名，將兩漢讖緯史上重要發展扼要敘述，文中顧氏以為讖緯的出現有三種使命：

一是、把西漢二百年中的術數思想作一次總整理，使得它系統化。

二是、發揮王莽、劉歆們所倡導的新古史和新祀典的學說，使得它益發有證有據。

三是、把所有的學問、所有的神話都歸納到六經的旗幟之下，使得孔子真成個教主，六經真成個天書，借此維持皇帝的位子。

雖然說讖緯是否有這三種「使命」頗有問題，但卻能清楚的點出讖緯在當時的時代意義而不以「迷信」來貶抑，這種態度在當時是難能可貴的。〔註13〕

樣的結論。事實上，這本書的研究成果並未有超越陳槃、安居、中村諸先生的研究水平，黃氏以為三大成就的第一點陳槃先生早在半世紀以前就已揭櫫，也幾已成為今日讖緯學研究的「共識」，鍾氏只是在此基礎上更舉例證來說明，並非自創新說，而且在我們看來這些例證的強度都是可以再商榷的（詳見本論第一章第一節）。黃氏所謂的成就之二，顧頡剛《秦漢的方士與儒生》第二十章〈讖緯的內容〉就明白指出：「讖緯的內容，非常複雜；有釋經的，有講天文，有講歷法的，有講神靈的，有講地理的，有講史事的，有講文字的，有講典章制度的。可是方面雖廣，性質卻簡單，作者死心眼兒捉住了陰陽五行的系統來說話，所以說的話儘多，方式只有這一個。」（頁129）這裡已將讖緯內容概分為八大類，至於讖緯與鄒衍的關係，陳槃先生早在大陸中研院時期所發表的〈論早期讖緯與鄒衍書的關係〉就已詳為論述，這都不是鍾氏的創獲。黃氏以為的第三大成就更不是什麼發現，皮錫瑞《經學歷史》就已經說：「漢有一種天人之學而齊學尤盛。伏傳五行，齊詩五際，公羊春秋，多言災異，皆齊學也。易有象數占驗，禮有明堂陰陽，不盡齊學，而其旨略同。當時儒者以為人主至尊，無所畏憚，借天象以示儆，庶使君有失德者猶知恐懼修省……後世不明此義，謂漢儒不應言災異，引讖緯，於是天變不足畏之說出矣。」清末以來說者甚夥，安居、中村二氏考辨更精，這也不是鍾氏的「成就」。

〔註13〕此書原名《漢代學術史略》，民國35年出版，1954年改今名，此處所據為台北里仁書局民國74年翻印本。讖緯是否真有這三種使命？值得商榷的！首

大陸學界大老侯外廬的《中國思想通史·第二卷》（北京：人民，1957），雖未有專章論述讖緯，但第七章〈漢代白虎觀宗教會議與神學思想〉，就與讖緯頗有關聯，其說以為：

一、我們認為白虎觀所欽定的奏議，也就是賦予這樣的『國憲』以神學的理論根據的讖緯國教化的法典……圖讖緯書是神學和庸俗經學的混合物。這種經義國教的意義，和恩格斯所指出的基督教是一種神學和庸俗派哲學的混合物同樣……」（頁224）

二、其實如果把《白虎通義》的文句和散引於各書中的讖緯文句對照，各篇都是一樣的，百分之九十的內容出於讖緯，我們以為《白虎通義》之為庸俗經學和神學的混合物，從宗教儀式和宗教信仰兩方面都可以看出來……《白虎通義》在這方面就大量地「隱括緯候，兼綜圖書」，以曲說六經，附和皇帝完成國教的意志了。因此，《白虎通義》與其說是雜引經義本文，不如說主要是雜糅圖讖緯候。（頁229～230）

從神學的角度說讖緯是彼岸學者在意識型態影響下所做的論斷，也就是所謂貼標籤的作法，其說有得有失，容後析論。〔註14〕

先，如果僅就結果看，「讖緯將術數思想作一總整理，使得它系統化」，這樣的說法是可以成立的，讖緯的確是將西漢二百年，甚至更久遠以來的術數思想做了一番整理，也確實呈現出系統化傾向，但，這並非其「使命」而是理論發展上的必然現象，讖緯的「使命」乃在回應以及解決漢代社會思想的問題上；從這角度看，顧氏所說的第二點才與「使命」較為切近。但新古史、新祀典學說並不始於王莽、劉歆所倡導，而是與漢代中期所興的禮制革新運動有相當關係，顧氏此說太刻意強調王莽、劉歆，反而無法彰顯讖緯出現在漢代的意義。至於第三點的說法就未免本末倒置了，讖緯不是將所有學問、神話歸納進來，恰恰相反，讖緯是將其思想藉由學問、神話一一放射出去，「孔子真成教主」真成教主的問題，是為孔子「聖王」形象立說，以俾與堯、舜、禹、湯等聖王並立，從而為漢家取法，其使命不在「借此維持皇帝的位子」，此是關鍵所在，不可不辨。

〔註14〕 這裡先就讖緯與《白虎通義》的關係稍加辨析：《白虎通義》明確徵引讖緯者雖只有二十餘則，但由清·陳立的《白虎通疏證》的徵引中是很容易得到「百分之九十的內容出於讖緯」這樣的印象。只是，這樣的「印象」對嗎？我們以卷四〈封公侯〉「論三公九卿」條為例，原文是：「三公、九卿、二十七大夫、八十一元士，凡百二十官。下應十二子。」陳立疏證云：「《公羊·桓八年》注：『天子置三公、九卿、二十七大夫、八十一元士，凡百二十官，下應十二子。』《疏》引〈元命包〉云：『立三台以為三公，北斗九星為九卿，二十七大夫，內宿部衛之列，八十一紀以為元士，凡百二十官焉，下應十二子。』

任繼愈《中國哲學發展史・秦漢卷》（北京：人民，1985）有〈緯書綜述〉一章，文分〈讖緯的興起及其在經學中的地位〉、〈緯書的編纂流傳和篇目解題〉、〈緯書的內容和易緯的思想分析〉四節，提出：

一、讖緯這種社會思潮是和兩漢之際的社會政治危機緊密相連的……但是一旦危機過去，鞏固封建統治秩序的要求提上日程，讖緯這種形式就變成了一種不安定的破壞性的因素，所以它始終不能取代正統的神學經學的地位，上升爲長期的統治思想。（頁 416）

二、李尋從純學術性的章句訓學走向正統的神學經學，又從正統的神學經學走向含有早期道教性質的神道，是因爲在當時情勢下，需要利用它以表達政見，從事鬥爭……從李尋的學術傾向的演變，不難窺探讖緯作爲一種社會思潮冀起的原因。（頁 421）

三、在緯書中，畢竟是災異和符命的思想所占的比重最大，而讖緯之所以爲讖緯，它的本質屬性也就在這裡。這就不能適應當時穩定秩序的需要，而只能被各種大大小小的野心家所利用，反過來破壞秩序的穩定。（頁 427）

四、由於緯書的出現，風起雲湧，找不出它的師法傳授系統，不可能形成一個學派，它的地位實際上已降到古文經學之下。今文經學和古文經學在自己的著作中援引讖緯，只是爲了迎合時代風氣，論證自己的觀點。而讖緯作爲一種社會思潮已成爲強弩之末。（頁 428）

五、在編纂《白虎通義》的過程中，儘管今文經學家和古文經學家爲了迎合時尚，「附世主之好」、「援緯證經」，但主要只吸取了其中有關

注：『此言天子立百二十官者，非直上紀星數，亦下應十二辰，故曰：下應十二子。』《續漢・天文志》『天者北辰星，合元垂耀建帝形，運機授度張百精。三階，九列，二十七夫夫，八一十元士，斗、衡、太微、攝之屬，百二十官，二十八宿各布列，下應十二子，亦斯義也。」從陳立之疏證似乎可證此文是暗用讖緯之說，不過，若眞是暗用讖緯之說，以讖緯在當時位凌經學的地位怎會不標明以趨時呢？這就值得玩味了。我們以爲有二個方面可能：一是與讖緯定位有關，即讖緯從圖讖轉變到圖緯的過渡現象（參見：結論），二是《白虎通義》是白虎觀會議的「共識」，在今文經學仍取得優勢的情況下，《白虎通義》的文字往往是漢代今文家的通說，而非讖緯的一家之言這一現象恰好提供我們一個反省，即不能將與讖緯相似的說法均說成是受到讖緯的影響，因爲這些相似的說法是彼時的通說而非援自讖緯，讖緯充其量不過較有系統說明、或較爲人主所重視罷了，若由此而得到《白虎通義》「與其說是雜引經義本文，不如說主要是雜糅圖讖緯候」，這樣的結論就有待商榷了。

論述三綱五常的一些內容，而把決定讖緯的本質的災異和符命的內容大量刪汰了……讖緯作為一種社會思潮已經完成了它的歷史使命，而演變為經學用帥「以緯證經」的學術面目了。(頁 428～430)

六、讖緯進一步的發展是逐漸從經學中脫離出帥，而演變為方術……讖緯發展到這一階段，就社會思潮而言，已經退出政治舞台了……東漢末年的歷史條件不同於西漢哀平之際，反映這個時期的危機的思想意識，是以王符、崔寔、仲長統、荀悅為代表的社會批判思潮，而不是讖緯。(頁 431)雖然在馬克斯主義的氛圍下，任氏基本上不脫「神學」的詮釋觀點，且論李尋處也略有誤解(參見：本論・第一章第一節)，但其說值得重視；尤其是三～六項的說法十分通透，也是值得再進一步探討的論述，可惜似乎未得到研究者的重視。〔註15〕

至於金春峰《漢代思想史》(北京：中國社會科學，1987)中有〈讖緯在哀平時期泛濫及其思想意義〉一文，大致以為：

一、讖緯是今文經學迅速政治化、庸俗化並和漢代神學迷信相結合而孕育的一個怪胎。(頁 342)

二、但讖緯並未能使儒學成為宗教，這裡根本的原因是在於讖緯與宗教的相似，僅在它的外表，而在實質上讖緯與真正宗教的性格是恰恰反對的。(頁 348)

三、讖緯不是立足於社會，而是完全立足於政治之上的……就其神學方面說，它實際上沒有超出世俗迷信和淫祀的水平。因此它沒有教義，沒有理想，沒有任何吸引人們精神和解除現實痛苦的魔力……(頁 349)

〔註15〕至於說讖緯的本質是符命與災異，我們以為應該說「讖緯思想的主軸是「天文」與「受命」(參見：本論第四章)，「天文」與「受命」最適合鼎革之際援天命以為「合法性」之證，所以一旦天下初定，禁燬讖緯也就成了當務之急，光武宣佈圖讖於天下其實也是另一形式的禁燬，所以才有明帝永平十五年的「(楚王)英與漁陽王平、顏忠等造作圖書，有逆謀。」(《後漢書・光武十王傳》)的政治事件出現，其餘禁讖緯年代，如泰始三年(據西晉開國三年)、永徽二年(距唐開國卅三年)、太平興國二年(距北宋開國十七年)、景德元年(距元滅宋五年)、洪武六年(距明開國六年)，與開國年代如此接近，其奧妙就可堪玩味了(參見江曉原《天學真原》，遼寧，遼寧教育)。至於第四、五點中，任繼愈提出了讖緯階段性任務轉變的說法，這樣的理解確實掌握了讖緯的精神，讖緯從符命、災異為主轉而成援緯證經，再流衍成方術，正好說明了讖緯三部曲，若不能將這三階段的變化掌握，釐清每一階段的不同特質，只是泛泛地就讖緯表象進行分類，恐怕才是治絲愈棼之事。

四、讖緯神化孔子目的僅在於把孔說成受命的聖王。他的任務仍然是修、

齊、治、平，而不是拯救人的靈魂，以解脫人世的苦難。（頁 349）

金氏的思考進路仍是從馬克斯主義的詮釋立場，雖然相較於早期侯外廬毫無疑議地接受「讖緯神學」的說法，已有相當程度的轉變，但是不管證成讖緯神學之說也好，反對讖緯神學之說也好，都是視「讖緯神學」來發揮，不過，從顧頡剛到金春峰，我們可以看出以「宗教神學」來詮釋讖緯的轉變歷程。

（三）專題研究

與讖緯學史的研究相較，專題研究是屬於微觀的研究，這種研究取向對讖緯研究領域的開拓有相當的貢獻，也是目前最主要的研究取所向，基本上可以分為如下主題（1992 年以前論著目錄俱見林慶彰《經學研究論著目錄》，為醒眉目，下文所舉篇目見於該書者一概只列作者、篇名）：

1. **讖緯與經學**
    （1）釋經研究：江婉玲《易緯釋易考》
    （2）讖緯與儒學：周予同〈緯書與今古文學〉、〈緯書中的孔聖與他的門徒〉、呂凱師《鄭玄之讖緯學》。

2. **讖緯與歷史**
    （1）讖緯與漢代政治史：陳郁芳《東漢讖緯與政治》、金發根〈讖緯思想下的政治社會〉、王步貴〈讖緯與漢代政治〉（詳下）、王清淮〈兩漢讖緯透視〉、鍾肇鵬〈讖緯與政治〉、冷德熙〈緯書與政治神話研究〉。
    （2）讖緯中的歷史：周予同〈緯讖中的「皇」與「帝」〉、徐興無《讖緯文獻中的天道聖統》（南京大學博士論文，1993）
    （3）讖緯與漢代社會：中村璋八〈漢碑裡的緯書說〉（收在《緯書の基礎的研究》）、呂宗力〈東漢碑刻與讖緯神學〉〔註16〕

3. **讖緯與宗教**
    （1）鍾肇鵬〈讖緯與宗教〉、王步貴〈讖緯與宗教〉、王利器〈真誥與讖緯〉。

〔註16〕《東漢刻碑與讖緯神學》是呂宗力在北京中國社會科學研究院的學位論文，中村璋八主編之《緯學研究論叢：安居香山博士追悼》，有此文的日譯本。類似的文字又見氏著〈從漢碑看讖緯神學對東漢思想的影響〉（中國哲學，十二期）。

4. 讖緯與文學（含小學）

　　（1）助文：王令樾《《緯學探原》〔註17〕、黎活仁〈文心雕龍與緯書〉、
　　　　　〈緯書對文心雕龍的影響〉、李中華〈緯書與文學藝術〉

　　（2）神話：袁珂〈緯書中所記的感生神話〉‧〈緯書中的其他神話〉

　　（3）小學：羅肇錦〈讖緯與訓詁符號〉、徐富美〈詩禮緯中的一些語言
　　　　　音韻現象〉、錢劍夫〈試論說文和緯書的關係〉、周玟慧〈讖緯韻譜〉
　　　　　（《中國文學研究》，第九期）。

5. 單一緯書研究（主要集中在易緯與詩緯）

　　（1）易緯：林金泉〈易緯「六十四卦流轉注十二之辰」表研究〉、林金
　　　　　泉《易緯德運說中的歷數》（《讖緯研究論集》）

　　（2）詩緯：清末廖平、胡薇元、陳喬樅等人的箋釋、安居香山的〈由詩
　　　　　緯論緯書成立的考察〉（收在《緯書の成立とその展開》）、林金泉
　　　　　的〈詩緯星象分野考〉。

6. 讖緯思想

　　鍾肇鵬〈讖緯中的哲學思想〉、呂錫琛〈論讖緯思想歸屬〉、安居香山《緯
書和中國神秘思想》、殷善培《讖緯中的宇宙秩序》、王步貴〈讖緯和社會均
平思想〉、李鵬舉〈漢代緯書中的古代相對性原理問題〉（《讖緯研究論叢》）。

7. 其　他

　　鍾肇鵬〈讖緯與歷史及自然科學〉、王步貴〈讖緯與元氣〉、〈讖緯與辯證

〔註17〕《緯學探原》（台北：幼獅，民國 73 年）分緒論、名義、源流、眞僞與價值
　　　　五章，在 350 頁中，前四章僅佔 94 頁，其餘二百餘頁均爲均爲第五章〈緯的
　　　　價值〉。此章又分爲配經、天人、述史、助文四節，而天人、述史二節只概述
　　　　其要，用力全在配經、助文二節。王氏云：「今之所作，只是仰企漢儒配經之
　　　　義，循劉勰助文之說，推原其顯而易見的兩種功能，爲簡而易操的嘗試，並
　　　　略考證名義、源流、眞僞等概況，閒抒所見，撰爲一編。」（自序）。論述程
　　　　序爲以各緯書爲目，首列緯書字句，次引鄭玄、宋均之注（無注則略），次引
　　　　經典原文，次引注疏解說，末附以己之案語。王氏爬梳於典籍間，用力甚勤，
　　　　尤其「助文」一類，直承劉勰《文心雕龍‧正緯》之說，使讖緯助文之說確
　　　　然有證，這也是歷來研究讖緯者較少措意處。唯，王氏將李善注中以爲典出
　　　　自讖緯者列出，尚只是進行資料還原、整理工作，劉勰所謂「事豐奇偉，辭
　　　　富膏腴，無益經典而有助文章」，究竟如何「有助文章」？換言之，讖緯與文
　　　　學藝術的關係爲何，是其思維方式契合於藝術思維有以助之呢？還是只是修
　　　　辭徵引之助？這是可以再進一步探討的課題，可惜王氏並未進一步語及。（參
　　　　見本論‧第二章）

法〉‧〈讖緯與陰陽〉。

主題研究的論文結集已有數本：

安居先生《讖緯の基礎的研究‧思想篇》探討了圖讖、符命、孔丘秘經等與漢代革命相關的主題，也探討緯書中的世界。〔註18〕

安居、中村兩先生主編《讖緯思想の綜合的研究》（東京：圖書刊行會，昭和五九年）收有內野熊一郎等十三位日本學者論文，附錄中另有陳槃〈古讖緯札記〉、王利器〈讖緯五論〉、呂宗力〈緯書與西漢今文經學〉等三篇特稿。〔註19〕

王步貴《神秘文化：讖緯文化新探》（北京：中國社會科學，1993）就論述了讖緯與元氣、辯證法、象數、卦氣、陰陽、宗教、社會均平思想等主題。〔註20〕

〔註18〕 此書第一章將中日兩國歷來的讖緯研究的成果詳加考述，並指出了讖緯研究的問題所在（源流、形成）。第二、三章將主題環繞在王莽篡奪與光武革命前後的符讖及其效用，這是讖緯與漢代政治糾葛最密的時候。第四章以《後漢書‧蘇竟傳》的「夫孔丘秘經，爲漢赤制。玄包幽室，文隱事明」爲楔子，探討緯書中的素王及孔子形象，這是讖緯思想中重要的內容，也頗爲學者所措意。第五章處理緯書中的宇宙生成論，指出緯書中的宇宙生成論極爲分歧，有荒唐無稽的天文讖言，也有成體系的宇宙生成系統。第六章指出緯書的大九州說是直承鄒衍大九州說，且吸收了《淮南子‧地形訓》的九州說。第七章則是回應神話學者御手洗勝對大九州說的異議。第八章則從緯書強調火德的五行相生說立論。第九章則敘述讖緯在六朝的流衍及與宗教的關係。這些問題均是讖緯思想的重要主題，由這些論述中可以看出安居先生的關懷點是漢代政治與讖緯間的關係，所謂的「思想篇」也都是扣緊這一主題發揮。

〔註19〕 安居香山、中村璋八《緯書の基礎的研究》（東京：圖書刊行會，昭和四一年），第二篇（資料篇）末附有「緯學研究論文一覽表」，將中日自古以來有關讖緯研究篇目輯入，不過並不完整。峰崎秀雄增補之後成「緯書研究著書論文一覽表」，收在安居、中村二氏所編之《讖緯思想の綜合的研究》（東京：圖書刊行會，昭和五九年），亦不完備，如廖平、譚嗣同之文均未輯入。較完整的論著目錄當推林慶彰主編的《經學研究論著目錄（1912～1987）》（漢學研究中心）、《經學研究論著目錄（1988～1992）》（漢學研究中心）及《日本研究經學論著目錄（1900～1992）》（中央研究院中國文哲研究所）。

〔註20〕 本書是王步貴近年發表於各學術刊物上的論文合集再加上引言、導論、餘論來綰結全書，但章節間關聯性並不高，若作「讖緯研究論集」恐更名符其實些。本書最值得商榷的恐怕是名稱上的「神秘文化」、「新探」字眼，王氏云此書是從文化角度立論的，與其他諸家說法不同（頁167），但這並不構成所謂的「新探」，且從文化角度論讖緯本亦是讖緯研究上常見的一個方向，尤其王氏的觀點「由於讖緯神學與統治階級的利益點得太緊，因而就成了統治者赤裸裸的爭權奪利的工具，缺及應有的社會基礎，故而最終未能成爲眞正的

　　李中華《神秘文化的啓示：緯書與漢代文化》（北京：新華，1993），以「現代學術分類」的概念從經學、哲學、倫理、科學、文學藝術、神話等六層面來看讖緯。〔註21〕

宗教。但讖緯神學確曾起過宗教作用，這是無可否認的事實。」（頁2）此説侯外廬、金春峰早發之在前了，並無新意可説。而「從讖緯興起、泛濫，直至衰微，前後經歷了數百年之久，就從這些方面而論，我們把讖緯作爲一種『神秘文化』來研究探討，對了解兩漢思想演變和矛盾，將不無意義。」（頁2）經歷了數百年就可算是一種「神秘文化」嗎？又説：「讖緯文化相對地是非正統文化，非正統中的詭異方面就是用神秘的外衣包裹著的。當這種多義、朦朧、不可捉摸的東西可以被不同階級、集團、個人闡釋，利用并形成一種思潮時，就可以説是一種神秘文化。」（頁168）問題是，讖緯在漢代是「非正統」嗎？非正統就一定是「用神秘的外衣包裹著」？這並無必然性可説。況且，把讖緯視爲「神秘文化」難道就有助於了解兩漢思想演變和矛盾？這都是可以再商榷的。我們以爲若用「神秘文化」來指稱讖緯，理應對讖緯與宗教的關係深入探討，研究讖緯在道教興起及佛教的傳入中扮演了怎樣的角色，這無疑是讖緯學值得深入研究的課題：如《抱朴子‧內篇》、《養性延命錄》、《無上秘要》、《洞玄靈寶三洞奉道科戒營始》等道書都援引用讖緯，王書中「十二、讖緯與宗教」與此較爲相關！）雖然我們對作者使用「新探」、「神秘文化」等語彙頗不以爲然，但此書在内容上確有獨到的一面，如〈讖緯作爲政治隱語的内涵〉一章，就能清楚掌握讖緯這種政治語言的意圖，〈讖緯與社會均平思想〉也能準確地扣住漢代社會立論，這都是值得推許的地方。

〔註21〕此書是神州文化集成叢書的一冊，充分吸收了歷來學者對讖緯的見解，簡明扼要，尤其是第六章緯書與文學藝術中，分別從緯書與文字名號、緯書與漢賦辭章、緯書與音樂理論三方面來探討，雖説過於簡略而難有發揮，但指出「緯書系統在對名、號及文字的解釋上，完全採用了董仲舒的理論模式，在漢代對名詞定義及對文字解釋上占有一定地位，並對當時及後世產生重要影響。」（頁108）這是可以再探討的問題，也是研究者較爲忽視的項目。作者強調現代學術的分類來處理讖緯文獻，但這樣的分類是否真有助於釐清讖緯的問題呢？對此，我們是有所保留。因爲，倘不能先掌握讖緯的本質與時代意義，但就内容囊括其義，並無法給讖緯一個定位，泛説讖緯對漢代文化有直接、間接的影響，其實並無太大意義。再則，書名標爲「神秘文化的啓示」，前引文中李氏提及「作爲一種神學的啓示」，可見「啓示」是落在「讖緯神學」的詮釋系統立説，只是究竟是對今人的啓示？還是對漢代文化的啓示？若是前者，則對今人啓示些什麼？文中並無交待；若是後者，讖緯本身就是漢代文化的產物，又怎能説對漢代文化的啓示？李氏曾説：「緯書系統所包含的義蘊原則既依附於儒家經典，使之得以推行；又借助宗教的神權力量，從而增加經學的襯托提攜，方可登上學術的殿堂」（頁5）準此，亦無「啓示」可説，若從「……緯的内容儘管可以隨著時代的不同而有所變化，但緯的形式，卻從此潛藏在中國文化的肌體中，歷代的政治神話和形形色色的造神運動，都是緯的不同程度的復活。」（頁5）這一角度觀察，約略可説讖緯「啓示」了後代的政治神話。但，如此一來，「緯」的概念又無窮盡地放大，與漢代的讖

《緯學研究論叢：安居香山博士追悼》（東京：平河，1993），是中村先生為紀念安居先生所編的論文集，收有大陸、臺灣、日本等地十七位學者的研究論文。〔註22〕

二、定位與認識

在讖緯的定位上，研究者常為讖緯貼上迷信、神秘文化（思想）、宗教（神學）等「標籤」，這些「標籤」正好說明了研究者的視角每每為時代風氣或意識型態所圍，從而形成其認識與意見，我們不妨進一步理解這些「標籤」的洞見與不見：

（一）迷　信

鄙斥讖緯者最常用的標籤是「迷信」，這是認知差距所產生的「認識」，賈霍達（Custrv Hahoda）以為：迷信決非像它被認為的那樣古怪和異常，事實上，迷信與我們的思考，感覺和我們對周圍環境一般反應的基本形式，有著內在的密切關係（曹陽譯，《迷信》，上海：上海文藝，1993，頁 255），換言之，從「迷信」的行為及思考中，可以看出一時代的特殊觀念及價值，這正是屬於庶民文化最根深柢固的一面，如從先秦的方士、漢代的巫者、風俗信仰、散樂……都可以看出迥異於士大夫的另一文化系統，〔註23〕從這一角度研究讖緯，就可探討讖緯與庶民文化的淵源、影響及時人何以接受的問題，但若只以迷信斥之，就無法得見其可能的意蘊。

（二）神秘文化、神秘思想

日本學者常以「神秘思想」來說明讖緯的性質，從日本民族的角度觀察可以說讖緯是「神秘思想」；然而近年大陸學者隨著「改革開放」以來所括起的易經熱及術數旋風，〔註24〕也漸用「神秘文化」來指讖緯，相較於直斥讖

緯難說有什麼關聯了。

〔註22〕兩岸學者包括陳槃、王利器、林金泉、呂宗力、夏述貴、呂凱師（按發表順序）諸先生。

〔註23〕這一側面已有學者嘗試觸及了，如林富士《漢代的巫者》（台北：稻鄉，民國77年），祝平一《漢代的相人術》（台北：學生，民國79年），蕭登福《先秦兩漢冥界及神仙思想探原》（台北：文津，民國79年），李建民《中國古代游藝史：樂舞百戲與社會生活之研究》（台北：東大，民國82年）等。

〔註24〕這一旋風其實是在所謂「文化熱」的洪流下的副屬產物，參見揚人〈北京文化叢書派：政治壓力下的文化進路〉（當代・七三期）、林同奇〈文化熱的歷

緯是「迷信」，「神秘文化（思想）」算是較能正視其價值的說法，只是，何謂「神秘」？王玉德在廣西人民出版社所出的《中華神秘文化書系·序言》中說神秘是內涵了神奇、隱秘之意，一切有神秘色彩的文化，都可以稱之為神秘文化。這樣的定義並不令人滿意，是不是不易理解的現象均可稱之為「神秘」？今人不易理解，難道表示古人亦不易理解？這是否是因為古今認知方式不同所致？郭璞〈註山海經敘〉說的好：「物不自異，待我而後異，異果在我，非物異也」，換言之，說讖緯為「神秘」其實是指讖緯有今人不易理解的現象存在。因此，使用這一標籤時更應試著揭開其「神秘」的面紗，而不是神秘其事，不加詮解了。

（三）宗教（神學）

　　稱讖緯為「宗教」、「神學」一直是大陸學界所慣用的標籤，早期秉持馬列主義「宗教是人民的鴉片」的立場，既視讖緯為宗教、神學，意在撻伐是不辨自明的；所以侯外廬以為儒家自武帝以後成了宗教，經學是神學，兩漢之際所出現的讖緯更是神學，兩者俱在批判之列。若從這一角度思考，讖緯神話了孔子，孔子隱然成為教主，又有各種符異災異之說，似乎更是名符其實的神學了。順著這一思路，金春峰以為：讖緯與宗教只是外表的相似，而兩者性格是對反的，因為讖緯沒有教義、理想，也沒有任何吸引人精神和解除現實痛苦的魔力，就連將孔子神化的目的也仍是為了修齊治平，而非拯救人的靈魂……（《漢代思想史》，頁349）這是相當有意思的說法。在金春峰的觀點裡，宗教已非僅是「人民的鴉片」，而是「拯救人的靈魂」了，這或許也可視為八〇年代以來對重新體認傳統下的新詮，也是大陸學界相當可喜的一種轉變。

　　但是從宗教神學這一角度來理解讖緯必然得到讖緯不及宗教，或讖緯是一場不成功的宗教革命，但這樣的比較對嗎？這種詮釋觀點會不會只是一個「假問題」？因為神化孔子就必然是宗教企圖而不是為聖王立說、為赤漢張本嗎（參見本論第四章第二節）？讖緯本來就著眼於政治而非宗教，從宗教、神學的角度來理解讖緯事實上無法觸及讖緯的本質，這是這一標籤嚴重的缺失。不過，這並不表示從宗教的角度來理解讖緯就一無可取，事實上，這樣的理解是可看出讖緯確有其「宗教特質」，只是這種「宗教特質」毋寧說是其「非理性」的，或者屬於知識階層的，而非為了回應民眾的需求。

史含意及其多元思想流向〉（當代·八六期），然而這一副屬產品更與大眾心理相契合，故而產生極大的影響，各出版社爭相出版術數類書。

其次，離開馬克斯主義對宗教的詮釋系統，儒家是不是宗教，或者具不具有宗教性格，這一問題是可以再進一步探討的。傅偉勳就以為把儒家「生命的學問」理解之為一種宗教性或高度精神性的（建立生死智慧意義的）生命探索，有何不可？〔註25〕事實上，儒家與儒教的爭議由來已久，自康有為《孔子改制考》以為「孔子為教主，為神明聖王，配天地，育萬物，無人、無事、無義不圍範于孔子大道中，乃所以為生民未有之大成至聖也！」（〈六經皆孔子改制所作考〉），明顯的託古改制說，似乎使後世學者對「儒教」一詞頗為不安，所以也不太正視此一問題，反觀日韓學者則率以「儒教」名之，〔註26〕這裡已不是孰是孰非的問題，而是儒學在發展過程中所可能的不同面向，〔註27〕黃進興先生對孔廟的研究便是值得深思課題（《優入聖域》，台北：允晨，民國 83 年），本乎此，讖緯是否也有此宗教的功能呢？尤其對中下層知識份子而言（如漢代的「循吏」），是否可以說讖緯及其思想這是他們「終極關懷」所在呢？這是這一標籤所延伸出值得深思的問題。

我們既然以為迷信、神秘文化（思想）、宗教（神學）俱有可議，然則我們要如何對待「讖緯思想」呢？這就可以轉入了本題的問題意識與方法了。

三、問題與方法

詮釋學理論中有「詮釋學循環」（hermeneutical circle）的說法，也就是「部份與整體」間的關係，其意為整體意義的獲得是來自於個別成分，但若要確

〔註25〕傅偉勳是針對當代新儒家羞於承認儒家原是儒教的問題而發此言，更指出「難道哲學才具有『普遍性』，宗教只不過具有『特殊性』，所以寧願『抬高』道德的形上學之地位，奉為哲學，而將天與天命的宗教源頭拋諸腦後嗎？如果失去此一源頭，整個儒家思想又如何成立呢？」詳見氏著《學問的生命與生命的學問》（台北：正中，民國83年），頁180。

〔註26〕如林慶彰主編《日本研究經學論著目錄》（台北：文津，民國82年），「孔教、儒教」條下就收有七十餘篇相關論述。

〔註27〕勞思光說：「儒學本身顯然是一哲學體系，而並非一宗教；因為儒學不立『彼世』之信仰，不訴諸任何神秘假定，也不依賴任何神話，尤其不承認有一外之『神』為價值根源。但以中國之儒學與其他民族之宗教相比，則顯然儒學在中國人生活中之作用，適相當於宗教在其他民族的生活中之作用……儒學是哲學，與宗教不同，但在中國歷史中，儒學具有宗教的功能。儒學何以能具有宗教功能？原因自然在儒學能解答宗教所負責之問題，這問題基本上即是價值根源及人生意義的問題。」（《中國文化要義》，香港：中國人文研究學會，1987，頁131～134。

切理解個別成分也只有聯繫整體才能，這樣就構了一個詮釋學循環。〔註28〕
讖緯研究的三種取向其實就是「部份與整體」的寫照：專題研究可以說是部
份研究，基礎研究、讖緯學史研究則是整體研究。主題研究（部份研究）的
基礎是基礎研究與宏觀研究，主題研究的正確與否，端賴基礎及讖緯學史研
究的方向是否有誤；然而基礎及讖緯學史研究能否具有高度概括力，則繫於
專題研究的開掘有多深，如：讖緯名義問題是一基礎研究，亦是整體的研究，
要正確處理讖緯名義問題就必須對讖緯在漢代異名（部份研究）進行考索，
不如此無法形成認識，但反過來說，何以知此爲讖緯異名，則又是基於對讖
緯整體思想的理解，這裡就存在了一種辯證關係。

　　我們對前此的研究取向與成果正是基於「部份與整體」的詮釋理念來思
考，本題的研究亦構成這種「部份與整體」的辯證關係，從而建構我們對讖
緯思想的理解。具體而言，讖緯思想是對漢代時代問題的回應，其在間形成
了「問題與解答」的情境，如何掌握讖緯所回應的「問題」就成爲解答的關
鍵，〔註29〕至於具體的操作程序，我們可參考傅偉勳先生「創造的詮釋學」
的作法來加以說明：

　　傅偉勳參照當代詮釋學的成果，提出「創造的詮釋學」的五個層次（實
謂、意謂、蘊謂、當謂、必謂），用爲分析中國哲學的方法論。〔註30〕其說雖
已有相當包容性，但我們以爲仍有斟酌空間，即在實謂、意謂層次之間應該

〔註28〕「整體與部分」的關係雖是傳統釋義學的原則，但也爲哲學詮釋學等當代詮
　　　　釋學所接受，參見張汝倫《意義的探究》（台北：谷風，民國77年），第三章。
　　　　殷鼎《理解的命運》（台北：東大，民國79年），頁33～38。
〔註29〕問題與答案的邏輯是柯靈烏（R.G.Collingwood）所提出的方法論概念，意爲：
　　　　一個已命題的眞僞，有意義或是無意義，此乃決定於它要回答的問題是什麼
　　　　這樣的問題情境。詳見《柯靈烏自傳》（台北：故鄉，民國74年），黃宣範譯。
〔註30〕傅偉勳〈創造的詮釋學及其應用〉，收在《從創造的詮釋學到大乘佛學》（台
　　　　北：東大，民國79年）。第五層面的「必謂層面」，傅氏接受霍韜晦的建議改
　　　　稱爲「創謂」，參見註25所引書，頁228。其義爲實謂層次：原思想家（或原
　　　　典）實際上說了什麼？（文獻理解）意謂層次：原思想家想要表達什麼？或：
　　　　他所說的意思到底是什麼？蘊謂層次：原思想家可能要說什麼？或：原思想
　　　　家所說的可能蘊涵是什麼？當謂層次：原思想家（本來）應當說出什麼？或：
　　　　創造的詮釋學者應當爲原思想家說出什麼？必謂層次：原思想家現在必須說
　　　　出什麼？或：爲了解決原思想家未完成的思想課題，創造的詮釋學者現在必
　　　　須踐行什麼？又，傅先生運用此一方法來解釋《老子》是否成功是一回事，
　　　　我們以爲此一視方法論所昭示的步驟實可供我們參考，不可因噎廢食，棄之
　　　　不論。

問「原思想家（或原典）是怎麼說的？」這裡涉及了語言策略及敘述方式的問題，亦即思想家是採取直陳還是遮撥？是論理，還是卮言？再進一步，我們可以逼問，「原思想家（原典）為什麼要如此說？」在這一層次之後才可接意謂層次，將這一觸及語言策略、敘述方式的層次仿傳先生名例，可名之為「述謂層次」。如此一來，將上述意見轉換到讖緯文獻的詮釋上，我們就可以提出：

1. 實謂層次：讖緯說了什麼？
2. 述謂層次：讖緯是怎樣說的？為什麼要這樣說？
3. 意謂層次：讖緯想要表達什麼？
4. 蘊謂層次：讖緯可能要說什麼？
5. 當謂層次：讖緯（在當時）應當說什麼？
6. 必謂層次：讖緯現在必須說什麼？

實謂層次說明讖緯的內容，述謂層次即讖緯的敘述方式，意謂、蘊謂與讖緯思維結構及思想主軸有關，這些都是本題要加以回應的問題；至於當謂屬批判層次，涉及價值判斷；必謂探究時代意義，與接受者的認識有關，是屬於「第二序」的問題，本題暫不處理，著這一認識，本題《讖緯思想研究》即由名義、篇章的釐清著手，其次探討讖緯的命名、敘述，再次分析讖緯的思維結構，最後則疏理讖緯的主題結構，茲略述如下：

第一章　讖緯的名義與篇卷

主要在理解讖緯異名所代表的意義，自陳槃先生提出讖緯互辭之後，幾已成「共識」，雖有一二異說，但仍不足以動眾，但我們以為其說尚有討論空間，所以徵引文獻從歷時的觀點來說明讖緯異名其實與漢人的認識有關，其次則就河圖、洛書、諸經之緯、雜讖書之篇目及性質略加說明，以界定本題的研究範圍。

第二章　讖緯的命名與敘述

讖緯篇名在命名上多為令人費解的三字名，這樣的命名不可能只是巧合，應是與讖緯造作者的語言策略有關，這一語言策略用意何在？再則，《文心雕龍・正緯》說讖緯「無益經典，有助文學」，這句話究竟該如何理解，若從文學敘述理論的觀點看讖緯的敘述，是否可以看出讖緯的另一種風韻？這些述謂層次的問題是這一章的命意所在。

第三章　讖緯的思維結構

　　讖緯思想從何而來？這是讖緯研究者感興趣的課題，如今已經證明讖緯與西漢今文經學關係密切，不過我們以為其實可以更確切地說讖緯與齊學關係密切。齊學有經學之齊學，有方士之齊學；諸緯與經學之齊學相呼應，而河圖、洛書與方士之齊學一脈相承。無論是方士之齊學或經學之齊學都以天人相應、天人一體為其特徵，這是齊學的基調，只是方士之齊學重神話類比思維，經學之齊學重陰陽五行之系統思維，讖緯則將兩者結合為一，形成了讖緯思維，我們以《春秋‧元命包》為例說明讖緯思維的具體運作。

第四章　讖緯的主題結構

　　雖然輯佚所得的讖緯文獻為斷簡殘篇，內容散雜，但這並不表示讖緯就是這樣的文獻，事實上讖緯之所以能在漢代發揮偌大影響絕不可能沒有主題的，從讖緯的名義上可知「天文」為讖緯本質上的主題，《春秋‧演孔圖》載：「作法五經，運之天地，稽之圖象，質於三王，施之四海」，「稽之圖象」云云，正是讖緯「天文」本質所繫。這一主題下結合了宇宙生成、曆法、節令、星象分野、星占等子題，再從讖緯的政治效用得知「受命」為讖緯發生過程中的主題，這一主題縮結了感生、異表、符命、改制及祥瑞等子題，我們以為「天文」與「受命」所涵蘊的子題就是讖緯的內容，而非史事、典章、文字、風俗……這等泛說。

　　本題的研究將對這四章所呈現出的問題進行探索，以期掌握讖緯所欲回應的問題及其回應之道，從而為「部份與整體」的詮釋學循環增一層辯證關係，並為他日研究提供尺寸之助。

第一章　讖緯的名義與篇卷

第一節　讖緯異名考辨

讖與緯名既不同，其義自當判別，這似乎是再清楚不過的事了，所以論者每愛反循其本，尋得字書上的解釋，如：

讖，驗也。有徵驗之書，河洛所出書曰讖。（《説文解字》）

讖者，纖也。其義纖微也。（《釋名》）

讖書，河洛書也。（《文選》張衡〈思玄賦〉引《蒼頡》）

讖，秘密書也。出河洛。（玄應《一切經音義》卷九引《三蒼》）

緯，織橫絲也。（《説文解字》）

緯，圍也。反覆圍繞，以成經也。（《釋名》）

這些字書說明了漢人視河洛之書爲讖，指其義纖微但有徵驗之書；至

於緯則是輔經、解經之書，由此可見讖自是讖，緯自是緯，兩者有別，不相統屬。

這種憑據讖緯字義來說明讖緯有別頗爲學者所從，如明代胡應麟的《四部正譌》就以爲：

世率以讖緯並論，二書雖相表裡而實不同。緯之名所以配經，故自六經、語、孝而外，無復別出。河圖、洛書等緯皆易也。讖之依附六經者，但論語有讖八卷，餘不概見，以爲僅一種。偶閱《隋書·經籍志》，附見十餘家，乃知凡讖皆託古聖賢以名其書，與緯體制迥別。蓋其說尤誕妄，故隋禁之後永絕，類書亦無從援引，而唐宋諸

藏書家絕口不談。

胡氏說「河圖、洛書等緯皆易也」，這恐怕是誤將宋代以後的河圖、洛書的觀念與讖緯的河圖、洛書相混淆；而「凡讖皆託古聖賢以名其書，與緯體制迥別」也有可議，〔註1〕但嚴分甲乙，尊緯而抑讖，則是顯而可見。有清《四庫總目》更以為：

> 按儒者多稱讖緯，其實讖自讖，緯自緯，非一類也。讖者詭為隱語，預決吉凶。《史記‧秦本紀》稱盧生奏錄圖書之語，是其始也。緯者經之支流，衍及旁義……蓋自秦漢以來，去聖日遠，儒者推闡論說，各自成書，與經原不相比附。如伏生《尚書大傳》，董仲舒春秋陰陽，核其文體，即是緯書，特以顯有主名，故不能託諸孔子，其他私相撰述，漸雜以術數之言，既不知作者誰，因附會以神其說，迨彌傳彌失，又益以妖妄之詞，遂與讖合而為一。（經部‧易類六‧附錄）

「讖者詭為隱語，預決吉凶」，東漢張衡便是如此認為，〔註2〕而「讖」字，陳槃先生以為秦以前未曾有聞，此字可能即出於方士的造作，〔註3〕若是，「讖」乃經方士命名的詞彙，其內容應即特指這類出自方士之手的「徵驗之書」。《四庫總目》以為緯書漸雜以術數之言，「彌傳彌失」，故漸與讖合而為一，以致後世讖緯不分。這種說法其實值得留意！因為此說已經正視了「流變」的觀念，讖、緯各有源頭，在歷史發展中逐見泯合難分，何以如此？便是值得探討的問題了。至於說伏生、董仲舒之書「核其文體，即是緯書，特以顯有主名，故不能托諸孔子」，此言甚為有趣，亦可推敲緯書與伏生、董仲舒陰陽災

〔註1〕 說「凡讖皆託古聖賢以名其書，與緯體制迥別。」這與事實不符，因讖多無主名，以神聖其說，而非「皆」託古聖賢以名其書。胡氏大概是看到了《孔子河洛讖》、《老子河洛讖》、《劉向讖》……一類名目而有此說。

〔註2〕 《後漢書‧張衡傳》：「初，光武善讖，及顯宗、肅宗因祖述焉。自中興之後，儒者爭學圖緯，兼復附以訞言。衡以圖緯虛妄，非聖人之法，乃上疏曰：『臣聞聖人明審律歷以定吉凶，重之以卜筮，雜之以九宮經天驗道，本盡於此。或觀星辰逆順，寒燠所由，或察龜策之占，巫覡之言，其所因者，非一術也。立言於前，有徵於後，故智者貴焉，謂之讖書。』值得注意的是張衡反對圖緯，但並不反對術數，本傳中云：『且律歷、卦候、九宮、風角、數有徵效，世莫肯學，而競稱不占之書。譬猶畫工，惡圖犬馬而好作鬼魅，誠以實事難形，而虛偽不窮也。』畢竟陰陽五行的觀念架構是彼時的認知方式，張衡不可能全盤推翻。

〔註3〕 何以這類出自方士之手的「徵驗之書」要名為「讖」，是因為徵驗方法特殊？或是效果不同？這就值得進一步探討了。

異之學的關係，這些問題關係重大，請容第三章再論。

由於《四庫總目》既出聖裁所示，乾隆更親題〈乾坤鑿度詩〉：「靈圖測陰陽，乃或述讖緯；有純亦有疵，稽古堪資耳。」故有清判別讖緯者多從此說，此中則隱有讖為徵驗流於妖妄，緯則配經其義奧古的觀點。如趙在翰《七緯‧總敘》云：

> 七緯配七經而出也。帝王神聖之興，沈浮交錯之運，三古洪纖之度，五氣休咎之徵，經闡其理，緯繹其象；經陳其常，緯究其變。所以抉摘天人，紘維王政，軵轄詁訓，榮鏡物情者。譬之四七列次，七政以齊，三五餘分，四時以定。昔孔繇先命，魯儒闡揚，蓋在是矣……建武以來，與讖並稱，隋滅其書，各有由致。然而緯自緯，讖自讖，詭號亂流，邃義懸越。許懋云：緯者，有經必有緯。徐廣云：讖之為言纖，其義纖微。楊侃謂緯書謂秘經，圖讖為內學，河洛為靈篇，別白緯讖，諸論為精，而世乃與方士錄圖，閉房私記比例齊觀，棄置勿道，不亦過乎！

不過有清一代質疑讖偽緯真者亦不乏人，顧觀光《七緯拾遺‧敘錄》就說：「必謂讖偽緯真，低昂太甚，平心而論，未見其然。」或者更以為：「緯者，經之緯也，亦稱讖」（王鳴盛‧《蛾術編》‧卷二‧「讖緯」）、「然則讖亦宜傳乎？緯故在讖。讖、舊名也。」（俞正燮‧《癸巳類稿》‧卷一四‧緯書論），順此而推，顧頡剛就得出：「這兩種在名稱上好像不同，其實內容並沒有什麼大分別。實在說來，不過讖是先起之名，緯是後起的罷了」的結論，〔註4〕而陳槃先生更說圖、侯、緯、讖、符、籙、書這七者：〔註5〕

> 雖稱謂不同，其實只是讖緯，而緯復出於讖。故讖、緯、圖、侯、符、書、籙七名者，其於漢人，通稱互文，不嫌也。蓋從其占驗言之則曰讖，從其附經言之則曰緯，從河圖及諸書之有文字有圖言之則曰圖、曰緯、曰籙，從其占候之術言之則曰侯，從其為瑞應言之則曰符，同實異名，何拘之有？

陳先生考辨博雅，故此論一出，從之者眾，近年所出論讖緯諸書如鍾肇鵬、

〔註4〕顧頡剛，《秦漢的方士與儒生》（台北：里仁，民國74年重排本），頁127，此書原名《漢代學術史略》，後改今名。

〔註5〕陳槃對讖緯的基本觀念其實與顧頡剛殊無二致，唯陳槃幾篇擲地有聲的論述奠定了在讖緯學領域的地位，而顧氏只是泛論，未曾深入分析。

李中華所見亦與陳先生同。唯王鐵〈論緯書〉(《華東師範大學學報‧哲學社會科學版》,1991 年,第五期)以為東漢靈帝以前附經之諸緯稱為「經讖」,而無稱為緯者,范曄《後漢書》的圖緯、讖緯、七緯乃是史家之敘述非時人用語,緯書這一名稱至東漢末始流行;黃復山〈「讖」、「緯」異名同實考辨〉(民國 84 年輔仁大學漢代學術研討會論文)也以為「讖與緯當內容相同之『專書』在不同時代之異名,並無優劣、主從之別;如此仍強分『讖為隱語』、『緯以配經』,或明帝時『讖』、『緯』互稱,皆為悖離史實。」又從文獻資料中歸納出「張衡之前不稱『緯』」、「鄭玄始稱『緯』名,以其高度尊崇故也」……等結論,我們以為王、黃兩先生的意見大致上是正確的,不過說圖緯、讖緯、七緯等是史家之追敘非實錄,其說恐須再議,因為讖緯異稱是歷時性的現象,這一現象不單只是「名」的問題,更涉及到讖緯的定位與評價,其間分際不可不辨,茲說明如下:

一、從圖讖到圖緯

為期能夠詳述其說,茲將史籍中對「讖緯」名目的異稱區分為:(一)讖言、讖記、讖文、經讖及圖讖;(二)群緯、星緯、七緯、緯術、緯書及圖緯;(三)經緯、讖緯;(四)圖書、圖籙等四類,然後再分析其說:(未引書名者均引自《後漢書》)

(一)讖言、讖記、讖文、經讖、圖讖

甲、讖　言

1. 漢武帝頗好方術,天下懷協道藝之士,莫不負策抵掌,順風而屆焉。後王莽矯用符命,及光武尤信讖言,士之赴趣時宜者,皆騁馳穿鑿,爭談之也。故王梁、孫咸名應圖籙,越登槐鼎之任,鄭興、賈逵以附同稱顯,桓譚、尹敏以乖忤淪敗,自是習為內學,尚奇文,貴異數,不乏於時矣。(〈方術傳〉)

   按:互見「圖籙」。

乙、讖　記

2. (李通)字次元,南陽宛人。父守,初事劉歆,好星厤讖記。(〈李通傳〉)

3. (樊宏)南陽湖陽人。子儵,字長魚。永平元年,與公卿雜定郊祠禮

儀。以讖記五經異說。(〈樊宏傳〉)

4. (曹褒)⋯受命次序禮事，依準舊典，雜以五經讖記之文。(〈曹褒傳〉)

5. 案神怪之言，皆在讖記。所表皆效圖書。「亡秦者胡」，河圖之文也。(《論衡·實知》)

　按：互見「圖書」。

丙、讖　文

6. (梁松)乃詔松等復案索河洛讖文，言九世封禪事者。列奏乃許焉。(郊祀志)

丁、經　讖

7. (張純)字伯仁，京兆杜陵人。純以聖王之建辟雍，所以崇尊禮義，既富而教者也。迺案七經讖、明堂圖、河間古辟雍記、孝武太山明堂制主度，及平帝時議，欲具奏之。(〈張純傳〉)

8. (郅惲)惲據經讖。(〈郅惲傳〉)

9. 河洛命后，經讖所記。(《續漢書·祭祀志》)

戊、圖　讖

10. 圖讖之占，眾變之驗，皆君所明。善惡之分，去就之決，不可不察，無忽鄙言。(〈蘇竟傳〉)

11. (光武)猶以餘閒，講經藝，發圖讖。(《東觀漢記》)

12. 帝以(尹)敏博通經記，令校圖讖，使蠲去崔發所爲王莽著錄次比。敏對曰：「讖書非聖人所作，其中多近鄙別字。頗類世俗之辭，恐疑誤後生。」帝不納，敏因其闕文增之曰：「君無口，爲漢輔。」帝見而怪之，召敏問其故。敏對曰：「臣見前人增損圖書，敢不自量，竊幸萬一。」帝深非之，雖竟不罪，而亦以此沈滯。(〈儒林傳〉)

　按：互見「圖書」。

13. (薛漢)世習韓詩，父子以章句著名。漢少傳父業，尤善說災異讖緯，教授常數百人。建武初，爲博士，受詔校定圖讖。(〈儒林傳〉)

　按：互見「讖緯」。

14. (鄧晨)⋯⋯少公頗學圖讖，言劉秀當爲天子。(〈鄧晨傳〉)

15. (朱浮)⋯⋯浮幸得與講圖讖，故敢越職。(〈朱浮傳〉)

16. 任安⋯⋯少遊太學，受孟氏易，兼通數經。又從同郡楊厚學圖讖，究

極其術。(〈儒林傳〉)

17. 沛獻王輔好經書，善說京氏易、孝經、論語傳及圖讖，作五經論，時號之曰沛王通論。(〈光武十王傳〉)

18. (沛獻) 王性號經學，論集經傳圖讖，作《五經通論》。(《東觀漢記‧沛獻王傳》卷七)

19. (李育) 嘗讀左氏傳，雖樂文采，然謂不得聖人深意，以為前世陳元、范升之徒更相非折，而多引圖讖，不據理體，於是作《難左氏義》四一事。(〈儒林傳〉)

20. (謝夷吾) 加以少膺儒雅，韜含六藝，推考星度，綜校圖籙，探賾聖秘，觀變歷徵，占天知地，與神合契，據其道德，以經王務……時博士郭鳳亦好圖讖，善說災異，吉凶占應。(〈儒林傳〉)

  按：互見「圖籙」

21. (賈逵) 肅宗使出左氏傳大義長於二傳者。逵於是具條奏之曰：臣以永平中，上言左氏與圖讖合者。先帝不遺芻蕘，省納臣言，寫其傳詁藏之秘書。光武皇帝奮獨見之明，興立左氏、穀梁。會二家先師不曉圖讖，故令中道而廢。又五經家皆無以證圖讖，明劉氏為堯後者，而左氏獨有明文。五經家皆言顓頊代黃帝，而堯不得為火德，左氏以為少皥代黃帝，即圖讖所謂帝宣也。如今堯不得為火，則漢亦不得為赤，其所發明，補益實多。(〈賈逵傳〉)

22. 漢世大禍，八十篇何為不戒？則知圖讖成於哀平之際也……宜收藏圖讖，一禁絕之。則朱紫無所眩，典籍無瑕玷矣。(〈張衡傳〉)

23. 黃香知古今記，群書無不涉獵，兼好圖讖、天官、星氣、鍾律、歷算，窮極道術。(《太平御覽》‧卷二一五‧引《東觀漢記》)

24. (劉瑜) 少好經學，尤善圖讖、天文、歷算之術。子琬，傳瑜學，明占候，能著災異。(〈劉瑜傳〉)

25. 王遠……學通五經，尤明天文、圖讖、河洛之要。(葛洪‧《神仙傳》‧二)

26. (明) 帝尤垂意經學，刪定擬議，稽合圖讖。(《東觀漢記》‧卷二‧明帝紀)

27. 中興以來，圖讖漏泄，而考靈曜、命歷序皆有甲寅元。(《續漢書‧律歷志‧中》)

28. 四分曆本起圖讖，最得其正，不宜易……且四分曆元明文圖讖所著也。
（《續漢書·律歷志·中》）

這二八則例證中，均提及「讖」，年代上以光武、明、章三帝爲主，「讖」是
「詭爲隱語，預決吉凶」，鼎革之際「讖」、「讖文」、「讖記」大受重視，此
乃因讖可引爲受命正當性的依據。至於「經讖」並稱，此乃因彼時諸帝視「讖」
爲「經」，故乃有桓譚極辨「讖之非經」（桓譚傳），可以說這時的「讖」被
視爲「經」，地位甚至要高於「經」，然而這只是天下初定時強調受命、符應
所以如此重視「讖」，而「經讖」一詞實可留意，這代表一種轉變，即由政
治上的符應轉而爲經義，所以明、章二帝時重「經讖」以改禮制就不難索解
了。

（二）群緯、星緯、七緯、緯術、緯書及圖緯

甲、群　緯

1. （張表）該覽群緯，靡不究窮。（《隸釋》·八）
2. （李休）少以好學，遊心典謨，既綜七經，又精群緯。（蔡邕·〈玄文先生李子材碑〉）

乙、星　緯

3. （姜肱）博通五經、兼明星緯。（〈姜肱傳〉）

丙、七　緯

4. （徐樨）少爲諸生，學嚴氏春秋、京氏易、歐陽尚書、兼綜風角、星官、算歷、河圖、七緯、推步、變易。（〈徐樨傳〉注引謝承書）
5. （樊英）少受業三輔，習京氏易，兼明五經。又善風角、星算，河洛，七緯，推步災異……初，英著《易章句》，世名樊氏學，以圖緯教授。（〈方術傳〉）

　　按：互見「圖緯」

丁、緯　術

6. （鄭玄）嘗以書戒子益恩。曰：「吾博稽六藝，粗覽傳記，時睹秘書緯術之奧。」（〈鄭玄傳〉）

戊、緯　書

7. 世稱：緯書，仲尼之作也。（荀悅·《申鑒·嫌俗》）

己、圖　緯

8. （蘇竟）字況，扶風平陵人……善圖緯，能通百家之言。（〈蘇竟傳〉）

9. 自三墳、五典、八索、九丘，陰陽圖緯之學。百家眾流之論，周給敏捷之辯，支離覆逆之數，經脈藥石之藝，射御書計之術。乃研精而究其理，不習而盡其功。經目而諷於口，過耳而闇於心。（夏侯湛·〈東方朔畫贊〉）

10. （譙敏）自漢達，其先故國師譙贛，深明典陬，讖錄圖緯，能精微天意。（《隸釋》·小黃門譙敏碑）

11. （景鸞）少隨師學經，涉七州之地。能理齊詩，施氏易，兼受河洛圖緯，作易說及詩解，文句兼取河洛，以類相從，名為《交集》。（〈儒林傳〉）

12. （樊英）少受業三輔，習京氏易，兼明五經。又善風角、星算，河洛七緯，推步災異……初，英著《易章句》，世名樊氏學，以圖緯教授。（〈方術傳〉）

按：互見「七緯」。

13. （韓說）博通五經，尤善圖緯之學。（〈方術傳〉）

14. （鄭玄）日夜尋誦，未嘗怠倦。會融集諸生考論圖緯。聞玄善算，迺召見於樓上。（〈鄭玄傳〉）

15. （翟酺）好老子，尤善圖緯，天文、歷算，著《授神鉤命解詁》十二篇。（〈翟酺傳〉）

16. （申屠蟠）隱居精學，博貫五經，兼明圖緯。（〈申屠蟠傳〉）

17. 自中興以後，儒者爭學圖緯，兼復附以妖言。衡以圖緯虛妄，非聖人之法。（〈張衡傳〉）

18. 魏朗……從博士郤仲信學春秋、圖緯。（〈黨錮傳〉）

19. （韓說）博通五經，尤善圖緯。（〈方術傳〉）

20. （董扶）與鄉人任安齊名，俱事同郡楊厚，學圖緯。（〈方術傳〉）

21. （郭有道）考覽六經，探綜圖緯。（蔡邕·〈郭有道碑〉）

22. （楊宣）少受學於楚國王子張，天文、圖緯於河內鄭子侯。師楊公叔，能暢鳥言，長於災異。（《華陽國志》·十）

23. （尹珍）乃從汝南許慎、應奉受經書、圖緯。（〈西南夷傳〉）

24. （尹珍）從汝南許叔重受五經，又師事應世叔學圖緯，通三材。（《華陽國志》·卷四）

25. 陳晃言……圖緯無以庚甲爲元者……先本庚申元經緯明文，受虛款重
　　誅。（《後漢書・律歷志・中》）

　　按：互見「經緯」。

這一類中可發現幾個明顯現象：一是除蘇竟爲兩漢之際人物外，其餘都是東漢中後期人物（〈東方朔畫贊〉及〈小黃門譙敏碑〉所述爲追記，不應視爲西漢時事）；二是圖緯多與六經並稱，多「博通五經、兼明圖緯」式的人物，此誠可留意。這二個現象提供我們一個思考方向，即東漢中期以後「圖讖」轉成了「圖緯」，亦即由稱「讖」轉而成稱「緯」，這就是關鍵所在！然而這現象該如何理解？是不同時代的異稱？這當然是，但更不只如此！是互稱無別？這只是皮相，而且嚴格說來東漢前期稱「讖」、中期以後稱「緯」也無什麼互稱無別的現象。然則，該如何解釋這種現象呢？

　　我們以爲當就此「緯」義的變化探索其故，字書上均說緯是配經、反覆圍繞之義，這的確是東漢中期以後的見解，緯以配經；但蘇竟「五經六緯」之「緯」是配經之緯嗎？孟康、張晏之注如是說，但不是沒有異義：宋之劉頒、清之姚鼐、民國顧頡剛及日本安居香山均說此緯非配經之緯，黃復山更說是「擷取史遷之意而成」的星象說，〔註6〕黃復山的看法是對的，經緯是相對而說的，《史記・天官書》的「門尤六星，諸侯：其內五星，平帝坐」是可以說成「平經本緯」，如是可說，西漢末年之「緯」與其說是用於「配經」，毋寧說是用於說「天文」。再則「天文」本有其圖，推步天數亦需星圖，於是有「圖緯」這樣的稱呼，所以兩漢之際的蘇竟是「善圖緯」，這裡的「圖緯」與東漢中後期的「圖緯」名同而實有別也。

　　但讖本是「驗也」，「預決吉凶」洵爲本義，所以天文占、史事讖之類幾無一篇無之，只是一旦「宣佈圖讖於天下」（鐫去反漢之讖，多增受命之徵），「讖」的功能大失，於是東漢中期之後「讖」以成爲經學系統之一端，爲解經、配經之助，故「圖讖」成了「圖緯」，而「緯」也非原來的「星緯」轉成了「反覆圍繞」的配經之「緯」了。

〔註6〕王先謙《前漢書補注・李尋傳注》引劉頒：「正言星宿，何故忽說說五經？蓋
　　　謂二十八舍。」及姚鼐：「言天文當爲人主所取法。此五經者，五經星也；六
　　　緯者，十二之相向爲六故。人主當法之，以尊五行之術，顯十二州之士耳。
　　　與經書讖緯何涉哉。」顧頡剛《顧頡剛讀書筆記，第三卷・郊居雜記（十一）》
　　　說：「或此語承上語來，所謂經、緯云者乃『廣開大道』之經緯耳。」（台北：
　　　聯經，民國79年，頁1744）

（三）經緯、讖緯

甲、經　緯

1. （李尋）字子長，平陵人。治《尚書》、好〈洪範〉、災異……五經六緯。尊術顯士。（《漢書·李尋傳》）

2. （劉寬）幼與同好，鐫墳典於第廬，是以根經緯綜精微。（《隸釋·太尉劉寬碑》）

3. （何休）又注訓《孝經》、《論語》、風角七分，皆經緯典謨，不與守文同說。（〈儒林傳〉）

4. （何英）學通經緯，著《漢德春秋》十五卷。（《華陽國志》·卷十）

5. 陳晃言……圖緯無以庚甲為元者…先本庚申元經緯明文，受虛款重誅。（《續後漢書·律歷志·中》）

按：互見「經緯」。

乙、讖　緯

6. 辛繕……治春秋、讖緯，隱居華陰，光武徵不至。（《太平御覽》·卷九一六）

7. （薛漢）尤善說災異讖緯，教授常數百人。建武初為博士，受詔校定圖讖。（〈儒林傳〉）。

按：互見「圖讖」。

8. （李固）博覽古今，明於風角、星算、河圖、讖緯，仰察俯占，窮神知變。（〈李固傳〉注引謝承書）

9. （廖扶）尤明天文、讖緯、風角、推步之術。（〈方術傳〉）

除李尋「五經六緯」前已有解釋外，其餘稱經緯者其義與稱「圖緯」並無不同，但稱「讖緯」者就得留意了：辛繕、薛漢俱為光武時人，如前所論，光武時稱「圖讖」，緯指的是星象，故此處的「讖緯」是讖言與天文。李固是順帝時人，彼時「圖緯」已為通稱，但卻稱李固明於「讖緯」，是「讖」的「預決吉凶」功能又受重視，這就開啟了東漢末讖、緯混稱的現象，也代表時代危機的出現，故「讖」的本質又再度受到重視。

（四）圖書、圖籙

甲、圖　書

1. （蘇竟）……若以須臾之間，研考異同，揆之圖書，測之人事，則得

失利害，可陳於目……。（〈蘇竟傳〉）

2. （尹敏）帝以敏博通經記，令校圖讖，使蠲去崔發所爲王莽著錄次比。敏對曰：「讖書非聖人所作，其中多近鄙別字。頗類世俗之辭，恐疑誤後生。」帝不納，敏因其闕文增之曰：「君無口，爲漢輔。」帝見而怪之，召敏問其故。敏對曰：「臣見前人增損圖書，敢不自量，竊幸萬一。」帝深非之，雖竟不罪，而亦以此沈滯。（〈儒林傳〉）

按：互見「圖讖」。

3. （楊厚）初，安帝永初二年，太白入北斗，洛陽大水，朝廷以問統。統對以年老，耳目不明。子厚曉讀圖書，精識其意……太后特引見，問以圖讖，厚對不合，免歸。（〈楊厚傳〉）

按：互見「圖讖」、「讖書」。

4. （章帝）每見圖書，中心惡焉。（《續漢書·律歷志·中》）

5. 案神怪之言，皆在讖記。所表皆效圖書。「亡秦者胡」，河圖之文也。（《論衡·實知》）

乙、圖　籙

1. 自漢武帝頗好方術，天下懷協道蓺之士，莫不負策抵掌，順風而屆焉。後王莽矯用符命，及光武尤信讖言，士之赴趣時宜者，皆騁馳穿鑿，爭談之也。故王梁、孫咸名應圖籙，越登槐鼎之任，鄭興、賈逵以附同稱顯，桓譚、尹敏以乖忤淪敗，自是習爲內學，尚奇文，貴異數，不乏於時矣。（〈方術傳〉）

按：互見「讖言」。

2. （謝夷吾）加以少膺儒雅，韜含六藝，推考星度，綜校圖籙，探賾聖秘，觀變歷徵，占天知地，與神合契，據其道德，以經王務……時博士郭鳳亦好圖讖，善說災異，吉凶占應。（〈儒林傳〉）

按：互見「圖讖」「圖書」、「圖籙」是泛稱，也是廣義的說法，但不可因任安從楊厚圖讖，而董扶卻從楊厚學圖緯而推出讖緯互稱無別，因爲楊厚「通曉圖書」，「圖書」可能包含了圖讖、也包含了圖緯，並不能說圖讖即圖緯，而應當留意安帝時「圖讖」與「圖緯」的差異；〔註7〕

〔註7〕〈楊厚傳〉的「安帝永初二年，太白入北斗，洛陽大水，朝廷以問統。統對以年老，耳目不明，子厚曉讀圖書，精識其意……太后特引見，問以圖讖，厚對不合，免歸。」來看，此處的「讖」是爲解答而永初二年災異而說的，

同理，光武命尹敏校圖讖，尹敏開了個玩笑，且說「臣見前人增損圖書」，故亦造了小小的讖言，以明圖讖非聖人所作，這裡的圖讖也包含在圖書之中，至於「秘經」（〈蘇竟傳〉：夫孔丘秘經，爲漢赤制，玄包幽室，文隱事明）一類的稱呼均指是隨上下文而得的稱呼，並非通稱。

綜上所述，我們可將這種緯異名現象詮解如下：

（一）由蘇竟的「善圖緯，能通百家之言」可知讖緯在西漢末年時已有「圖緯」之稱，再由李尋「五經六緯」與天文相關的現象可以推斷「圖緯」實與天文學有關（圖，非河圖的簡稱，河圖簡稱爲「河」，與洛書並稱爲「河洛」）。何以我們能如此斷定？原因有三：一是讖緯篇名多與星象相關，可知讖緯與天文學必定有所關連；二是中國傳統天文學即是一種星占學，江曉原稱之爲「軍國占星學（judical astrology）」，[註8] 其源甚古，《周禮·春官·宗伯》有掌天文的視祲及保章氏，史遷云：「昔之傳天數者：高辛之前重黎，於唐虞：羲和，有夏氏：昆吾，殷商：巫咸，周室：史佚、萇弘，於宋：子韋，鄭則禆，在齊：甘公，楚：唐昧，趙：尹皋，魏：石申……」（《史記·天官書》），天文學本是王官，周室東遷後散在諸國，戰國之際尤爲發達，這是因爲「兵革更起，城邑數屠，因以饑饉疾疫焦苦，臣主共憂之，其察機祥、侯星氣尤急」（仝上），群雄爭勝，天命轉移誰當繼者？所以天文學大興，星占不能不有星圖，雖先秦星圖未見，但馬王堆漢墓仍可見現存最早的五星占及天文雜氣象占，而漢志數術略天文類亦收有二十一家，四百四十五卷，雖均亡佚，若本之馬王堆漢墓五星占、天文雜氣象占，則亦當有圖，這便是「圖緯」之「圖」。三是「緯」在天文用語中是指行星，[註9] 尤指五星。星占雖可大別爲三垣占、四象占、日月占、五經占、瑞星占、妖星占、雜星占，但居首要指乃是日月占、五星占，「元象著明，莫大于日月；察變之動，莫著于五星」，日月人所恆見，所以察查變異尤繫於五星，[註10] 因此用緯象來代稱

故特稱之爲「圖讖」。

〔註8〕軍國星占學（judical astrology）與生辰星占學（horoscope astrology）是江曉原的譯名，江氏如此譯有其深刻用意，參見《天學眞原》（遼寧：遼寧教育，1992），頁216。

〔註9〕《漢書·天文志》：「經星常宿中外官，凡一百十八名，積數七百八十三星，皆有州國觀宮物類之象。」

〔註10〕《荊州占》云：「五星者，五行之精，五帝之子，天之使者。行于列舍，以司無道之國。王者施恩布德，正直清虛，則五星順度。出入應時，天下安寧，禍亂不生。人君無德，信奸佞，退忠良，遠君子，近小人，則五星逆變色，

星象（河圖有〈絳象〉，〈絳象〉即〈緯象〉）。星圖稱「圖」，星象稱「緯象」，可合稱為「圖緯」。

（二）但這一階段的「圖緯」並不只是單純的天文星占而已，如果只是單純的星占名之為「占」、「驗」即可，又何必另稱為「圖緯」？可見「緯」除了指星緯外，亦兼指釋經之緯，這種釋經方式是從天文角度而展開的詮釋方式，可以說是一種特殊的傳注，我們以為「圖緯」釋經可能是有相配合的「圖」，[註11] 換言之，「圖緯」是從天文角度釋經的著作。

（三）「圖緯」既與天文推步有本質關聯，將之用在矯造符命、預言，強調其徵驗，便產生了「圖讖」（讖言）一名，此一名稱在光武革命前後成了通稱，至於說「讖記」、「讖言」就可能指河洛，指圖緯，指一切預決吉凶者。

（四）光武宣佈圖讖於天下之後，「圖讖」的預言功能失落，「圖讖」便成了一種文獻而無「讖」的功能，但由於官方重視此學，學者「爭學圖緯」以解經，於是常見東漢學者「博通五經，兼明圖緯」，此時「圖讖」又轉稱「圖緯」，就其用於解釋又可稱之為「經緯」。不過，這一階段的「圖緯」與前一階的「圖緯」性質上已有不同，前一階段的「圖緯」本即是特殊的傳注，但這一階段的「圖緯」是一種可以用來釋經的文獻，簡言之，即是一種後設（meta）的用法。

（五）東漢末亂象再現，「圖緯」的名義再一次轉變，重視其釋經功能者或以「緯書」名之而略其「圖」；重視其預言功能者又矯造符命滲入其中，故又稱之為「圖讖」，因此，或稱為讖或稱為緯，或稱為讖緯，漸有混用的現象。

二、讖緯互辭辨

由上述的分析可知，讖緯名義從圖緯到圖讖，再從圖讖到圖緯、經緯，最後互辭混稱，這一名義變化現象在漢代思想史上是具有重要意義的，不宜以混稱無別來權為解說。準此，我們對陳槃、鍾肇鵬諸先生所說的讖緯互辭之說是有所保留的，不過，讖緯互辭之說影響既深遠，所以我們有必要對兩位先生所提出的的證據提出說明。

（一）陳槃先生的論據

陳槃先生提出讖緯互辭的證據為：

　　出入不時，揚芒角怒，變為妖星，彗孛……」
〔註11〕雖因讖緯殘缺過甚，難以詳考，不過林金泉〈詩緯星象分野考〉便繪出了十三國分野圖、卦氣占侯相配等圖，我們以為這就是圖緯的「圖」的一種。

1. 荀悅《申鑒‧嫌俗》云：「世稱：緯書，仲尼之作也。臣悅叔父故司空爽辨之，蓋發其僞也。」，而《後漢書‧荀爽傳》云：「（荀悅）又作《公羊問》及《辨讖》」，同一事，《申鑒》以爲緯，而〈荀爽傳〉以爲讖。

按：東漢末年，圖讖再次流行，此時讖緯漸有混用，鄭玄、蔡邕便是很好的代表，荀悅也是這種情況（參見：7.）

2. 《東觀漢記‧郊祀志》：「謹按河洛讖書」，〈楊震碑〉：「明尚書歐陽，河洛圖緯。」《後漢書‧儒林‧景鸞傳》：「兼授河洛圖緯。」王蕃《渾天說》：「末世之儒，增減河洛，竊作讖緯」（《晉書‧天文志》引），成公綏〈筆賦〉：「混河洛之讖緯」（藝文類聚五八引），李顒〈龜賦〉：「浮洛川，見緯書」（初學記三十引），河圖洛書可稱讖可稱緯，是讖緯無分也。

按：《河圖》、《洛書》是讖是緯，完全要看其「功能」，河洛所書出本爲讖，主徵驗之事，但河洛五九，既列入八十一篇，後世之儒用來釋經，則稱之「圖緯」，是因「功能」不同而分，不可以互辭無別看待。

3. 《後漢書‧蘇竟傳》：「善圖緯……與（劉）龔，曉之曰：……圖讖之占，眾變之驗。」前曰圖緯，後曰圖讖，互文也。

按：「善圖緯」與「圖讖之占」所語情境實有別也，本傳云：「平帝世，竟以明《易》爲博士講書祭酒。善圖緯，能通百家之言。」以博士而善圖緯本即平常，而「圖讖之占，眾變之驗，皆君所明」是針對劉歆兄子劉龔爲鄧仲況擁兵據南陽事而發，不能據以爲兩者互文。

4. 《後漢書‧袁術傳》曰：「又少見讖書，言代漢者當塗高。自云名字應之……遂有僭逆之謀。」，《三國志‧孫策傳》曰：「時袁術僭號，策以書責而絕之。」注：「吳錄載策使張紘爲書，有云：世人多惑於圖緯而牽非類，比合文字，以悅所事。」一曰讖書，一曰圖緯，是讖與圖緯爲一。

按：張紘爲孫策書中，「比合文字以悅所事」下有「苟以阿上惑眾，終有後悔者，自往迄今，未嘗無之，不可不深擇而熟思。」知所謂牽合云云本是泛指「自往迄今」的案例，非特指「代漢者當塗高」，故不能據以爲讖緯無別。

5. 《三國志‧魏志‧文帝丕紀‧注》曰：「獻帝傳載禪代眾事，曰：左中郎將李表魏王曰：昔先王初建魏國，在境外者，聞之未審，皆以爲拜王。武都李庶、姜合……謂臣曰：『必爲魏公，未便王也。定天下者，魏公子桓。神之所命，當合符讖……』魏王侍中劉廙、辛毗、劉曄……等言：臣伏讀左中郎將李伏上事，考圖緯之言，以效神明之應。」李伏上表，本言符讖，而劉

辛之等以爲圖緯，是符讖、圖緯一也。

　　按：此處恐係陳氏誤讀所致，原文爲：「臣伏讀左中郎將李伏上事。考圖緯之言，以效神明之應，稽之古未有不然者也。故堯稱歷數在躬，璇璣以明天道；周武未戰而赤鳥銜書，漢祖未兆而神母告符……」，「考圖緯之言」應屬下讀，故續引堯、武王、漢高等事，此類事俱在圖緯也，〔註12〕不能以此例說讖緯互辭。

　　6.《後漢書・張衡傳》：「初光武善讖，及顯宗、肅宗，因祖述焉。自中興之後，儒者爭學圖緯，兼復附以訞言，衡以圖緯虛妄，非聖人之法。」以讖與圖緯互文，是讖與圖緯一也。

　　按：光武善讖與儒者爭學圖緯並不能說是「互文」，倒是「兼復附以訞言」則可以說是「讖」，儒者學圖緯正所以釋經之用。

　　7.《後漢書・鄭玄傳》云：「戒子益恩曰：『……時睹祕書緯術之奧。』……五年春，夢孔子告之曰：『起、起，今年歲在辰，來年歲在巳。』既寤，以讖合之，知命當終。」鄭玄所覃精者緯術，而其占夢乃以讖，或曰緯、或曰讖，互辭也。

　　按：此證甚爲牽強，鄭玄善緯術，而占夢則以讖，兩者分別甚明，不足以爲讖緯互辭之證。

　　8.《後漢書・儒林傳》：「尤善說災異讖緯……建武初爲博士，受詔校定圖讖。」光武欲以讖說經，薛亦善說讖緯，故光武使之校定此類書說。此類書，經義攸關，如隋志李賢等之論，以羽翼七經爲緯，則薛所校定者，緯也。今乃曰圖讖，是謂緯與圖讖一也。

　　按：校定圖讖是當時一大事，尹敏、薛漢皆與其事，校定目的是爲了蠲去崔發爲王莽所造的圖讖，2.中所述甚詳，故日後有「宣佈圖讖於天下」的舉動，尹敏、薛漢所校定者又何必一定是緯？此例並不足以證讖緯互辭。

　　9.《三國志・蜀志・先主備傳》：「太傅許靖……軍師將軍諸葛亮……等上言：……群下前後上書者八百餘人，咸稱述符瑞圖讖明徵。……今上天告祥，群儒英俊並進，河、洛、孔子讖記咸悉具至。……考省靈圖，啟發讖緯，神明之表，名諱昭著，宜即帝位。」劉豹、向舉等勸進，其所引證有河圖、洛書與五經讖緯，今許靖、諸葛之等則以爲圖讖，或讖記，是圖讖即讖記，

〔註12〕舉堯、周武王、漢高祖王的符瑞事，這是讖緯主題之一，詳見本論・第四章，第二節。

亦即讖緯也。

按：勸進文中既引河圖、洛書（圖），五經、讖、緯，則許靖、諸葛或說圖讖，或說讖記均無不當，也不能具此證明圖讖即讖緯。

（二）鍾肇鵬先生的論據

鍾肇鵬《讖緯論略》中說：「在漢人的著述中所謂『經讖』、『圖緯』實際上都包括緯書，而『讖』、『緯』也往往互稱，並無區別。」（頁9），逐舉八證來證明他的說法：

1. 〈樊英傳〉說樊英「善風角、星算、河洛、七緯」，李賢注舉《易》、《書》、《詩》、《禮》、《樂》、《孝經》為說，《隋志》云：「七經緯三十六篇，并云孔子所作。」鄭玄注《周易‧乾鑿度》云：「言孔子特應此而作讖三十六卷」，《後漢書‧張純傳》則云：「乃案七經讖」，可見七經緯即七經讖，讖緯互稱不別。

按：前已論及東漢末年讖緯漸有互稱的情況，此處引鄭玄注言正是這種情況，僅可說漢末讖緯漸有互稱，不可擴大解釋至讖緯無別。

2. 〈張衡傳〉：「春秋讖云：『共工理水』，凡讖皆云黃帝伐蚩尤，而詩讖獨以為蚩尤敗，然後堯受命。《春秋‧元命包》中有公輸班與墨翟，事見戰國，非春秋時也……往者侍中賈逵摘讖互異三十餘事，諸言讖者皆不能說。至於王莽篡位，八十篇何為不戒，則知圖讖成於哀平之際也。」所謂八十篇即指河圖、洛書四十五篇，加七經緯三十六篇，共八十一篇，張衡說的春秋讖、詩讖，繼言賈逵摘讖互異三十餘事并舉讖緯總目數，又云「諸言讖者」。八十一篇包括七經緯，所舉《春秋‧元命包》亦是緯書，而總稱為圖讖，是緯讖不別。

按：張衡傳中「圖讖」、「圖緯」均出現，這正是由圖讖到圖緯的過渡期。

3. 《東觀漢記‧明帝記》云：「詔曰：《尚書‧璇璣鈐》曰：『有帝漢出德洽，作樂名予』。其改郊廟曰大予樂，樂曰大予樂官，以應圖讖。」

按：應《璇璣鈐》此句有改郊廟樂，明是將《璇璣鈐》視為「讖」，而非釋經，故可稱之為「圖讖」。

4. 《續漢書‧律歷志（中）》載蔡邕〈歷數議〉曰：「〈元命包〉、〈乾鑿度〉皆以開闢至獲麟二百七十六萬歲，及〈命歷序〉積獲麟至漢……漢元年歲在乙未，上至獲麟則歲在庚申，推此以上，上及開闢，則不在庚申，讖雖無文，其數見存。」〈乾鑿度〉是易緯，〈命歷序〉是春秋緯，都稱為讖。

按：東漢末讖緯漸有互稱，此則亦是此種情形。

5.《易緯‧乾鑿度》下云：「欲所按〈合誠〉。」鄭玄注：「此人心之合誠，春秋讖卷名也。」春秋合誠圖乃緯書，而鄭玄說是春秋讖，此讖緯互稱無別。

按：東漢末讖、緯漸有混稱現象，此則應是這種現象的產物。

6.《鄭志》：「張逸問《禮》注曰：《書說》者，何書也？答曰：《尚書緯》也。當爲注時在文網中，嫌引秘書，故諸所牽圖讖，皆謂之『說』」（《禮記‧檀弓下》疏引），是以尚書緯爲圖讖。

按：漢末並未有禁讖緯事，「記」本即是漢代釋經的一種名義，一如傳、記、章句，如釋禮經之作則稱爲《禮記》，釋《公羊春秋》則有《公羊雜記》、《公羊顏氏記》的名稱。〔註 13〕又，鍾氏云舉漢人讖緯不分爲證，但此則並非漢人的觀點。

7. 東漢明帝下詔言制禮作樂，引用河圖、《尚書‧璇璣鈐》、〈帝命驗〉之文，曹褒「既受命，乃次序禮事，依準舊典，雜以五經讖記之文，撰次天子至於庶人，冠婚吉凶終始制度，以爲百五十篇。」（曹褒傳），《尚書‧璇璣鈐》、《帝命驗》均屬尚書緯，而并稱五經讖記，是讖緯不別。

按：讖爲圖讖，記則爲包括緯在內的釋經之作。故「讖記」運用至廣，稱《璇璣鈐》、《帝命驗》爲讖記並無不當，況且此處又先舉「制禮作樂」事，其義本如「讖」。

8.《三國志‧魏書‧文帝紀》裴松之注引〈獻帝傳〉載太史丞許芝條奏魏代漢見於讖緯，引《春秋‧漢含孳》、《春秋‧玉版讖》、《春秋‧佐助期》、《孝經‧中黃讖》等，末云：「此魏王之姓諱，著見圖讖。」〈漢含孳〉、〈佐助期〉都是春秋緯與〈玉版讖〉、〈中黃讖〉並列，同稱「圖讖」，是漢魏儒者讖緯不別。

按：許芝既條奏魏代漢見於「讖緯」者，故文中引讖、引緯實屬當然。文中引〈漢含孳〉文爲：「漢以魏，魏以徵」，〈佐助期〉文爲：「漢以蒙孫亡」，重點都是在徵驗，並合上下文所引《玉版讖》（後起的雜讖書）、〈中黃讖〉及〈易運期讖〉泛稱爲圖讖本即當行文之所當然，所以文末許芝云：「河洛所表，圖讖所載，昭然明白，天下學士所共見也。臣職在史官，考符察徵，圖讖效見，際會之期，謹以上聞。」不可應此處泛稱讖，就視讖緯爲不別也。

───────────

〔註13〕《漢書‧藝文志》中以「記」爲名者尚有：劉向《五行傳記》、許商《五行傳記》、《樂記》、《王禹記》等書。

第二節　河圖、洛書

　　王莽藉讖言而取天下，漢末群雄亦起而效尤，為尋求政權正當性，以示天命在我，這是彼時共識，光武頭角未露時就已經聽說「劉秀當為天子」的讖言，這種陰錯陽差的巧合，〔註14〕致使光武尤信讖。改服色（建武二年）、定禘祫禮（建武二六年）、立明堂、辟雍（建武二七年）、封禪（建武卅二年）均是依圖讖而行。且召尹敏、薛漢校訂圖讖，其間桓譚極言「讖之非經」，更差點送了命，圖讖猥多，經過一番校理在中元元年（56A.D），正式「宣布圖讖於天下」，這意謂什麼？鍾肇鵬以為：一是、在這以前，圖讖可以各自造作，二是、過去可以增益圖書，私改讖記，此後則成為為定本，以政治、法律來維持讖緯的尊嚴。〔註15〕這當然是事實，《後漢書‧尹敏傳》就明載光武令尹敏「校圖讖，使蠲去崔發所為王莽著錄次比」，所以留下來的圖讖自是為劉漢大張其本，但讖緯因詮釋空間的彈性，往往有逸出秩序規範外的可能，也造成光武非要「宣佈圖讖於天下」以防止有心者再度利用。〔註16〕

　　宣佈之後的圖讖（也就是限定在官方秩序之中的圖緯）共有八十一篇，其說頗見文獻，如：

　　1. 《後漢書‧張衡傳》載張衡上疏云：「漢世大禍，八十篇何為不戒？則知圖讖成於哀平之際也。且河洛、六藝，篇錄已定，後人皮傅，無所容篡。」李賢注引張衡〈上事〉：「河洛五九，六藝四九，謂八十一篇也。」即河圖、

〔註14〕《後漢書‧鄧晨傳》載：「光武嘗與兄伯升及晨俱之宛，與穰人蔡少公等讌語少公頗學圖讖，言：『劉秀當為天子』。或曰：『是國師人劉秀乎？』光武戲曰：『何以非僕邪！』坐者皆大笑，晨心獨喜。」這是一則值得重視的資料，至少說明了「劉秀當為天子」本來不是針對光武，而是針對劉歆的。哀帝劉欣，欣與歆音義皆同，故《漢書‧楚元王傳》載劉歆在哀帝建號改元的建平元年，改名劉秀。及王莽諸多改革引起士族的不滿（參見余英時，《中國知識階層史論‧古代篇》，台北：聯經，民國73年），遂倒戈相向，時劉歆（秀）為莽朝國師公，位高權重，遂有人造讖言（符命）為劉歆（秀）張旗鼓，後雖失敗自殺，但這類讖言（符命）便也流傳開來，雖然未必如王葆玹所推斷〈赤伏符〉最初原是為劉歆所造（《西漢經學源流》，頁399），但是兩者間必有一定關聯。

〔註15〕鍾肇鵬，《讖緯論略》，頁27～8。這種「定本」其實只存在於東漢，東漢末群雄再起，又是另一番天地了。

〔註16〕讖緯構思及用語的模糊在本質上就提供了有心人利用的空間，這點在下一章會具體的討論。又，坂出祥伸的〈方術傳的立傳及其性質〉（收在《日本學者論中國哲學史》，台北：駱駝，民國76年）指出，史書編纂者將術數限於禮的秩序之中，乃是因為「術」本身就有逸出規範的可能性。

洛書一類有四五篇，其餘諸經緯有三十六篇，合而爲八十一篇。

2. 荀悅《申鑒・俗嫌》也說：「世稱緯書仲尼之作也……然則可謂八十一首，非仲尼之作矣！」上節指出東漢末年漸啓讖緯混用之例，這裡的緯書即是讖緯。

3. 《續漢書・祭祀志上》：「建武元年以前，文書敗亡，舊典不具，不能明經文，以章句細微相況，八十一卷，明者爲驗。」

4. 《文心雕龍・正緯》有：「有命自天，迺稱符讖，而八十一篇，皆託於孔子，則是堯造綠圖，昌制丹書，其僞三矣。」

5. 《隋書・經籍志》更明確指出：「其書出於前漢，有《河圖》九篇，《洛書》六篇，云自黃帝至周文王所受本文。又別有三十篇，云自初起至於孔子，九聖之所增演，以廣其意。又有七經緯三十六篇，並云孔子所作，并前合爲八十一篇。而又有《尚書中侯》、〈洛罪級〉、〈五行傳〉、〈詩・推度災〉、〈氾歷樞〉、〈含神霧〉、〈孝經・鉤命訣〉、〈援神契〉、《雜讖》等書。」

簡言之，在八十一篇之外的則屬於後出的雜讖書（亦包含緯書），在論「讖緯」時（狹義之讖緯）是可以不談的。

至於讖緯的造作者是何人？讖緯本以神聖其說，故託名孔子諸聖所作，所以作者何人恐怕是難以徵考，也無從稽考的事。不過，桓譚以爲是「今諸巧慧小才伎數之人」（本傳），張衡以爲是「殆必虛僞之徒，以要世取資」（本傳），只是泛說，至於荀悅《申鑒・俗嫌》則說是「有起於中興之前，終張之徒之作乎？」，雖是假說，但卻具體道出了可能的作者，但終張究竟是何人呢？安居香山以爲終是武帝時的終軍，張則是高祖時的張良，此二人俱善神仙、方術，讖緯可能即是此二人的門生後學所傳，安居香山，《緯書の成立とその展開》，頁 7～9），並順此與陳槃主張的讖緯起源於鄒衍與燕齊海上之方士相結合。我們以爲，安居香山指終張爲終軍、張良恐怕是不能成立的，因爲，張良爲漢初，終軍爲武帝時人，若眞是彼二人，似乎與「有起於中興之前」的斷限相距太遠。我們以爲「張」或許是指張滿，而「終」則可能田終術！張滿爲漢末據地稱王的群雄之一，《後漢書・祭遵傳》云：「初，滿祭祀天，自云當王。既執，嘆曰：『讖文誤我！』乃腰斬」。〔註17〕而田終術爲王莽居攝時的長安令《漢書・翟方進傳》說田終術授星曆於翟方進，《漢書・

〔註17〕《華陽國志・卷五・公孫述劉二牧志》載光武帝答公孫述書，中有「近張滿
作惡，兵圍得之，歎曰：『爲天文所誤！』恐君復誤也。」

－41－

王莽傳（中）》載：「（王莽）居攝之萌，出於泉陵侯劉慶、前煇光謝囂、長安令田終術。莽羽翼已成，意欲稱攝。豐等承順其意，莽輒復封舜、歆兩子及豐孫。」田終術既善星曆又是勸進王莽之人，則終張之「終」是有可能指田終術。但，就算眞是終張之徒所爲，充其量也只不過是眾多讖緯中的一部份而已。

一、河圖釋名

　　再將論述回到成書問題上：漢人既以河洛所出書爲讖，又有「河洛五九」四五篇之說，但「河洛所出書曰讖」究竟該如何詮解？而「河洛五九」又指的是那些篇章？

　　先就「河洛所出書曰讖」分析，河圖、洛書是一個複雜的概念，是書？是圖？還是《易》之遠源？歷來就有多種講法，迄今仍不時有所謂「破譯」之說出現，〔註18〕從文獻上看，「河圖」一詞最早出現在《尚書・顧命》：〔註19〕

　　　陳寶：赤刀、大訓、弘壁、琬琰在西序。大玉、夷玉、天球、河圖
　　　在東序。

孔安國說是「八卦。伏羲王天下，龍馬出河，遂則其文以畫八卦，謂之河圖。」，〔註20〕《漢書・五行志》載：「劉歆以爲伏羲氏繼天而王，受河圖則而畫之，八卦是也。禹治洪水，賜洛書，法則陳之，洪範是也。」這種說法可能是從《易繫辭》的「天生神物，聖人則之；天地變化，聖人效之；天垂象，見吉凶，聖人象之。河出圖，洛出書，聖人則之。」增益而來，很可以代表漢人的見解，但「河出圖」取法畫卦的縱或是伏羲，但傳說中「受河圖」的帝王

〔註18〕　這些號稱「破譯」之說的簡單介紹及評論，參見張其成主編，《易學應用大百科》（南京：東南大學，1994），第八章。又，王玉川，《運氣探秘》（北京：華夏，1993），除說明河圖是江河地理圖、是祥瑞之物、是帝王授命之符外，更說河圖洛書是出土甲骨，其說頗新奇。參見，頁179～191。至於河、洛書與易學之關係，因與本文關係不大，此處暫略。

〔註19〕　「陳寶」指什麼？其實大有爭義，我們這樣斷句是將「陳」視爲動詞，寶則是西序、東序的陳列物。但《史記・封禪書》有「文公獲若石云：于陳倉北阪祠之。其神或歲不至，或歲數，來也常以夜，光輝若流星，從東南來，集于祠城，則若雄雞，其聲殷云，野雞夜雊，以一牢祠之，命曰『陳寶』。」這裡的「陳寶」又該如何解釋？說成「陳地之寶」恐怕是簡化問題了。

〔註20〕　這裡的孔安國究竟是漢人或是晉人，頗有爭議，陳夢家《尚書通論》（北京：中華，1985），就力主此孔安國乃東晉人。詳見，頁122～135。

至少有伏羲、黃帝、堯、舜、禹、湯、文王、成王……，〔註21〕這裡的「河圖」不必是伏羲所受的河圖，更與讖緯的河圖、洛書無涉。〔註22〕然則〈顧命〉中的「河圖」究竟是什麼？黃宗羲以為是「黃冊」：「〈顧命〉西序之大訓猶今之祖訓，東序之河圖，猶今之黃冊，故與寶玉雜陳。不然，其所陳者為龍馬之蛻歟？抑伏羲畫之稿本歟？無是理也。」（〈易學象數論〉），為何黃冊就該與寶石雜陳？彼時已有記載人口戶籍的「黃冊」嗎？這都還可斟酌。值得留意的是南宋薛季宣〈河圖洛書辨〉的說法，他以為是「圖載江河山川州界之分野」的地理圖，河圖為地理圖的說法郭璞《穆天子傳》「天子披圖視典」注中就說「圖」是「河圖」，〔註23〕其所隱喻之意似乎是說：河圖、洛書這種「地圖」，象徵「天下」，聖王既得天心，故授之以「天下」（「地圖」）。但，這會是此處「河圖」的本義嗎？從上下文中實在難以得到這樣的結論。南宋·俞琰說：「天球，玉也。河圖而天球並列，蓋玉之有文者」（劉寶楠《論語正義》引），陳槃先生力持此說，更指出桓譚《新論·啓寤》所說的：「讖出河圖、洛書，但有兆朕而不可知。後人妄復增加依託，稱是孔丘，誤之甚也。」（嚴可均輯本），就已點出方士依託矯造讖記的情形。〔註24〕俞琰的解釋較切近〈顧命〉河圖的本義，但陳槃的推論就未免太過，而且由「受圖」者眾的情況來看，這樣的講法似乎有將河圖問題簡化的缺失，因為河圖是一種寶玉，這一觀點只解決了《尚書·顧命》中的問題，對回應先秦以來「河圖」的發展並無助益，我們以為唯有了解先秦對河圖的看法是什麼，才算是真正解決了「河洛所出書曰讖」的問題，也才可解釋先秦文獻中的河圖何以又稱為「綠圖」了。先秦文獻中所見的河圖、洛書如：

> 鳳鳥不至，河不出圖，吾已矣夫。（《論語·子罕》）
> 昔人之受命者，龍魚假，河出圖，洛出書，地出乘黃，今三祥未見

〔註21〕 程樹德《論語集釋》引《論語偶記》：「《四書釋地》謂河圖不必宓羲時出，黃帝時亦出，堯、舜、禹時疊出，成王、周公時又出，載諸史志。」（北京：中華，1990），頁588。《宋書·符瑞志》對這些受圖帝王有清楚記載。

〔註22〕 若河圖就是八卦，也就是讖緯中的河圖，那麼「河洛所出書曰讖」這句話就頓失其義了，由此可見漢人此處只是對伏羲氏之河圖所做的解釋，倒不是就此認定所有的河圖均是如此。

〔註23〕 郭璞注云：「省河所出禮圖」，這裡的「披圖視典」本有納對方為臣屬的意味在。

〔註24〕 陳槃說：「天球亦寶石，故與河圖連類並列。此類寶石，蓋有紋理，似文非文似圖非圖，在可識不可識之間」，詳見〈論早期讖緯及其相關衍書之關係〉。

有者，雖曰受命，無乃失諸乎？（《管子·小匡》）

故天降膏露，地出醴泉，山出器車，河出馬圖，鳳凰麒麟，皆在郊
椒。（《禮記·禮運》）

由這些文獻中明顯可見河圖、洛書是一種祥瑞的象徵，是古聖王受命的一種
「儀式」，或致太平的「符徵」。戴君仁就指出：河圖、洛書是古帝王受命符
瑞，爲玉石製成，上刻有龍鳳龜麟等動物形象（〈河圖洛書的本質及其原來的
功用〉，文史哲學報·十五），是否「上刻有龍鳳龜麟等動物的形象」自然容
有爭議，但河圖由寶石轉而爲受命符瑞確是無庸致疑的，由此更可知改朝換
代之際，古聖王均可有受圖的傳說出現，以示君權乃神所授，故而此圖（河
圖）遂成一種泛指而非專稱了，明乎此，古書中的「綠圖」、「錄圖」、「籙圖」
也就容易解決了：

赤鳥銜珪，降周之岐社。曰：天命周文王伐殷有國。秦顛……河出
綠、地出乘黃。（《墨子·非攻》下）

洛出丹書，河出綠圖。（《淮南子·俶眞訓》）

秦皇挾錄圖，見其傳曰：亡秦者胡也。（《淮南子·人間訓》）

「河圖」既是一種符瑞，從其顏色而稱「綠」，從其著記而稱「錄」、「籙」，
實乃名異實同，〔註25〕這種「受命」思想，也正是讖緯本質之所繫，故讖緯
中的河圖多有這種思想的展現，〔註26〕如：

黃帝修德立義，天下大治，乃召天老而問焉：余夢見兩龍，挺日圖，
即帝以授余於河之都，覺昧素喜，不知其理，敢問於子。天老曰：
河出龍圖、雒出龜……（河圖·挺佐輔）

舜以太尉即位，與三公臨觀，黃龍五采負圖，出置舜前，以黃玉爲
柙，白玉檢，黃金繩，黃芝爲泥。章曰：黃帝符璽。（河圖）

至於「河洛所出書曰讖」，若從上述論述來理解就甚爲容易了：河圖、洛書是
受命之符瑞，說的準確些則是「即將受命的符瑞」。這，就是讖了。將此符瑞
以文辭具體表述就成了「讖言」、「讖文」。〔註27〕

〔註25〕河圖異稱問題，參陳槃，〈古讖緯書錄解題（一）〉、陳奇猷《呂氏春秋校釋》
（台北：華正，民國77年），頁1423～1424。

〔註26〕「受命」是讖緯思想的主題之一，伴隨「受命」而來的祥瑞、天文占就構成
了讖緯的重要內容，這也是本論第四章所要探討的主題之一。

〔註27〕這樣解讖，其實是一種狹義的說法，是放在漢代讖緯觀念下的詮解，至於廣

二、河洛五九

再次，「河洛五九」究竟是那四十五篇？《隋志》的：「有《河圖》九篇，《洛書》六篇，云自黃帝至周文王所受本文；又別有三十篇，云自初起至於孔子，九聖之所增演，以廣其意。」可見在這四五篇中又分：1.《河圖》九篇、《洛書》六篇。2. 九聖所增演的三十篇。或許我們可以這樣斷定：這二類的《河圖》、《洛書》，前者是王莽時期所造作出來的，而後者則是漢末至光武即位後所陸陸續續增益的。何以能如此斷定？這是因為《漢書・翟方進傳》載王莽〈大誥〉云：「《河圖》、《洛書》，遠自昆侖，出於重野，古讖著言，肆今享實。」所謂「肆今享實」，顏師古注：「言有其讖，故今當其實。」可見正是王莽及其黨人造作成書的，《漢書・王莽傳（中）》更載：「秋，遣王威將王奇等十二人班《符命》四十二篇於天下。〈德祥〉五事，〈符命〉二十五，〈福應〉十二，凡四十二。其〈德祥〉言文、宣之世黃龍見於成紀、新都，高祖考王伯墓門梓柱生枝葉之屬，〈符命〉言井石，金匱之屬。〈福應〉言雌雞化為雄之屬。其文爾雅依託，皆為作說……」後雖經光武刪削，但仍大抵存留，存留的部份當是以祥瑞、地理為主。

至於這原先的十五篇及後起的三十篇篇目究竟為何？這就是最棘手的問題了。就收錄較全的《重修緯書集成》考察，卷六的「河圖・洛書」卷收有河圖四十三種、洛書十五種，〔註28〕茲將篇目、異稱臚列於下：（文中引陳槃先生語見系列解題，鍾肇鵬先生語則見《讖緯論略》）

1. 《河圖・括地象》：一名〈地統書〉
2. 《河圖・始開圖》
3. 《河圖・挺佐輔》
4. 《河圖・稽耀鉤》
5. 《河圖・帝覽嬉》
6. 《河圖・握矩記》
7. 《河圖・玉版》：陳槃解題：蓋本作《河圖・玉版龍文》，諸家稱引則

義的讖，就是通說的預言了，有著各種的表現形式。參見丁鼎、楊洪權《神秘的預言：中國古代讖言研究》（山西：山西人民，1993）

〔註28〕 各讖緯輯佚書中河圖、洛書的收輯情況，中村璋八，《緯書の基礎的研究》第二篇，第一章，列有「現存緯書篇目一覽表」，可參看。但《重修緯書集成》所收集的河圖、洛書也不全，陳槃一系列解題中就提到尚有許多失收者，詳見陳槃系列解題。

省稱《河圖・玉版》，或省稱《河圖龍文》。

8. 《龍魚河圖》：或作〈龍魚徵記〉。

9. 《河圖・合古篇》：「合古」或作「令占」，或作「舍占」

10. 《河圖・令占篇》

11. 《河圖・赤伏符》

12. 《河圖・闓苞受》：「闓」或作「開」，「授」或作「受」

13. 《河圖・叶光記》：一作「叶光篇」、「叶光篇」、「叶光圖」

14. 《河圖・龍文》

15. 《河圖・錄運法》

16. 《河圖・帝通紀》：一作〈帝紀通〉、或作〈帝統紀〉

17. 《河圖・眞紀鉤》：一作「河圖・眞紀」、「河圖・眞鉤」

18. 《河圖・龍帝記》

19. 《河圖・龍表》

20. 《河圖・考鉤》

21. 《河圖・秘徵》：陳槃解題：或作《河圖・帝秘徵》、《河圖・秘徵篇》

22. 《河圖・說徵》：陳槃解題：一下有「示」字。

23. 《河圖・說徵祥》：陳槃解題：疑本作「祥」，因漫漶訛爲「示」，而「徵示」又或形近僞「微禾」。

24. 《河圖・說徵示》：一作「說徵祥」、一作「說徵」

25. 《河圖・會昌符》

26. 《河圖・稽命徵》：一作「稽命曜」

27. 《河圖・揆命篇》：一作「撰命」

28. 《河圖・要元篇》：「要」或作「內」，「篇」或作「經」

29. 《河圖・天靈》

30. 《河圖・提劉篇》

31. 《河圖・絳象》：「絳」一作「緯」。

32. 《圖緯・絳象》：

33. 《河圖・著明》：「著」一作「注」。

34. 《河圖・皇參持》：《重修緯書集成》誤爲「皇持參」。

35. 《河圖・帝視萌》：一無「帝」字，「視」或作「觀」。

36. 《河圖・靈武帝篇》

37. 《河圖‧玉英》

38. 《河圖‧稽紀鉤》：即〈真紀鉤〉。鍾肇鵬說：今檢《開元占經》卷八六作《真紀鉤》，「稽」乃「真」字之誤鈔。

39. 《河圖‧考靈曜》：一作《考曜文》。

40. 《河圖‧紀命符》

41. 《河圖‧聖洽符》

42. 《河圖‧表記》

43. 《河圖》

洛書十五種：

1. 《洛書‧靈準聽》：「靈」一作「零」，一作「天」。

2. 《洛書‧甄曜度》：「甄」一作「乾」，「曜」一作「耀」，一作「燿」。

3. 《洛書‧摘六辟》

4. 《洛書‧寶號命》

5. 《洛書‧說禾》

6. 《洛書‧錄運法》

7. 《洛書‧錄運期》

8. 《孔子河洛讖》

9. 《洛書‧雒罪級》

10. 《雒書紀》

11. 《洛書‧三光占》

12. 《洛書‧說徵示》：陳槃解題：蓋本作「說徵示」，或省作「說示」；「示」、「禾」形近，故或訛作「說禾」。河圖類亦有《說微示》，或作《徵禾》，又或作《說徵祥》，其或因省字，或形近致訛，與雒書同。

13. 《洛書‧兵鈐勢》

14. 《洛書‧斗中圖》

15. 《洛書》

　　在這五十八篇的篇目中，究竟那些才是所謂「河洛五九」呢？

　　陳槃先生所引的集成本為《重修緯書集成》的前身《緯書集成》，此書收有河圖四十一種，較《重修緯書集成》少《龍帝紀》、《龍表》，洛書收十四種，少《斗中圖》，依陳先生系列解題意見，則《龍文》、《玉版》為一，《合古篇》、《令占篇》為一，《說徵》、《說徵祥》、《說徵示》當為一，《圖緯‧絳象》即

《河圖‧絳象》，《稽紀鉤》爲《眞紀鉤》之誤，《說禾》、《說徵示》爲一，則當減去七種，得四十八種；而《洛書‧錄運期》爲蜀漢之作，《孔子河洛讖》爲南朝宋之作，均減去則得四十七種。〔註29〕

　　安居、中村二先生於《河圖‧洛書》卷的〈解說〉則以爲：〈合古篇〉與〈令占篇〉、〈秘徵篇〉與〈說徵〉、〈說徵祥〉、〈說徵示〉，〈表紀〉與〈表〉、〈龍帝紀〉與〈龍表〉、《河圖‧絳象》與《圖緯‧絳象》應是同一篇，〈皇參持〉與〈天靈〉也可能是同一篇；再則，〈靈武帝篇〉、〈表紀〉、〈表〉、〈龍帝紀〉見於《天文要錄》，〈稽曜鉤〉、〈聖洽符〉見於《開元占經》，〈玉英〉見於《文選鈔》，數量均只一篇，不可全信，有可能是六朝以後僞作或誤寫所致，而〈龍象河圖〉與《河圖‧龍文》亦有可能是同一篇。若如二氏所論，則總數只有四十二篇而已。

　　王利器〈讖緯五論（三）：河圖洛書及六經緯之篇目〉以爲：《河圖‧錄運法》、《洛書‧錄運法》、《洛書‧錄運期》三者當爲一種。《河圖‧合古篇》、《河圖‧令占篇》二者當爲一種。《河圖龍文》、《河圖龍文表》二者當爲一種，〔註30〕《河圖‧秘徵》、《河圖‧說微祥》、《河圖‧說微示》三者當爲一種，《河圖‧絳象》、《圖緯‧絳象》二者當爲一種，《洛書‧說禾》、《洛書‧說微示》二者當爲一種，《河圖》、《河圖‧表紀》、《雒書紀》、《洛書》、《孔子河洛讖》之類，當爲概舉《河圖》、《洛書》而言，不必別立名目，如此，則可省減十三種，以五十八減去十三，則得四十五，正合《衡集上事》所言「河洛五九」之數。

　　鍾肇鵬則表列河圖四十種，與集成本相較，多〈期運授〉、〈內元經〉而少〈龍帝紀〉、〈說徵祥〉、〈說徵示〉、〈圖緯‧絳象〉、〈稽曜鉤〉、〈河圖〉。這是因爲：

1. 〈說徵祥〉、〈說徵示〉爲〈說徵〉之訛。
2. 《圖緯‧絳象》即《河圖‧絳象》。
3. 〈稽紀鉤〉實爲〈眞紀鉤〉之誤。
4. 《河圖》（或《河圖讖》）只是泛引而非篇名

〔註29〕陳槃又說不見於《緯書集成》的尚有河圖三一種，（〈龍帝紀〉、〈龍表〉重修本已增，故應爲二九種；洛書七種，但多爲有目無文，眞僞難定。參見《古讖緯研討及其書錄解題》，頁370～372及486。

〔註30〕此處的《河圖‧龍文表》實爲《河圖‧龍表》之誤。

5. 據《經義考》增補〈期運授〉與《內元經》。

又表列洛書十三種，與集成本相較，少〈錄運期〉、〈雒書紀〉、〈洛書〉，增〈稽命曜〉，原因是：

1. 〈錄運期〉即〈錄運法〉。

2. 〈雒書紀〉、〈洛書〉為泛稱。

3. 據《經義考》增〈稽命曜〉。

若依鍾氏，則河圖、洛書合計共五十三種。唯據陳槃先生解題，〈要元篇〉又作〈內元經〉，兩者同一，則鍾氏所列總數應為五二種。至於「河洛五九」究竟為那些篇目則未指明。但，鍾氏又說洛書本文六篇，當繫〈靈準聽〉、〈甄曜度〉、〈摘亡辟〉、〈寶號命〉、〈錄運法〉、〈洛罪級〉六種，未說明理由。

綜上諸家見解，彙整如下：

（一）〈合古篇〉即〈令占篇〉，〈說徵〉即〈說徵祥〉、〈說徵示〉，《圖緯・絳象》即《河圖・絳象》，則在集成本五八種中當減去四種，得五四種。

（二）〈稽紀鉤〉確為〈眞紀鉤〉之誤，《河圖》、《洛書》、《洛書紀》又為泛指，當去再次四種，則成五○種。

（三）若準陳槃《河圖・龍文》即《河圖・王版》，《洛書・說禾》即《洛書・說徵示》及安居、中村二氏的《河圖・龍文》即《河圖・龍表》，則當再去其三，即四十七種，而《洛書・錄運期》或說是陳槃說是蜀漢之作，王利器以為即〈錄運期〉，〈孔子河洛讖〉為南朝宋所作均當去，則恰得四五篇之目。

但這是有問題的，因為若依陳槃說《河圖・玉版龍文》的省稱為《河圖・玉版》或《河圖・龍文》，但無省作《河圖・龍表》者；反之，安居、中村說《河圖・龍文》、《河圖・龍表》為一，與《河圖・玉版》無涉，是三者只能去一，我們以為應以安居、中村二氏所說為是，似不可僅依清河郡本題有「龍文」二字便據以為證。然則該除去那一篇呢？我們以為讖緯中未有同名者，故《河圖・錄運法》、《洛書・錄運法》當為一種。至於安居、中村兩氏所說的〈秘徵〉與〈說徵〉（〈說徵祥〉、〈說徵示〉），〈皇參持〉與〈天靈〉，形義均相較甚遠，無以證明是同一種。王利器說〈秘徵〉與〈說徵〉其誤安居、中村氏同，〈孔子河洛讖〉、《河圖，表紀》並非泛舉。鍾肇鵬說〈錄運期〉即〈錄運法〉，但二者時代不同，應非一事；《洛書・稽命曜》當即《河圖・稽命徵》。〔註31〕

〔註31〕鍾氏據《經義考》補《洛書・稽命曜》，但《經義考》在《洛書・稽命徵》條

　　不過，如此推論會遇到這樣的的挑戰：「河洛五九」的篇目難道全無散佚嗎？如果有散佚又如何保證這裡所考辨出的四五種就是所謂的「河洛五九」？這樣的懷疑是合理，也是必須加以正視的。事實上，讖緯雖迭遭查禁，但「河洛五九」既已是定型的書卷，北朝陶弘景《真誥·卷十一·稽神樞第一》說：「《河圖》中〈要元篇〉第四十四卷云……」其下注云：「此河圖書者，禹舜所受，及河洛書之屬，今猶存四十餘卷存。」是知南朝時其書尚存，東漢以來諸子書、類書及注疏多所引用，內容雖多所散佚，但篇目大體具存，所以據現存篇目推論「河洛五九」當無大過。

　　至於這四五篇中，最早的九篇河圖及六篇洛書應是那些？這恐怕就無法徵考了，汪師韓《韓門綴學》曾有這樣的推斷：「河圖九篇，具見選注，曰〈括地象〉、曰〈帝覽嬉〉、曰〈帝通紀〉、曰〈著命〉、曰〈闓包受〉、曰〈會昌符〉、曰〈龍文〉、曰〈玉版〉、曰〈考鉤〉，其數相符。惟洛書只有其二：曰〈摘亡辭〉、曰〈天準聽〉，而有獨稱〈尚書雒書〉者，豈本無篇名邪？」但也只是想當然耳，故此處暫略，以俟來茲。

第三節　六藝四九與雜讖書

　　「六藝四九」，學者多以為指的是七緯，〈隋書·經籍志〉就說：「七經緯三十六篇，並云孔子所作。」但「七經緯」一詞就有爭議，究竟多出來的一經之緯是指《論語》還是指《孝經》？再則，緯以配經，《樂經》本無其書，何以又有〈樂緯〉呢？〔註32〕

　　七經是那七經？《後漢書·張純傳》李賢注說是六經加《論語》，但《後漢書·趙典傳》注則說是五經加《論語》、《孝經》，可見李賢自己也不確定。宋·劉敞有《七經小傳》、清康熙皇帝有《御纂七經》所說又有不同，但「各家之說乃就其所見或研究之經數而言，並無特殊意義」。〔註33〕

下亦云「或作稽命徵」，故《洛書·稽命曜》當即《河圖·稽命徵》。

〔註32〕古代是有否真有《樂經》，這是眾說紛紜的問題，我們以為先秦時代並不存在一本《樂經》這樣的書，《隋志》載有《樂經》四卷，侯康《隋書經籍志考證》對此有所考證。王充《論衡·超奇》：「陽城子長作《樂經》」，王謨《增訂漢魏遺書》收有《樂經》佚文數則，亦據《論衡》作「陽城子長」，而陽城子長乃王莽時人，或即受王莽令而制《樂經》。

〔註33〕李威熊先生，《中國經學發展史·上冊》（台北：文史哲，民國77年），頁9。劉敞《七經小傳》所謂的七經是《詩》、《書》、《公羊》、《論語》、《周禮》、《儀

　　然而這一問題倒不可以小看，因爲東漢有七經之說，這與主火德的數字有關，在易陰陽及五德終始的政治觀念下，崇向神秘數字是自秦以來的改正朔、易服色中的重要觀念，水一火二木三金四土五是生數，各加五則爲成數，秦主水德，故其數尙六，講六藝，而西漢初期有水德、土德之爭，故有講六經、有講五經者，武帝主土德，故置五經博士，西漢中葉以後興起漢爲火德之說，故有七經的說法出現，〔註34〕這與漢代思想關係是極其密切的。〔註35〕

　　至於第七經指的是《論語》還是《孝經》？這其實並不成爲問題。稍知《論語》學史者均知《論語》之定本與北平侯張禹有關，〔註36〕終漢一代《論語》只是釋經之傳，所以揚雄以爲「傳莫大於〈論語〉，作《法言》」（《漢書‧揚雄傳》）；《孝經》則不然！漢代典籍恆載：「孔子曰：吾志在《春秋》，行在《孝經》」，〔註37〕漢人以爲《孝經》確爲孔子所作，〔註38〕所以名之爲「經」，可知七經必是六經加《孝經》，七緯正是六經緯再加《孝經緯》！但緯既比肩經籍，《樂經》本無其書，又何以有樂緯呢？這實與王莽有關：

　　　莽奏起明堂、辟雍、靈臺，爲學者築舍萬區，作市、常滿倉，制度

　　禮〉、《禮記》。康熙《御纂七經》則是《易》、《詩》、《書》、《春秋》、《周禮》、《儀禮》、《禮記》。

〔註34〕五經、六經與水德、土德的問題，參見王葆玹《西漢經學源流》，頁 19。

〔註35〕漢代頗爲重視這種具有象徵意義的神秘數字，如《史記》有十二本紀、十表、八書、三十世家、七十列傳，即分別代表地支、天干、八方、三十幅共一轂、七十二弟子，參見黃沛榮，《史記論文集》……又，楊希枚，〈古籍神秘性編撰型式補證〉，國立編輯館刊，一卷三期。又，眞正具體提出七經、七緯、七典是東漢中期以後，雖然在光武宣佈圖讖於天下前，張純案「七經讖」、明堂圖及河間古辟雍記等以議明堂辟雍，但無法此證明這是當時的通稱。

〔註36〕今本《論語》爲張侯論，兼採齊論語與魯論語，熹平石經中的《論語》即張侯論。《論語》成書問題木村英一《孔子と論語》（東京：創文社）有詳細討論。又，魯論、齊論問題，束景南《〈法言〉仿〈齊論語〉辨》（古籍整理研究學刊，1993，第三期），其說頗爲新穎。

〔註37〕「吾志在《春秋》，行在《孝經》」是出自何休《春秋公羊傳‧序》，而這句話又可能是由《孝經‧鉤命抉》的「孔子在庶，德無所施，功無所就：志在《春秋》，行在《孝經》」及「孔子云：『欲觀我襃貶諸侯之志，在《春秋》；崇人倫之行，在《孝經》」敷演而成。

〔註38〕如《史記‧仲尼弟子列傳》：「曾參少孔子四十六歲，孔子以爲能通孝道，故授之業，作《孝經》」，孝經緯中有「丘作《孝經》」（中契）、「孔子作《春秋》，制《孝經》」（〈援神契〉），鄭玄〈六藝論〉：「孔子以六藝題目不同，指意殊別，恐道離散，後世莫知根源，故作《孝經》以總匯之」。《孝經》在兩漢的影響，參見陳鐵凡《孝經學源流》（台北：國立編譯館，民國 75 年）。

甚盛。立《樂經》，益博士員，經各五人。徵天下通一藝教授十一人
以上，及有逸《禮》、古《書》、毛《詩》、《周官》、《爾雅》、天文、
圖讖、鐘律、月令、兵法，史篇文字，通知其意者，皆詣公車。（《漢
書·王莽傳》·上）

自周公制禮作樂，「制禮作樂」已成爲政治改革的理想藍圖，漢武帝改正朔、易
服色與擴充樂府，究其實也是「制禮作樂」，〔註39〕王莽既意欲比肩周公，制禮
（明堂、辟雍、靈臺）作樂（樂經）也就是很自然的事，《隋書·經籍志》還載
有《樂經》四卷，當即此書。〔註40〕值得留意的是，《樂經》至此才算正式出現，
緯以配經，樂緯自然更在其後了，這也可做爲讖緯形成於哀平以後的佐證。

一、六藝四九

七經名義既明，七緯正所以相配，那所謂的「六藝四九」，指的就是七經緯
三十六篇嗎？《隋書·經籍志》小序說「又有七經緯三十六篇」，對此學者多持
肯定態度，如汪師韓說：「漢哀平之世，讖緯興焉。緯有七，凡三十六篇。」（《韓
門綴學》卷一），而《後漢書·方術列傳·樊英傳》李賢注指出了具體篇目是：

七緯者，易緯：〈稽覽圖〉、〈乾鑿度〉、〈坤靈圖〉、〈通卦驗〉、〈是類
謀〉、〈辨終備〉也；書緯：〈璇璣鈐〉、〈考靈曜〉、〈刑德放〉、〈帝命
驗〉、〈運期授〉也；詩緯：〈推度災〉、〈記歷樞〉、〈含神霧〉也；禮
緯：〈含文嘉〉、〈稽命徵〉、〈斗威儀〉也；樂緯：〈動聲儀〉、〈稽耀
嘉〉、〈汁圖徵〉；孝經緯：〈援神契〉、〈鉤命抉〉也；春秋緯：〈演孔
圖〉、〈元命包〉、〈文耀鉤〉、〈運斗樞〉、〈感精符〉、〈合誠圖〉、〈考
異郵〉、〈保乾圖〉、〈漢含孳〉、〈佐助期〉、〈握誠圖〉、〈潛潭巴〉、〈說
題辭〉也。

易緯六種，書緯五種，詩緯三種，禮緯三種，樂緯三種，孝經緯二種，春秋

〔註39〕倪其心以爲「巡狩、郊祀與符瑞，並不純屬武帝個人求神延福，亦非簡單的
宣揚迷信的蠢事，而是實行『更化』的重要的思想、輿論準備，統一思想與
更新傳統的重要措施與途徑。正是在這樣的政治渢文化背景下，武帝創置并
擴展了樂府機構。」（《漢代詩歌新論》，江西：百花洲文藝，1992）頁148。
我們以爲倪氏的說法是十分正確的，「制禮」所以使漢代禮學得以出現，「作
樂」遂有郊祀歌及其附屬的各地風謠，雖從文學的角度會重視「趙代秦楚之
謳」，但從思想史的角度，毋寧更應重視郊祀歌十九章的意義。

〔註40〕姚振宗《隋書經籍志考證》對這一問題有所考登，見《廿五史補編》（四），
頁5123。

緯十三種，總數只三十五種，尚少一種，這究竟是李賢遺漏了，還是另有原因？對此就出現了三種說法：

一是、主李賢注遺漏了一篇：

主張李賢注遺漏了一篇這是最常見的一種說法，但遺漏的是那一篇呢？卻有幾種不同意見：

1. 汪師韓以爲是《春秋‧命歷序》（《韓門綴學》‧卷一）
2. 胡薇元以爲是《孝經‧左右契》（《詩‧含神霧訓纂》）
3. 姚振宗以爲是《禮記‧默房》（〈隋書經籍志考證〉）

但如何確定遺漏的是這篇？姚振宗的理由是鄭玄、宋均都有〈默房〉注，但鄭玄、宋均遍注群緯，《易緯‧乾元序制記》亦有鄭玄注，何以不說是此篇？且《隋書‧經籍志》又說「梁有《孝經雜緯》十卷，宋均注」，爲何不說此篇？胡薇元書未見，不詳所據；至於汪師韓何以補入《春秋‧命歷序》一篇，自己並未提出說明，所以蔣清翊評其：「不知汪氏毅然以《命歷序》入七緯，何所依據。」恐亦係想當然耳。

鍾肇鵬主姚振宗之說，更引侯康《補三國藝文志》以爲據蕭吉《五行大義‧論諸神篇》、《後漢書‧楊厚傳》注引《初學記》卷九、《御覽》卷七十八，則宋均〈命歷序〉注確有其文（《讖緯論略》，頁 60），但這樣的主張會遇到一個嚴重的挑戰，即《隋書‧經籍志》以爲在八十一篇之外，又有《尚書中侯》、〈洛罪級〉、〈五行傳〉，詩緯：〈推度災〉、〈氾歷樞〉、〈含神霧〉；孝經：〈鉤命抉〉、〈援神契〉、〈雜讖〉。此處之詩緯三種及孝經緯二種俱在李賢注七經緯之中，這一難題該如何解釋？順乎此，於是有第二種說法出現。

二是、主李賢注是拼湊而成

陳槃先生在〈讖緯命名及其相關之諸問題〉提出：「隋志雖有七經緯之說，賢注七緯，東拼西湊，無以充其數，故止於三十五篇耶？抑其闕文耶？」（《古讖緯研討及其書錄解題》，頁 142），這是截斷眾流式的說法，固然去除李賢注只三十五篇的爭議，但並未解決問題，畢竟漢只確云「六藝四九」，我們還是有必要正視此一難題，並給予適當的解釋。

三是、六藝四九指六經緯

王利器〈讖緯五論〉：以爲「六藝五九」即《漢書‧李尋傳》所謂六緯也。《莊子‧天道》：「孔子西藏書於周室，番十二經以說老聃。」《釋文》亦云：

「六經六緯」。今所見易緯八種、書緯五種、詩緯三種、禮緯三種、樂緯三種、春秋緯十四種，共計三十六種，但易緯八種中〈乾坤鑿度〉晚出，應去之而代之以《易・萌氣樞》，此篇頗見徵引於《晉書・五行志》、《宋書・符瑞志》、《五行志》、《開元占經》等書，可見爲古易緯。

王先生說〈李尋傳〉之「六緯」是六經之緯，其誤本題引論中已有分析。至於說「六藝四九」是六經緯，我們以爲是對的；換言之，孝經緯原不在「六藝四九」的範圍內。這與歷來大相逕庭的說法並非想當然耳的嚮壁虛說，而是有所根據的。《孝經緯・右契》有「告備于天日：孝經四卷、春秋河洛八十一卷」，此處以「春秋」泛指諸緯，孝經緯在春秋諸緯外，可證孝經緯原不在「六藝四九」之內。

只是，李賢所列七經緯三十五篇的問題該如何消解？

我們以爲李賢列舉七經緯之篇目三十五篇，只在臚列所知的七緯篇目，其意本不在求備，更無七經緯即六藝四九的意圖；依李賢注引七經緯的篇目說即是「六藝四九」，這只是後代學者的一種看法，並不能說是李賢的意見。若是，則李賢拼湊充數之說也就難以成立，試爲補齊一篇就成了毫無意義之舉了。

至於《隋志・經籍志》，雖然小序中明說「七經緯三十六篇，並云孔子所作，並前合爲八十一篇。而又有《尙書中候》、〈洛罪級〉、〈五行傳〉、《詩・推度災》、〈氾歷樞〉、〈含神霧〉、〈孝經・勾命抉〉、〈援神契〉、〈雜讖〉等書」，但看其所收錄讖緯之書爲：河圖二十卷、〈河圖龍文〉一卷、易緯八卷、尙書緯三卷、《尙書中候》五卷、詩緯十八卷、禮緯三卷、《禮記・默房》二卷、樂緯三卷、《春秋災異》十五卷、《孝經・勾命決》六卷、《孝經・援神契》七卷、《孝經・內事》一卷，十三部九十二卷（其中六經之緯除春秋緯外均有，又有《尙書中候》、《禮記・默房》、《春秋災異》等不在六經緯之內的著作），孝經緯的〈鉤命決〉、〈援神契〉、〈內事〉均爲單舉，並沒有孝經緯這樣的泛稱，明顯與其他緯書有別，故孝經緯實不宜與之混別無分，所以「七經緯三十六篇」應作「六經緯三十六篇」才是。其次，「而又有……」以下所舉的九種書，《尙書中候》、〈五行傳〉、〈雜讖〉並不在緯書之列，可以勿論，〈勾命決〉、〈援神契〉與八十篇無涉，所以眞正値得推敲的是〈洛罪級〉、〈推度災〉、〈氾歷樞〉、〈含神霧〉四篇，何以這四篇分明屬於八十一篇之內的讖緯要說是「而又有」的書？我們以爲這是因爲均有單行之故，《隋志》說詩緯十八卷，但考後代詩緯篇名亦只有此三篇，是一篇不只一卷，卷帙既豐，更別爲單行，

也是極爲合理的事，且有漢一代圖書單行之事歷歷可考，似乎不必將兩者視爲敵體不容也；〔註41〕再次又有一種可能，在《隋志》「而又有《尚書中侯》……雜讖等」，之下接著道：「漢代有郗氏、袁氏說。」這二句應連上讀，即《尚書中侯》、〈洛罪級〉、〈五行傳〉、〈詩‧推度災〉、〈氾歷樞〉、〈含神霧〉、《孝經‧勾命抉》、〈援神契〉、〈雜讖〉等有郗氏及袁氏的「說」，這樣問題自然就消解了。

如上所述「六藝四九」指的是易、書、詩、禮、樂、春秋六經之緯，論語讖、孝經之緯不在其列，茲將「六藝四九」說明如下：

（一）易　緯（八種）

〈隋志〉載「易緯八卷，鄭玄注，梁有九卷」，李鳳《天文要錄》則說是「易緯六卷，鄭玄注」，是易緯有六、八、九卷各種不同的說法，但八、九卷究竟是幾種呢？《玉海》引李淑《書目》說易緯九卷是〈乾鑿度〉、〈稽覽圖〉、〈通卦驗〉各二，〈辨終備〉、〈是類謀〉、〈坤靈圖〉各一，李賢所標舉的七經緯中，易緯也正是此六種，這六種確爲易緯似無可疑，但這並不意謂易緯就是六種，只能說是這六種較無可疑而已。清初館臣從《永樂大典》輯出了易緯八種：〈乾坤鑿度〉二卷、〈乾鑿度〉二卷、〈稽覽圖〉二卷、〈辨終備〉一卷、〈通卦驗〉二卷、〈乾元序制記〉一卷、〈是類謀〉一卷、〈坤靈圖〉一卷，多出了〈乾坤鑿度〉及〈乾元序制記〉二種，這也就是後人通稱的易緯八種，但後出的這二篇其實均有可疑：〈乾元序制記〉不見唐以前古書所徵引，《四庫總目》就說：「疑本古緯所無，而後人於各緯中，分析以成此書。」而號稱「庖犧氏先文，公孫軒轅氏演古籕文，蒼頡修爲上下篇」的〈乾坤鑿度〉問題更大，學者多以爲是雜錄而成，〔註42〕是後二種並非古易緯也。然則易緯僅此六篇乎？是不然，集成本易緯收有此八種外，另收有〈中孚傳〉、〈天人應〉、〈通統圖〉、〈運期〉、〈內傳〉、〈萌氣樞〉、〈內篇〉、〈太初篇〉、〈九厄讖〉、〈禮觀書〉、〈紀表〉、〈決象〉、〈通卦驗玄圖〉、〈河圖數〉、〈易緯〉等，合計共有二十四種之多，陳槃另考得存目四二種，可見易緯彬彬盛矣。在集成本二十四種中，〈天人應〉、〈萌氣樞〉我們以爲應是古易緯，原來的古易緯六種

〔註41〕《後漢書‧竇融傳》載光武帝賜竇融「以外屬圖及太史公五宗、〈外戚世家〉、〈魏其侯列傳〉」，《後漢書‧王景傳》傳明帝賜王景《山海經》、〈河渠書〉、〈禹貢圖〉。其中除《山海經》外均爲單篇。

〔註42〕詳見張心澂《偽書通考》（台北：宏業，民國68年），頁100。

應再加上這二種才是，因為《後漢書‧郎顗傳》引郎顗於順帝陽嘉二年正月之上書，書中引了〈易內傳〉、《易‧天人應》、《易‧中孚傳》，〈易內傳〉之「內」是內學，緯學之意，易內傳並非書名，而是泛稱，〔註43〕《易‧中孚傳》其實就是〈稽覽圖〉，〔註44〕但《易‧天人應》恐怕就是古緯書中。再次，〈萌氣樞〉屢見《晉書‧天文志》、《宋書‧符瑞志》、《開元占經》所徵引，雖不見於兩漢文獻中，但應是古易緯之一。〔註45〕我們以為這就是古易緯八種，即：〈稽覽圖〉、〈乾鑿度〉、〈坤靈圖〉、〈通卦驗〉、〈是類謀〉（一作「筮類謀」）、〈辨終備〉、〈天人應〉、〈萌氣樞〉。

（二）詩　緯〔三種〕

　　與《易》說陰陽、《春秋》說災異相應和，齊詩學亦有「三基四始五際六情」，與曆法、五行、運數緊密結合的學說，〔註46〕齊詩雖佚，但大抵見於詩緯中。

　　讖緯卷數頗有異說，詩緯亦然，《隋志》以為是十八卷，宋均注；又說梁有十卷，而《舊唐書‧經籍志》則說是三卷，鄭玄注；但《新唐書‧藝文志》卻說十卷，宋均注，是來源不同？還是開合不同，這都已無從深究了。李賢注所說的詩緯篇目有三：〈推度災〉、〈記歷樞〉（又作「記歷樞」、「紀歷樞」、「氾律樞」、「氾歷樞」、「氾麻樞」，律為歷的避諱字）、〔註47〕〈含神霧〉，歷代文獻所徵引的詩緯恰好也是這三篇，所以詩緯的問題在緯書中反倒是較為單純的。

（三）書　緯〔五種〕

　　書緯三卷，這是諸家書目都如此記載的，唯〈隋志〉又說「梁有六卷」，這恐怕也只是開合有別而已。李賢注尚書緯有五篇：〈璇璣鈐〉、〈考靈曜〉、〈刑德放〉（放，或作「倣」、「攷」、「收」）、〈帝命驗〉、〈運期授〉。

〔註43〕 李賢注易內傳時就指出其中幾則是出自《稽覽圖》，所以並非有一篇名為〈易內傳〉，至於文中又提到於「易雌雄秘歷，今值困乏」，陳槃以為「雌雄秘歷」亦是易緯的一篇，但從上下文中難以斷定「雌雄秘歷」究為何物？

〔註44〕 鍾肇鵬：〈稽覽圖〉講卦氣，說：「卦氣起中孚」，所以漢人引此書稱為〈中孚傳〉、〈中孚經〉，詳見《讖緯論略》，頁37。

〔註45〕 王利器〈讖緯五題〉就主張〈萌氣樞〉為古易緯。

〔註46〕 齊詩學問題，可參見林金泉〈齊詩學的三基四始五際六情〉，成大學報‧二十卷。

〔註47〕 鍾肇鵬，《讖緯論略》說《五禮通考》作〈氾律樞〉，為避乾隆之「歷」故改為「律」，參見頁48。

（四）禮　緯（三種）

禮緯，諸家書目都做三卷，李賢注指出是〈含文嘉〉、〈稽命徵〉、〈斗威儀〉三種，歷來並無異說。

（五）樂　緯（三種）

樂緯篇目也是較無爭議的，諸書志都載三卷，篇名是〈動聲儀〉、〈稽耀嘉〉、〈叶圖徵〉（一作〈汁圖徵〉）。

（六）春秋緯（十四種）

春秋緯所殘存卷帙是所有讖緯中最多，這當然與春秋緯的性質有關。漢代經學今古文之爭的問題，《春秋》是最具有代表性，自「爲儒者宗」的董仲舒以「春秋決獄」，《春秋》遂成爲治世法典，在所有經書中與禮經同是現時感最強的。〔註48〕尤其漢代流傳孔子所說的：「吾志在《春秋》，行在《孝經》。」《春秋》爲夫子心志所繫，如何闡幽抉徵，將夫子之志說明白，這就是有心者的要務了，所以就有以春秋緯泛稱緯書者（如前引「河洛春秋，八十一卷」），可見春秋緯的重要了。

《隋志》載：「漢末郎中郗萌，集圖緯讖雜占爲五十篇，謂之《春秋災異》。」《春秋災異》這本書頗有些爭議，安居香山曾著有《春秋災異》考〉來說明這一問題，唯與本文所欲論述者較無關聯，故不深究。〔註49〕

李賢注說春秋緯十三篇，而〈命歷序〉諸家多以爲漢代古緯書，合而爲十四種，即〈演孔圖〉（或作「孔演圖」）、〈元命包〉（或作「元命苞」）、〈文曜鉤〉、〈運斗樞〉、〈感精符〉、〈合誠圖〉、〈考異郵〉、〈保乾圖〉（一作「保乾寶」）、〈漢含孳〉、〈佐助期〉（「佐」一作「佑」）、〈握誠圖〉、〈潛潭巴〉、〈說題辭〉、〈命歷序〉。

二、孝經緯、論語讖與附經之雜讖書

雖然河洛六藝分指的河圖、洛書與六經之緯，孝經緯、論語讖並不與焉。但，就不表示這二類在讖緯體系中是次要的，事實上孝經緯中的〈援神契〉、

〔註48〕經書是生活的指導原則，禮是秩序的保證，「樂合同，禮別異」，依時代不同之需求而制禮就成了大事；至於《春秋》富含歷史意識，與民族重史、重理性的精神若合符契，取譬借喻也甚爲方便，故而與禮同爲現實感極強的經典，參見王葆玹〈西漢經學源流〉，引論・三。

〔註49〕詳見安居香山〈緯書の成立とその展開〉，前篇，第三章。

〈鉤命決〉是所有緯書中最常為漢人所徵引。《後漢書‧翟酺傳》云：「（酺）善圖緯天文，著《援神勾命解詁》十二篇」，可知東漢之世孝經緯的這二篇已有訓解之作，雖然東漢中期以後，以緯釋經，不過這兩篇的地位已經等同於經了。至於論語讖，讖緯形成時《論語》既非經，當然就沒有與之相配的緯可言，在讖轉於緯的過程中無「經」可轉，所以論語讖乃是稱讖，其義一如託名老子、劉向、尹公之類的雜讖書。

（一）孝經緯

漢代文獻中（如《白虎通》）所徵引的孝經緯只有〈援神契〉與〈鉤命抉〉，其他如〈中黃讖〉、〈左契〉、〈右契〉一類均不見引用。李賢注也說孝經緯：〈援神契〉、〈鉤命抉〉（「鉤」或作「句」，「決」或作「訣」），可見就兩篇才是信而可徵的古孝經緯，其他篇目乃是漢末以來陸續加入。所以我們這裡的孝經緯就以這兩篇為度，其他以孝經為名的緯書列入孝經緯的雜讖書中。

（二）論語讖

《隋志》載：「論語讖，八卷，宋均注」，新舊唐書則作十卷，《白虎通義》徵引有論語讖，是知章帝時已流行，只是漢代文獻都只泛稱論語讖而未具體標出篇名，按理說論語讖究竟有幾篇應該是有爭議。但，文選李善注中引用的論語讖有八，即〈比考〉、〈譔考（一作「撰考」)〉、〈摘輔象〉、〈摘襄聖（一作「摘襄讖」)〉、〈素王受命讖〉、〈崇爵讖〉、〈糾滑讖〉、〈陰嬉讖〉，其他類書中所徵引的，除名稱稍異外，也不外這八種，所以論語讖八篇反倒沒太大爭議。只是散佚過甚，多者也僅有十餘條而己。

（三）易緯雜讖書

除易緯八種之外，其他以易緯為名的緯，我們都稱為易緯雜讖書，這裡所謂的「雜讖書」只是為與前述特定的讖緯相區隔，所以統稱為「雜讖書」，其意不在說這些都是讖而非緯，也不在尊彼抑此，只不過為了甄別方便而有此界說。據中村璋八〈現存緯書篇目一覽表〉，[註50]這些易緯雜讖書包括：〈乾坤鑿度〉、〈中孚傳〉、〈通統圖〉、〈運期〉、〈內傳〉、〈內篇〉、〈易傳太初篇〉、〈河圖數〉、〈九厄讖〉、〈乾元序制記〉、〈易統驗玄圖〉、〈易通卦驗玄圖〉、〈易傳〉、〈大傳〉、〈垂皇策〉、〈萬形經〉、〈乾文緯〉、〈考靈圖〉、〈制靈圖〉、

〔註50〕底下所列讖緯之雜讖書均引自此表，不再一一說明。又，〈萬形經〉，表中誤做〈萬經經〉。

〈含文嘉〉、〈稽命圖〉、〈含靈孕〉、〈八墳文〉、〈卦氣圖〉、〈元命包〉、〈易曆〉、〈內戒〉、〈狀圖〉、〈易緯〉等二九種。這其中有些明顯屬於誤記，如：〈中孚傳〉即〈稽覽圖〉、〈內傳〉指泛指易緯，這在上一節已分辨過，再如，〈內篇〉、〈易緯〉都只是泛稱，〈易統驗玄圖〉、〈易通卦驗玄圖〉、〈卦氣圖〉其實就是〈通卦驗〉，〔註51〕更多的是〈乾坤鑿度〉的臆說：「先元皇介，而後有垂皇榮，而後有萬形經，而後有乾文緯，而後有乾鑿度，而有考靈經，而後有制靈圖，而後有河圖八文，而有希夷名，而後有含文嘉，而有稽命圖，而後有墳文，而後有八文大籀，而後有元命包，一十四文大行，帝用垂皇策與乾文緯、乾坤二鑿度，此三文說易者也。」都是有目無文，將這些複見去除之後，剩下的只有〈乾坤鑿度〉、〈通統圖〉、〈運期〉、〈易傳太初篇〉、〈河圖數〉、〈九厄讖〉、〈乾元序制記〉、〈內戒〉、〈狀圖〉、〈易曆〉等一○種，若再另上安居、中村二氏自《天文要錄》所輯得的〈禮觀書〉、〈紀表〉、〈紀〉、〈決象〉等篇，〔註52〕則得易緯雜讖書十四種，而〈易傳·太初篇〉、〈內戒〉、〈狀圖〉、〈易曆〉、〈禮觀書〉、〈紀表〉、〈紀〉、〈決象〉散佚太過難以考索，茲將其餘六篇略釋如下：

1. 〈乾坤鑿度〉

唐以前書志均無此書，〈通志·藝文略〉方始見錄，明是後人依託，不過因為乾隆御製〈題乾坤鑿度詩〉說：「乾坤兩鑿度，撰不知誰氏。矯稱黃帝言，倉頡為修飾。以余觀作者，蓋後於莊子。南華第七篇，率已揭其旨。儵忽鑿七竅，竅通混沌死。乾坤即儵忽，渾沌實太始。乾坤既鑿開，太始斯淪矣。言易祖繫辭，頗學近乎理、靈圖測陰陽，乃或述讖緯。有純亦有疵，稽古堪資耳。黃震著日鈔，所論正非鄙。欽若斯足徵，撫卷勵顧諟。」似對〈乾坤鑿度〉頗有好感，四庫館臣亦因之不敢有異說。然而，乾坤即儵忽？恐怕大有可議。〔註53〕

〔註51〕〈易通卦驗玄圖〉即〈易統通卦驗玄圖〉、〈易通卦驗〉。今〈易統通卦驗玄〉所引一則佚文又見於〈易通卦驗〉的佚文，可見〈易統通卦驗玄圖〉、〈易通卦驗玄〉、〈易通卦驗〉三者只是繁簡的稱呼。又，〈卦氣圖〉，朱彝尊《經義考·卷二六三》引張行成曰：「揚子雲《太玄》，其法本於易緯卦氣圖。卦氣圖之用，出於孟喜章句。」這裡的「易緯卦氣圖」應指易緯中的卦氣圖，即〈通卦驗〉而非另有一篇名為〈卦氣圖〉。

〔註52〕重修緯書集成（易卷）收有這四種，但〈紀表〉與〈紀〉應是一種。

〔註53〕這一則寓言若從整體架構上看，則恰好與第一篇〈逍遙遊〉的首段寓言「北冥有魚」成了生與死的循環，隱然有「其分也，成也；其成也，毀也」（齊物

2.〈通統圖〉

現存〈通統圖〉兩則，其一為「日行東方青道曰東陸，日行南方赤道曰南陸，日行西方白道曰西陸，日行北方黑道曰北陸。」這種說法與《禮記‧月令》鄭玄注：「日之行，春東從青道，發生萬物，月為之佐。」「日之行，夏南從赤道，長育萬物，月為之佐。」「日之行，四時之間從黃道，月為之佐」「日之行，秋西從白道，成熟萬物，月為之佐」「日之行，東北從赤道，閉塞萬物，月為之佐」頗有相合，均是記曆之語，〈通統圖〉或即卦氣記曆一類。

3.〈運期〉

現存二則佚文均出自《三國志‧魏志‧文帝紀》，其一為「言居東，西有午，兩日並光日居下，其為主，反為輔，五八四十，黃氣受，真人出」，言午即許，兩日為昌，主為輔即禪讓，可見這是為曹魏而造的讖言。運期，即運會之期也。

4.〈河圖數〉

篇目就明示出與河圖之數有關，河圖、洛書之數向來有圖九洛十圖及圖十洛九之說，這裡主張的是圖十之說。

5.〈九厄讖〉

《續漢書‧律曆志上》論三統曆時曾引〈易九厄〉，孟康注：「易傳也。所謂陽九之厄，百六之會者也」，漢代本就有九厄之說，這是卦氣有關的一篇文獻。〔註54〕

6.〈乾元序制記〉

始著錄於馬端臨《文獻通考》，孫詒讓《札迻》說本篇是宋人綴合〈是類謀〉、〈坤靈圖〉而成，並非古有是書。

（四）詩緯雜讖書

據〈現存緯書篇目一覽表〉，詩緯雜讖書有二，一是〈含文候〉，一是〈詩

論〉的味道，若從宇宙生成的角度看，則是一宇宙生成的神話，參見山田慶兒〈空間‧分類‧範疇〉，收在《日本學者論中國哲學史》（台北：駱駝，民國76年）。

〔註54〕 「三七之厄」、「陽九之厄」、「百六之會」是漢人災異思想的一種表現，《漢書‧王莽傳》即有：「予之受命即真，到於建國五年已五載矣。陽九之阨既度，百六之會已過」，後世「陽九之厄」更與曆法上的九九相結合成為「重陽」節。

緯圖〉。〈含文候〉只一條，見殷元正《集緯》引《路史》，唯此文又見《詩緯‧含神霧》，可見應是〈含神霧〉之誤記。朱彝尊《經義考》則說有「〈詩緯圖〉，一卷，佚」。

（五）尚書緯雜讖書

在〈現存緯書篇目一覽表〉中除尚書緯五種之外，屬於尚書緯雜讖書的篇目有〈帝驗期〉、〈洪範記〉、〈五行傳〉、〈鉤命決〉、〈洛罪級〉及《尚書中侯》。〈鉤命決〉為孝經緯、〈洛罪級〉為洛書讖，不當列於尚書緯；至於《五行傳》即《洪範五行傳》亦非緯書，真正屬於尚書緯雜讖書者乃是〈帝驗期〉、〈洪範記〉及《尚書中侯》。

1.〈帝驗期〉

現存佚文均與西王母、昆崙山有關，應是〈穆天子傳〉一類的小說家言，故為〈雲笈七籤〉所引用。

2.〈洪範記〉

僅見《後漢書‧郎顗傳》，應亦是《尚書》傳說之作，未必是緯書。

3.《尚書中侯》

《尚書中侯》問題極為複雜，《隋志》載「《尚書中侯》五卷，鄭玄注。梁有八卷，今殘缺」，但新舊唐書則未有著錄，可見早已散佚，不過現存佚文數量亦差可與尚書緯比擬。所謂「侯」即占侯，本是獨立的一門學問，《四庫總目》將《靈台秘苑》、《開元占經》、《黃石公行營妙法》、《觀象玩占》、《戎事類占》列入占候，且說「占天本以授時，而流為測驗災祥，皆末流遷變，失其本初。故占候之與天文，名一而實二……後世以占候為天文，蓋非聖人之本意」，這是清初的看法，力主占候與天文有別，但究之古代兩者並無太太分野。而占候數又可分廣、狹二義，張家國說「廣義的占候術，舉凡天地山川、日月星辰、風雨雷電、霜雪霧霾、雲氣虹蜺等天文現象、四時氣候、相地相宅、候風望氣、相人解夢、候金銀氣，以及有關人身，草木、禽獸的各種物象之占如噴嚏、眼瞤、耳熱、艾草、錢花、鵲噪、等皆屬其類。」而狹義的占候則是「觀察日月風雨雲彩、霜雪霧霾雷電、虹蜺、眼瞤以及龍蛇蟲魚五穀的異象便成了狹義的占候術的主體」（張家國，《神秘的占侯》，廣西：廣西人民，1994，頁3～4），《尚書中侯》自然是屬於狹義的占候。然而，為何名為《尚書中侯》呢？我們以為相較於其他經書，《尚書》是最容易引發狹義占候學的，〈堯典〉、〈禹貢〉

等篇諸有物候的味道，〔註55〕藉《尚書》而推占候，於是有《尚書中候》出現。《尚書中候》與緯書並稱爲緯候，《後漢書·方術傳》云：「至乃河洛之文，龜龍之圖，箕子之術，師曠之書、緯候之部、鈐決之符」，候與緯並稱，可見性質類似。至於《尚書中候》的篇目，尚書緯云：「孔子求書，得黃帝玄孫帝魁之書，迄於秦穆公，凡三千二百四十篇，斷遠取近，定可以爲世法者，百二十篇，以百二篇爲《尚書》，十八篇爲〈中候〉」，而後世輯佚書中所輯得的篇目恰好也是十八篇，分別是：〈敕省圖〉、〈握河紀〉、〈運衡〉、〈考河命〉、〈題期〉、〈立象〉、〈義明〉、〈苗興〉、〈契握〉、〈洛予命〉、〈稷起〉、〈我應〉、〈雒師謀〉、〈合符后〉、〈摘雒戒〉、〈霸免〉、〈準讖哲〉、〈顗期〉，至於《玉函山房輯佚書》另收有〈日角〉、〈亶甫〉二種，各只一則，〈日角〉一則說是引自《春秋公羊傳》哀公十四年注，但何休注只云「圖錄」而未指明出處，〈亶甫〉一則〈詩·小雅譜·疏〉作〈中候〉，可見這二篇應係誤記。

（六）禮緯雜讖書

據〈現存緯書篇目一覽表〉所錄，禮緯雜讖書有〈稽命曜〉、〈元命包〉、〈瑞命記〉、《禮記·默房》四種：《經義考》載有〈稽命曜〉，唯〈稽命曜〉應是〈稽命徵〉之訛。《經義考》引杜佑《通典》載《禮緯·元命包》：「天子五廟，二昭二穆，以始祖而五」，然據《通典》（卷四七），《禮記·元命包》實爲《春秋·元命包》之誤。《經義考》又錄有《瑞命記》，云：「見王充《論衡》、蔡邕《明堂論》。其詮鳳云：雄曰鳳，雌曰凰。雄鳴曰即即，雌鳴曰足足。」唯《論衡·瑞命》作《禮記·瑞命篇》當係釋禮之作而非禮緯，蔡邕〈明堂月令論〉則無此文，故〈瑞命記〉並非禮緯之雜讖書。至於《禮記·默房》，《隋志》云「二卷，宋均注。梁有《禮記·默房》三卷，鄭玄注，亡」。本此，則《禮記·默房》似爲漢時即有的古緯書，但佚文無存，故難以分說。

（七）樂緯雜讖書

〈現存緯書篇目一覽表〉列有〈五鳥圖〉一種，此篇《隋志》已著錄亡佚，其詳難徵。不過《後漢書·五行志》注引〈樂緯·叶圖徵〉有：「五鳳皆五色，爲瑞者一，爲孽者四，似鳳有四，並爲妖。一曰鸇，鳩喙圓目，身義戴信，嬰禮膺仁負智，至則旱役之感也。二曰發明，鳥喙大頸，翼大大脛，

〔註55〕如〈堯典〉：「寅賓出日，平秩東作，日中星鳥，以殷仲春……」這類的句子都可視爲物候。

身仁戴智，嬰義膺信負禮，至則喪之感也。三日焦明，長喙疏翼圓尾，身義戴信，嬰仁膺智負禮，至則水之感也。四日幽昌，兌目小頭，大身細足，脛若鱗葉，身智戴信，至則旱之感也。」而敦煌文獻Ｐ二六八三號的〈瑞應圖〉，也有這樣的文字：「發鳴：狀似鳳皇，鳥啄、大鵄、羽翼、大足、脛身，仁戴智嬰義，應信負禮，至則丘之威。□□：狀以鳳皇、銳啄、小頭、大身、細足、脛翼若□葉身短，戴義嬰信膺仁負禮至則旱之感也。□□：狀似鳳皇、鳩啄專刑身義信嬰禮應仁負智，至則之感也。□□：狀似皇鳳，啄翼負尾身禮戴信嬰仁膺智。」或許〈五鳥圖〉即是這類文獻。

（八）春秋緯雜讖書

春秋緯篇目在緯書中最多，而春秋緯雜讖書亦然，據〈現存緯書篇目一覽表〉所列就有廿二種之多：〈內事〉、〈錄圖〉、〈錄運法〉、〈孔錄法〉、〈璇璣樞〉、〈揆命篇〉、《春秋河圖・揆命篇》、〈瑞應傳〉、〈寶乾圖〉、〈玉版〉、〈考曜文〉、〈包命決〉、〈包命〉、〈含文嘉〉、〈括地象〉、〈文義〉、〈秘事〉、〈少陽篇〉、〈聖洽符〉、〈感應圖〉、〈春秋災異〉、〈春秋符〉。但其中頗有誤記者：

1. 〈含文嘉〉、〈大傳〉、〈文義〉是〈春秋大傳〉之訛，而〈春秋大傳〉乃是《春秋》類傳記非緯書，《春秋・括地象》為《河圖・括地象》之訛，〈揆命篇〉、《春秋河圖・揆命篇》俱是《河圖・揆命篇》之訛（鍾肇鵬，《讖緯論略》，頁 67～8）

2. 《春秋災異》為郗萌所撰，乃是彙集讖緯圖籙而成，並非只春秋緯雜讖書。

3. 《春秋・包命決》疑即《孝經・鉤命抉》，《玉海》引〈考曜文〉「分寸之晷……」，作《春秋・考靈曜》：類似文字則出現在《尚書・考靈曜》，則《春秋・考靈曜》疑即《尚書・考靈曜》之訛。

4. 〈璇璣樞〉所引「魚無足翼……」，同類文字出現在《尚書・璇璣鈐》，則《春秋・璇璣鈐》即《尚書・璇璣鈐》之訛。

5. 〈聖洽符〉只著錄於殷元正《集緯》，但上海圖書館所藏寫本有目無文，安居、中村兩氏所據平江蘇氏鈔本引《觀象玩占》有《春秋・聖洽符》，唯中村先生云：同類佚文見《開元占經》引《河圖・聖洽符》，則此〈聖洽符〉當作《河圖・聖洽符》）《緯書の基礎的研究》，頁 452）。

6. 〈寶乾圖〉篇目只見《古書拾遺》，未見他書徵引。

7. 〈感應圖〉亦只見平江蘇氏鈔本的《集緯》

8.〈春秋符〉見錄於明鈔本《說郛》，只「王者政令苛，則夏降霜，誅伐不行，則多霜不殺草」一條，唯《集緯》作《洛書‧甄曜度》，《七緯》作《春秋說》，而這一則內容又泛見讖緯及月令書，未必眞有〈春秋符〉。

如此一來，眞正可以稱爲春秋緯雜讖書的不過是：〈內事〉、〈錄圖〉、〈錄運法〉、〈孔錄法〉、〈玉版〉、〈秘事〉、〈包命〉、〈少陽篇〉等八種，而〈秘事〉、〈包命〉俱見《隋志》書錄，然彼時已佚，今日更是連一則佚文亦無，〈玉版〉見《三國志‧魏志‧文帝紀》注，只「代赤眉者魏公子」一條，明是東漢末曹魏一系所造。《春秋‧錄運法》亦只有見於《後漢書‧公孫述傳》的「廢昌帝，立公孫」一則，是新莽末諸雄爭霸時所擁公孫述者所造。《孔錄法》見《文選‧廣絕交論》注，〈少陽篇〉見《經義考》所錄，均只有佚文一則。可見春秋緯雜讖書數量雖多，但所得佚文其實極少。

（九）孝經緯雜讖書

孝經緯雜讖書據〈現存緯書一覽表〉有：〈中契〉、〈左契〉、〈右契〉、〈內事〉、〈內記〉、〈內事圖〉、〈河圖〉、〈中黃〉、〈威嬉拒〉、〈雌雄圖〉、〈異本雌雄圖〉、〈古秘〉、〈古秘援神〉、〈古秘圖〉、〈內記星圖〉、〈內事星宿講堂七十二弟子圖〉、〈元命包〉、〈分野圖〉、〈口授圖〉、〈應瑞圖〉、〈皇義〉、〈元辰〉、〈左右握〉、〈左右契圖〉、〈孝經契〉、〈孝經讖圖〉、〈孝經章句〉、〈皇靈孝經〉、〈孝經錯緯〉、〈援神勾命解詁〉等三〇種，其中亦不乏可議者：

1.〈援神勾命解詁〉乃後漢翟酺所爲，是解緯之書而非緯書。

2.〈左契〉、〈右契〉或合而稱〈左右契〉、〈左右契〉與〈左右契圖〉當係一事，且契與握通，〈左右握〉應即是〈左右契〉，〈內事〉、〈內事圖〉雖鍾肇鵬以爲是二事（《讖緯論略》，頁70），但就其內容觀之全係天文占應是一事，若參〈內記〉與〈內記星圖〉之例，則此〈內事圖〉當即〈內事星圖〉，簡稱〈內事圖〉。

3.《緯攟》有〈孝經河圖〉之目，列有佚文二則，其一是「伏羲在亥，得人定之應」（出自《太平御覽》卷一三五引《路史》），其二是「少室之山，大竹堪爲甑」（引自《格致鏡原》、《天中記》），前者又見於《河圖‧握矩記》，疑應作《孝經》、〈河圖〉，前者出自河圖而後者爲孝經緯。

4.〈孝經皇義〉見《經義考》引《冊府元龜》：「宋均爲河內太守，撰〈孝經皇義〉」，則此〈孝經皇義〉是否爲緯書，可疑。

5.〈孝經錯緯〉見《經義考》引繆泳曰：「晉燉煌郭瑀元瑜撰」，但無佚

文，莫得其詳。

　　6.〈古秘援神〉見《隋志》，簡稱為〈古秘〉，有圖，稱為〈古秘圖〉，是〈古秘〉、〈古秘圖〉、〈古秘援神〉三者實一也。

　　將上述可能係複出者合併之後，屬於孝經緯雜讖書的是：〈中契〉、〈左契〉、〈右契〉、〈內事（圖）〉、〈內記（星圖）〉、〈中黃〉、〈威嬉拒〉、〈雌雄圖〉、〈異本雌雄圖〉、〈古秘援神〉、〈內事星宿講堂七十二弟子圖〉、〈元命包〉、〈分野圖〉、〈口授圖〉、〈應瑞圖〉、〈皇義〉、〈元辰〉、〈孝經契〉、〈孝經讖圖〉、〈孝經章句〉、〈孝經錯緯〉等二一種。

　　論語讖、河圖及洛書沒有篇目之外的雜讖書。

三、其他雜讖書

　　據〈現存緯書一覽表〉，其他雜讖書有〈孔子河洛讖〉、〈老子河洛讖〉、〈詩讖〉、〈禮讖〉、〈河洛內記〉、〈書易詩孝經春秋河洛緯秘要〉、〈遁甲開山圖〉、〈帝系譜〉、〈圖書秘記〉、〈大戴禮逸〉等十種：〈孔子河洛讖〉已見上節，〈老子河洛讖〉：陳槃〈解題（七）〉以為是南朝蕭齊所偽託，但其書秦漢已有之，讖緯本是依附在世俗化的儒家架構之下，河洛六藝與經典實相頡頏，依託六藝河洛才是讖緯的「正途」，而今依託老子的河洛讖也出現了，這正反應道教興起及讖緯轉入道籙的現象，這是可以留意的地方。〈詩讖〉僅見京都圖書館藏平江蘇氏鈔本，係詩緯之訛。〈禮讖〉出處全上，亦係禮緯之訛。〈河洛內記〉：《經義考》錄：「七卷，佚，見《抱朴子·遐覽》」但《抱朴子·遐覽》稱之為「道經」，所以性質如何難以判斷，豈朱彝尊見有「道經」二字便視為讖緯乎？〈書易詩孝經春秋河洛緯秘要〉《隋志》登錄為一卷，已佚，性質不詳〈帝系譜〉係殷元正〈集緯〉所錄，此書應是野史非雜讖書。至於〈圖書秘記〉《經義考》列入河圖類，此書《漢志·數術略·天文類》十七篇。姚振宗《漢志條理》以為：「《續漢曆志》云：『中興以來，圖讖漏泄』。則當西京猶秘而不宣，故曰《秘記》歟？」，此書收在〈天文類〉，屬天文占一類書，讖緯中天文占的數量極大，姚氏此言，其實是有幾分根據。〈大戴禮逸〉為劉學寵《諸經緯遺》所著錄，非雜讖緯書。

　　《隋志》另載有已佚的雜讖書：《孔老讖》十二卷、《尹公讖》四卷、《劉向讖》一卷、《雜讖書》二十九卷，《堯戒舜禹》一卷，《孔子王明鏡》一卷，《郭文金雄記》一卷，《王子年歌》一卷，《嵩高道士歌》一卷，姚振宗《隋

書經籍志考證》並有解題，這裡不再茲複述。

　　然而歷史的雜讖書幾無代不有，這種預言爲各階層的人提供了種種的存在理據，也從而形成了一種特殊的文化現象。試想：秦始皇焚書，唯醫藥、卜筮、種樹不去，而《易》以尚占，獨得其存，這也說明〈易〉的「正統」，在時人眼中乃是趨吉避凶之術，而非義理也，此正反映出秦代文化的一個側面，而雲夢睡虎地秦簡、甘肅天水放馬灘秦簡、甘肅武威磨嘴子漢簡所出土的「日書」更反映出數術與時人生活的密切程度，〔註56〕這都是雜讖書良好的生存環境。再則，賈誼〈鵬鳥賦・并序〉就說：「單閼之歲兮，四月孟夏。庚子日斜兮，集予舍。止于坐隅兮，貌甚閑暇。異物來萃兮，私怪其故。發書占之兮，讖言其度，曰：『野鳥入室兮，主人將去』，請問于兮，予去何之？吉乎告我，凶言其災。淹速之度兮，語予其期。乃嘆息，舉頭奮翼；口不能言，請對以臆。」所謂「讖言其度」，《史記》雖作「策言其度」，但「野鳥入室，主人將去」分明即是讖言一類，有意思的是「發書占之兮」，此書必是讖言一類書，且在「私怪其故」當下就能尋書來占，可見此書就在附近，這不饒有趣味？這類讖言一部份在漢代結集成了讖緯系統，對儒家思想起了不小的影響；更多一部份以童謠、民謠、隱語在各階層流行，或託名古聖、或託言隱逸，於是有《隋志》所見錄的雜讖書。及東漢末，倚附經學的讖緯漸失舞臺，遂與這類讖言轉入新興的道教體系中，這就是《抱朴子・遐覽》所見的「道經」。

〔註56〕日書問題，參見李零主編，《中國方術概觀・選擇卷（上）》（北京：人民中國，1993），劉樂賢，〈睡虎地秦簡日書研究〉（台北：文津，民國83）。

第二章　讖緯的命名與敘述

　　人類藉由語言表述,所以語言學者稱語言系統構成了人類認識世界的「首度規範系統」,其他各別領域的語言是「二度規範系統」(參見古添洪《記號詩學》,(台北:東大,民國 73 年),第五章) 此即是文學語言、科學語言這類專有領域。就語言傳達功能來說,接受者從傳達來的語言中理解發訊者「說了什麼」,這是「語義」問題;不過,如果我們進一步思考發訊者「怎麼說」以及「爲什麼這樣說」這對於理解發訊者以及接受者的時代問題上是有其意義的。發訊者因對象及感受到的問題不同,敘述方式自有區別,語言策略亦因此有所調整,如戰國處士縱橫,各家論述基本上氣勢磅礡,廣徵取譬,這是時代特徵,如孟子居稷下爲上卿,交接諸子百家之說,雖不欲言辯,但亦不得已,所以《孟子》一書辯議叢起;又如莊子懷疑語言的眞確性,採取「以謬悠之說,荒唐之言,無端涯之辭,時恣縱而不儻,不以觭見之也。以天下爲沈濁,不可與莊語,以卮言爲曼衍,以重言爲眞,以寓言爲廣」(《莊子·天下》) 的態度,這都說明了思想家在面對語言時的處境。準此,若能從敘述上探討讖緯「怎麼說」以及「爲什麼這樣說」,對深一層理解讖緯思想理當有一定助益;再則,近年敘事理論成績可觀,若能參考援引,或許可以開拓出讖緯研究的新角度,這就是本章的命意所在。

第一節　讖緯命名的語言策略

　　讖緯絕大多數是以三字爲標題,僅有論語讖的〈比考〉、〈撰考〉、〈素王受命讖〉,河圖的〈玉版〉、〈龍文〉、〈考鉤〉、〈秘徵〉、〈天靈〉、〈著命〉例外,

這種以三字取名的現象，應當有其用意可說，但用意安在？再則，這些篇名又非見名即可知義，然與先秦古書中常見的摘首句命名方式又極其不同，得經一番訓解推敲之後才能曉悟其義，爲何要採用這種命名策略？這反映了怎樣的思維方式？這都是值得分析的。

讖緯多三字名，王利器在〈讖緯五論（二）：讖緯以三言爲大題及其他〉中指出：一般以爲是受《莊子》的影響，三可以包舉一切，可以寄言出意，但以三言命名的又何止讖緯及道家諸書？《爾雅・釋天》：「太歲在寅曰攝提格……在巳曰大荒落……」，《淮南子・天文訓》亦見類似說法，三字之名的廣泛出現，絕大部份和三楚有關，於是推斷「我很懷疑這是楚文化的產物，換言之，也就是楚語的對音。」

楚文化對淮南王的影響這是十分明顯的，如辭賦本起於楚地的民間隱語，進而爲民間俗賦，轉入宮廷出現了以宋玉、唐勒、景差爲代表的楚宮廷賦，漢初亦有賴梁王、淮王及其賓客的鼓吹才得以武帝之後蔚爲大國，以對音來說這些難以言解的篇目，是有其方便之處，事實上，林河亦曾從南方少數民族語言的角度，指出《楚辭》中的〈九歌〉其實是沅湘一帶古老的民歌 ga jiu，jiu 爲神靈，也是情人，ga jiu 譯爲漢語就是「九歌」（「九」之歌）。〔註1〕但，從歷時的觀點，我們得留意讖緯畢竟起於西漢哀平之後，其定型更是光武時事，先秦及漢初文獻中有楚緯畢竟起地的對音，並不能證明讖緯的三字名也是同樣的情況。

安居香山則提出了另一種理解觀點，他指出：〈考靈曜〉、〈稽耀嘉〉、〈考曜文〉均與考察星象有關，因此緯書的書名，是從觀察星的運行狀況以此判定吉凶，這種天文占的一類理想狀態中得出的，只是，這種理解不能推廣到全部緯書。但，安居先生又指出，蒼帝靈威仰，赤帝赤熛怒、黃帝含樞紐、白帝白招矩、黑帝汁光紀，這些星神名是三個字的，緯書的三字名大概與星神有關。這似乎肯定了讖緯命名與天文關係密切，不過，安居先生又說福井康順指出的儒家命名多二字，道家莊子多三字，順此思考，各書篇名字數的

〔註1〕林河尚舉了許多的例子，如文學史中難解的〈越人歌〉以侗族語言解譯則清楚地呈現近乎〈九歌〉的風貌，與古傳漢譯〈越人歌〉其譯亦相近；再如，越王勾踐，在侗族語中勾踐其實就是越王，詳見林河，《〈九歌〉與沅湘民俗》（上海：三聯，1990）。如果林河所言確是實情，則在楚辭學史上會是一個饒有趣味的課題，即詮釋學中本義（meaning）與衍生義（significance）之間的問題。本義或原始意義是一回事，衍生義或時代意義又是另一回事，兩者甚至可以毫不相關。

不同，恐怕就是因爲二者（儒道）對立意識所引起的（《緯書與中國神秘思想》，頁 153～155）。可見安居先生也不確定何以形成三字名的現象。不過指出可能星象有關，這就提供了我們思考的角度。

只是王利器、安居香山兩先生的說法並不能解決問題對讖緯篇名的這種現象，我們應該這樣問：這樣的命名可解不可解？若可解，爲何要這樣命名？這樣命名有何意義或功能可說？

事實上，讖緯的三字名泰半能解，鄭玄、宋均之注就已著手解題，陳槃一系列解題更是讖緯研究的奠基之作，從這些解題中既看不出有三楚對音的現象，也看不出儒道對立的問題，反倒有一些是漢人的恆辭，〔註 2〕可見這樣的解釋是有問題的，只就現象說明的確難徵其實，我們該問的讖緯是爲何採用這種方式命名？福井以爲是受《莊子》的影響，但《莊子》卅三篇，以三字命名的不過內七篇，及外篇的〈田子方〉、〈知北遊〉，雜篇的〈庚桑楚〉、〈徐无鬼〉、〈列禦寇〉十二篇而已，難說已形成莊子的特色，再則，莊子的成書及篇目歷來也頗有爭議，《漢志》載有五十二篇，是郭象前通行的本子，現今仍可考莊子佚篇尚有〈閼奕〉、〈意脩〉、〈危言〉、〈游鳧〉、〈子胥〉、〈惠施〉、〈畏累虛〉、〈馬捶〉、〈重言〉等篇（崔大華《莊學研究》（北京：人民，1992），第二章），除一篇外均是二字爲篇，可見莊子書仍是二字爲篇居大多數，說者或云，不在數量而在命名特色，莊子書以三字爲篇者最俱特色。這固然是不錯，但也只是形式上的類同而非本質上的吻合。內七篇的篇名：〈逍遙遊〉、〈齊物論〉、〈養生主〉、〈德充符〉、〈人間世〉、〈大宗師〉、〈應帝王〉，除〈德充符〉要經一番推敲外，其餘字面並無難解，當然隨義理闡微自會有些不同見解出現，如〈齊物論〉究竟該讀爲「齊／物論」抑或是「齊物／論」就有爭議，但這種爭議是義理之爭而非字義之爭，且更涉及莊子思想的解讀，這與讖緯迥不相侔，只以同爲三字就以爲兩者有淵源，實爲皮相。若眞要如此思考，爲何不說《春秋繁露》是讖緯命名的始祖呢？《春秋繁露》與讖緯的關係頗爲密切，《四庫總目》且稱《春秋繁露》「核其文體，即是緯書」，其中〈楚莊王〉、〈盟會要〉、〈服制像〉、〈離合根〉、〈命元神〉、〈保位權〉、〈考功名〉、〈通國身〉、〈仁義法〉、〈五行對〉、〈陰陽位〉、〈陰陽義〉、〈郊祀對〉、〈山川頌〉十四篇是三字名的，尤其〈離合根〉、〈命元神〉、〈保位權〉像極了讖緯的篇

〔註 2〕陳槃就指出「佐輔」、「佐助」、「神契」等爲漢人恒辭、常辭，參見陳槃解題，頁 317、351 等。

名，較之莊子內篇，實與讖緯更爲切近，是否我們也可說讖緯命名乃師法董仲舒而來？這似乎比前數說都要「合理」，但，究其實都只是形似而非本質上的契合！

然則讖緯三字篇名究竟該如何看待？我們以爲這與「詭爲隱語」所留下詮釋空間有一定的關係，也唯有從「詭爲隱語」這一角度思考才有可能找到答案。

「讖者詭爲隱語，預決吉凶」是《四庫總目》總論讖緯時所做的評論，「詭爲隱語」是一種表達形式，我們以爲讖緯的三字篇名正是「詭爲隱語」的具體表現，舉例言之：〈乾鑿度〉這類名稱單從字面意義是難以說出所以然來的，除非將乾釋爲天，鑿訓開，度解爲路、徑，才能得一模糊的概念，但「天開路」究竟指什麼？這又是一個麻煩的問題，〈乾坤鑿度〉對此的解釋是「聖人鑿開天路，顯彰化源」，明顯是將「天開路」釋爲「開天路」，開天路者是未指出的「聖人」；但王令樾則解爲：「名之爲『乾鑿度』，即以乾與坤配合，而鑿爲抉啓，也就是說此爲開始抉啓乾坤的大法。」（《緯學探原》，頁18）二者明顯不同；再如〈考異郵〉，孫轂說「郵與尤通」，王令樾順此解爲「即談物應中尤爲有應的」，但郵不必訓爲「尤」，郵本可解爲「驛」，即傳達，〈考異郵〉可理解爲天人相應中種種殊異現象或種種規律。這些都在在表明了讖緯篇目本身就是刻意形成「詭爲隱語」的現象，這和《莊子》內篇三字篇則接關係的是深刻的義理詮解，兩者是極爲不同的。

再則，我們勢必要追問：讖緯篇目爲何要採用「詭爲隱語」的表達方式？這種方式的效能安在，或者說讖緯「作者」想要達到的預期效能是什麼？接受者又如何看待這種隱晦難解的篇名？這些問題所觸及的正是讖緯的語言策略，要回應這些問題我們最好先對「命名」的問題略做分析，從命名的哲學來理解讖緯的命名「策略」，再對「詭爲隱語」的意義、歷史做一考察，最後由文化語言學的角度來進行綜攝。

一、命名的策略

「命名」是不容輕忽的，「命名」是一種就是對「物」的覺知，知道此物之爲此物，所以「命名」的過程也就是分類的過程，簡單地說，「命名」就是一種認識，有了「名」之後，彼此在這意義之網中就有了定位，循名則得其實，秩序也從而建立。這裡我們可以借用符號學的基本術語來表達命名過程

中名、物之間的種種問題：〔註3〕語言文字是一種符號，這是毫無疑問的。符號有表達面（plane of expression）與內容面（plane of content），如「文」這個字有其既定的寫法、讀音，這就是表達面，而「文」這個字更有指涉的對象，這就是內容面。用更準確的術語畫分，則表達面可稱之為「能指（signifier）」（或稱為意符、符徵、符號具、記號具）。而內容面則稱為「所指（signified）」（或稱為意旨、符旨、符號義、記號義）；而「意義」就在所指與能指的「對譯」之中。然而能指與所指並不是恆相對舉的，能指、所指在許多情況下均有可能取得優勢，如「望梅指渴」，言語中的梅（能指），喚起了梅的屬性（所指），而不必真有梅，這就是能指優勢，更重要的能指優勢是文學藝術的語言、種種的宗教儀式與因襲不改的風俗，象徵意義也非得在這些儀典之中才得彰顯，孔子的「賜也，爾愛其羊，我愛其禮」（《論語・八佾》）正可以從這角度理解。所指優勢則是大多數日常語言，科學語言所運用，所謂「得意忘言」、「得魚忘筌」若從符號學「能所」對譯角度來看讖緯篇目，同一篇名可以從字面上產生多種不同理解，則讖緯篇目所表現的正是「能指優勢」。

　　當然一字多義本是中國語言的特性，尤其在經典命名中也常有這樣的現象，如「易一名而含三義，所謂易也，變易也，不易也」（易緯・乾鑿度）、「詩有三訓：承也，志也，持也。作者承君政之善惡，述己志而作時，所以持人之行，使不失墜，故一名而三訓也。」（《毛詩正義・序》），一字多義且多義可以同時並用，從而增加「名」（能指）的豐富性，〔註4〕不過這並不表示讖緯篇目與《詩》、《易》就屬同科，因為易有三名、詩有三訓乃是後人的訓解，不可說是本有其義故據以命名，但讖緯篇名就不同了，它是有意造成這種一字多義的現象，致使解釋者難以慣性理解須多方推敲，彷彿其義。這種命名的「策略」（strategies）用意安在？簡單地說，就是從而形成讖緯的神秘性。

　　再從符號學的角度看，完整的符號行為是這樣的：

$$發送者 \longrightarrow 能指 \longrightarrow 所指 \longrightarrow 接收者$$
$$（編碼）\qquad（信息）\qquad（解碼）$$

但讖緯篇目命名的符號行為卻是缺乏發送者的不完整符號行為：

〔註3〕 能指、所指等符號學術語，參見趙毅衡《文學符號學》（北京：中國文聯，1990）。
〔註4〕 錢鍾書《管錐篇》，第一冊，頁1～2。常然，這種一字多義的現象不會與公羊學沒有關聯。

$$? \longrightarrow 能指 \longrightarrow 所指 \longrightarrow 接收者$$
$$（編碼？）\qquad （信息）\qquad （解碼）$$

　　既然欠缺發送者，則所傳達的訊息究竟是什麼？這就成了問題，於是接受者在解碼過程中就得模擬編碼，再進行解碼，一旦解碼出錯，接受者必得重新解碼。在這模擬編碼中其實就是將編碼者預設爲神、爲聖人，如此一來天垂象，就是上天的信息了。讖緯篇目的命名策略就是將發送者神秘其事，使得讖緯充滿天啓式的權威，而神秘其事的最簡便方法就是與世俗保持一定距離，「宗教之所以爲宗教，就在於具有其『神聖』的性質。所謂『神聖』（scared），依據杜爾幹的說法，那就是有別於世俗（profone）的東西，而避免被世俗所接觸而污染者。神的境界之所以被人崇奉，就在於那點不同於一般世俗的神聖性質，假如和平常世俗生活一樣，那就毫無特殊之感可言，也就不會爲人所崇拜了。」〔註5〕這種神聖、神秘其事的語言策略其實在祭祀行爲中早已有之，《禮記・曲禮下》就載有：「凡祭宗廟之禮，牛曰一元大武，豕曰剛鬣，豚曰腯肥，羊曰柔毛，雞曰翰音，犬曰羹獻，雉曰疏趾，兔曰明視，脯曰尹祭……」，鄭玄說這是「號牲物者異於人用也」，大體近之。祭祀中運用另一套語彙以示尊崇，就是神聖、神秘其事的現象，我們以爲讖緯篇目命名就是這種情況。〔註6〕

二、「詭爲隱語」的表達方式

　　陳槃先生指出「讖」這名稱是秦漢以後才出現的，可能就是方士所構造的（〈論早期讖緯及其與鄒衍書說之關係〉），這種分析是很有意思的，我們將這一見解配合劉熙對讖所下的界定：「讖者，纖也，其義纖微也」，或許可以這樣說，讖與前此的占卜預言固然有其源流關係，都是「立言於前，有徵於後」的系列產物，只是其源雖可溯及原始社會的巫術占卜，並不代表「讖」這種預言就與巫術占卜毫無差別，畢竟讖緯之所以能蔚爲大國，就不能將讖

〔註 5〕　李亦園，〈神聖與神秘〉，收在《文化的圖像（下）》（台北：允晨，民國 81 年），頁 202。又黃奇逸《歷史的荒原：古文化的哲學結構》（四川：巴蜀書社，1995）

〔註 6〕　馮蒸以爲《禮記・曲禮下》的這種語言現象是一種文化現象，且可能就是古代雅言，他以爲雅言與非雅的區別可能在詞彙上，不一定在語言上，參見〈古漢語詞彙研究與人類語言學〉，收在申小龍、張汝倫主編《文化的語言視界》（上海：上海三聯，1991），頁 221～234。

緯與巫術占卜同一而論，而是要掌握其間的分野所在。事實上「讖」在表達的形式上已獨具一格，這種表達方式的特色就是劉熙所指出的「纖也，其義纖微」，而其形式則是「詭爲隱語」，又神秘其說，「矯稱聖人」，故特名爲「讖」。

何謂「隱語」？劉勰《文心雕龍‧諧隱》說：「讔者，隱也；遯辭以隱意，譎譬以指事也……夫觀古之爲隱，理周要務，豈爲童稚之戲謔，博髀而抃笑哉！」這是就文類中的「隱」而說的，形式上是「遯辭」、「譎譬」，也就是不直說其事。爲何不直說其事而要譎遯其辭？這自然與所言述的對象或目的有關。若將「隱」用成表達方式，則「隱」就成了修辭技巧，《文心雕龍‧隱秀》就說：「隱也者，文外之重旨者也……夫隱之爲體，義主文外，秘響傍通，伏采潛發，譬爻象之變互體，川瀆之韞珠玉也。」所謂「文外之重旨」、「義主文外」、「秘響傍通」在在都說明了「隱」這種形式在語言表達上留給了接受者極大的聯想空間，這種表達的手法就是比興、隱喻了。讖緯既是有意形成隱語，接受者的聯想及詮釋空間自然擴大，這也造成同一讖語可以有不同理解的現象，如《後漢書‧公孫述傳》就載公孫述引《錄運法》：「廢昌帝，立公孫。」《括地象》：「帝軒轅受命，公孫氏握。」、《援神契》：「西太守，乙卯金。」等讖緯，以爲「謂西方太守而乙絕卯金也。五德之運，黃承赤而白繼黃，金據西方爲白德，而代王氏，得其正序……（光武）帝患之，乃與述書曰：『圖讖言「公孫」，即宣帝也。代漢者當塗高，君豈高之身邪？及復以掌文爲瑞，王莽何足效乎？……』」《華陽國志》則載光武云：「《西狩獲麟讖》曰『乙子卯金』，即己未歲授劉氏，非西方之守也。『光廢昌帝，立子公孫』，即霍光廢昌邑王，立孝宣帝也。黃帝姓公孫，目以土德，君所知也。『漢家九百二十歲以蒙孫亡，受以承相，其名當塗高』，『高』豈君耶？吾自繼祖而興，不稱受命……」可見兩人對「公孫」的理解就有不同。這裡提到的「代漢者當塗高」更爲有趣，此讖眞正發揮影響力是在東漢末：

> 周群字仲直，巴西閬中人也……時人有問：「春秋讖曰：代漢者當塗
> 高，此何謂也？」舒曰：「當塗高者魏也。」鄉黨學者，私傳其語。
> （《三國志‧蜀書‧周群傳》）

> 舒既沒，譙又問術士杜瓊曰：「周徵君以爲當塗高者魏也。其義何
> 在？」瓊曰：「魏，闕名也，當塗而高。聖人以並言耳。」又問周曰：
> 「寧復有所怪邪？」周曰：「未達也。」瓊曰：「古者名官職，不言
> 曹。自漢以來，名官盡言曹。吏言屬曹，卒言侍曹，此殆天意也。」

周曰：「魏者，大也。曹者，眾也。眾而且大，天下之所歸乎？（《宋書‧符瑞志》）

《典略》曰：（袁）術以袁姓出陳。陳，舜之後，以土承火，得應運之次，又見讖文云：代漢者當塗高也。自以名字當之，乃建號稱仲氏。（《三國志‧魏書‧袁術傳》）

「當塗高」究竟指什麼？是姓「當塗」，名「高」？還是「當塗而高」？抑是其或有他意思？這就是標準的「詭爲隱語」，值得一提的是，這種「詭爲隱語」的表達方式自然是簡短有力，這種方式可能是從謠諺（童謠）獲得啓示！

「徒歌爲謠」，可見謠是隨興而發的歌詠，就因爲是隨興而致，毫無矯飾，所以謠諺在渲洩情感之餘，就有了政治批判的功能在其中，這是因爲：其一，吟誦者本爲局外人，所謂旁觀清，反倒能「預決吉凶」；其二是採詩制度的影響，姑不論西周時期是否眞有採詩以觀民風的舉動，但漢代確實是將採詩制度落實，這也正是武帝立樂府的意義所在。〔註7〕有心者藉謠諺傳達一定的訊息，所謂「下以風刺上，上以風化下，主文而譎諫，言之者無罪，聞之者足以戒」（《毛詩大序》），正是此意。其三，謠諺所反映出的正是民間最眞實的聲音，治世、亂世、俗之美惡均可在謠諺中窺知，這種「判讀」謠諺不正是「預決吉凶」？所以這些無名氏所爲的謠諺每每反映出一定的政治問題，而童謠以其「無心」，更是謠諺精神的極致發展。《晉書‧天文志‧中》說：「凡五星盈縮失位，其精降于地爲人：歲星降爲貴臣，熒惑降爲兒童，歌謠嬉戲；塡星降爲老人、婦女；太白降爲壯夫，處於林麓；辰星降爲婦人。吉凶之應，隨其象告。」「歌謠嬉戲」既有「吉凶之應」，則「詭爲隱語，預決吉凶」的功能就顯而易見了，舉例來看：《後漢書‧公孫述傳》載：「黃牛白腹，五銖當復」，形式是謠諺，但「黃牛」指向黃的王莽，「白腹」指向白的公孫述，「五銖」代指漢代，所運用的正式「義主文外」的隱語。再如，《後漢書‧皇甫嵩傳》的「蒼天已死，黃天當立，歲在甲子，天下大吉」，形式

〔註7〕《漢書‧藝文志》：「古有采詩之官，王者所以觀風俗，知得失，自考正也。」《漢書‧食貨志》：「春秋之月，群居者將散，行人振木鐸，徇於路以采詩；獻之以師，比其音律，以聞於天子。古曰：王者不窺牖戶而知天下。」《禮記‧王制》：「歲月，東巡守，至於岱宗，柴而望祀山川。觀諸侯，問百年者就見之。命太師陳詩，以觀民風。」這都是說古有採、獻詩之事，但也頗有疑之者。

亦爲謠諺，而表達方式仍是隱語，「歲在甲子」指的是靈帝中平元年（184），「蒼天已死」乃春末，「黃天當立」指春夏之交，亦即中平元年春夏之交將舉事，〔註8〕這種「詭爲隱語」的謠諺眞得要「秘響旁通」才能得尋繹其解，其中更有將謠諺譜成離合文字者，如，《三國志・董卓傳》注引《英雄記》：「千里草，何青青：十日卜，不得生」，離合爲「董」，「十日卜」離合爲「卓」，且以「何青青……不得生」秘指董卓橫暴之不常久。這種離合文字的伎倆在讖緯中更常見，又如《漢書・王莽傳》、《後漢書・光武帝紀》、《宋書・符瑞志・上》均載的「劉秀發兵捕不道，卯金修德天子」，「卯金」就離合爲「劉」的偏旁，〔註9〕《尙書中候》的「自號之王，霸姓有工」即西楚霸王項羽的離合文字，易緯雜讖書《運期授》有「言居東，西有午，兩日並光日居下」離合爲「許昌」。所以《文心雕龍・明詩》會稱：「離合之發，則萌於圖讖。」。這些離合文字而成的讖言，解者都得「說文解字」一番，在「說文解字」的過程中，其實也就是將讖緯所言視爲天書，如何勘透就成了秘術，並不是人人都能夠詮解的，所以道教門徒更喜歡這種表達方式以神秘其事。〔註10〕

三、「詭爲隱語」的文化語言學觀點

由讖緯篇名的命名策略及詭爲隱語的表達方式中，我們可以看到造作讖緯者神秘其說的企圖，接下來我們要藉由文化語言學的觀點，分析讖緯的篇名結構及接受者的領受狀態。

文化學者有這樣的說法：每一種文明都通過自己獨特的語言系統和符號系統（藝術的、宗教的和科學的語言）來理解世界，這些系統是人類根據自身的經歷和從前輩承襲的傳統，在實踐活動過程中形成的。〔註11〕於是研究

〔註8〕這裡的蒼天、黃天不能解爲木德、土德，只能解爲五行配四時下的季節，若要解爲木德、土德，則東漢以後明明以火德自居，又怎麼會成了木德？參見劉九生《循環不息的夢魘》（北京：國際文化，1989），頁82～87。

〔註9〕類似離合劉字例子甚多，如《孝經・右契》「寶文出，劉季握，卯金刀，在軫北，字禾子，天下服」、《春秋・演孔圖》「卯金刀，名爲劉，中國東南出荊州，爲赤帝後，次代周」、《尚書・考靈曜》「卯金出軫，握命孔符」。

〔註10〕參見王利器，〈眞誥與讖緯〉，文史，第三十五輯。此文亦譯成日文，收在中村璋八編《緯學研究論叢：安居香山博士追悼》。

〔註11〕「文化語言學是研究語言的文化屬性，研究語言和文化的相互關係以及通過語言探求人類文化的交叉學科」，刑福義，《文化語言學》（湖北：湖北教育，1991），頁17。

一種特定對象如何運用語言與符號系統就是一種極為有意思的工作，譬如在宗教活動中，「某些獨特的修辭手法，如象徵、比喻、誇張等，無疑對人們的理性思維起到了一種粉碎的作用，從而在頭腦中建立起感性的想像的思維機制，最後產生神秘的幻想，從而形成宗教信仰。」路易‧加迪《文化與時間》，台北：淑馨，民國 81 年，頁 284），準此，讖緯「詭為隱語」的表達手法是否也形成了自己獨特的語言系統和符號系統？若從研究語言的文化屬性，研究語言和文化相互關係以及通過語言探求人類文化的學科之語言文化學的角度，是否有助（高長江，《符號與神聖世界的建構：宗教語言學導論》，吉林：吉林大學，1993，頁 23），於說明讖緯「詭為隱語」在語言及文化上的現象？如何回應這些問題？且讓我們從分析讖緯篇名結構開始！河洛五九、六藝四九再加上孝經緯二篇，論語讖八篇，總計是九一篇。我們可將這九一篇目用字分為十五類：

1. 「稽、考、鉤」類：十四種
     河圖：稽曜鉤、真紀鉤、考鉤、稽命徵、考靈曜
     易緯：稽覽圖
     書緯：考靈曜
     禮緯：稽命徵
     樂緯：稽曜嘉
     春秋緯：文曜鉤、考異郵
     孝經緯：鉤命抉
     論語讖：比考讖、撰考讖

2. 「符、命」類：十三種
     河圖：赤伏符、會昌符、稽命徵、揆命篇、紀命符、聖洽符
     書緯：帝命驗
     禮緯：稽命徵
     春秋緯：元命包、感精符、命歷序
     孝經緯：鉤命抉
     論語讖：素王受命讖

3. 「徵、驗」類：八種
     河圖：秘徵、說徵祥、稽命徵

洛書：說徵示

易緯：通卦驗

書緯：帝命驗

禮緯：稽命徵

樂緯：叶圖徵

4.「樞、鈐」類：六種

洛書：兵鈐勢

春秋緯：運斗樞

易緯：萌氣樞

詩緯：氾歷樞

書緯：璇璣鈐

春秋緯：運斗樞

5.「運、期」類：五種

河圖：錄運法

洛書：錄運期

書緯：運期授

春秋緯：運斗樞、佐助期

6.「天、地、神、靈、精」類：十二種

河圖：括地象、考靈曜、坤靈圖、保乾圖、天靈、靈武帝篇

洛書：靈準聽

易緯：乾鑿度、坤靈圖

詩緯：含神霧

春秋緯：感精符

孝經緯：援神契

7.「曜」類：四種

河圖：稽曜鉤

洛書：甄曜度

春秋緯：文曜鉤

樂緯：稽曜嘉

8.「斗」類：三種

洛書：斗中圖

禮緯：斗威儀

春秋緯：運斗樞

9. 「度」類：

洛書：甄曜度

易緯：乾鑿度

詩緯：推度災

10. 「帝」類：六種

河圖：帝覽嬉、帝通記、帝視萌、龍帝記、靈武帝篇

尚書緯：帝命驗

11. 「契、握」類：三種

河圖：握矩記

孝經緯：援神契

春秋緯：握誠圖

12. 「輔、佐、助」類：三種

河圖：挺佐輔

論語讖：摘輔象

春秋緯：佐助期

13. 「授」類：二種

河圖：闓苞授

書緯：運期授

14. 「圖、錄、版」類：十二種

河圖：始開圖、龍魚河圖、玉版

洛書：斗中圖

易緯：稽覽圖、坤靈圖

樂緯：叶圖徵

春秋緯：稽覽圖、演孔圖、合誠圖、保乾圖、握誠圖

15. 「記、紀、篇、表、文、序」類：

河圖：握矩記、合古篇、叶光記、帝通紀、龍帝記、龍文、揆
命篇、要元篇、提劉篇、靈武帝篇、龍表、表記。

春秋緯：命歷序。

由上述的分類中可以看出：

第一、「稽、考、鉤」這類稽考、察核的用詞數量最多，佔了14%，但稽考、察核什麼呢？「曜、靈、命」是最常稽考、察核的，「曜」爲星耀，「靈」爲神靈都可以指天，可見以稽考「天」的狀況爲主。因爲在天人同構的系統中，稽考天也就是稽考人事，天所反應的正是人事的種種。〔註12〕「天垂象，見吉凶」在象與吉凶之間的對應關係就得看通曉天文者的詮解了，所以，讖緯篇目用字中的天象詞就包括了「天、地、神、靈、精」、「曜」、「斗」三類十九種。而「度」、「樞、鈴」則是「稽、考、鉤」的目的，掌握天體運行的規律。

第二、「徵、驗」可以說是「稽、考、鉤」的另一種說法，不過兩者之間有積極、消極之別。「稽、考、鉤」的重點是過程，而「徵、驗」則接受者只有被動接受，所以強調結果，所以「徵、驗」可以與「運、期」合在一起看。「運、期」，五運之期，五運之期自有徵、驗。而「徵、驗」的反面就是「授」了。

第三、以「符、命」命名的也多達十三種，而「符應與天命」可說是「稽、考、鉤」與「徵、驗」的具體展現；也是所謂「天心」、「天意」所在。

第四，「輔、佐、助」及「契、握」二類，這類頗有奧援意味。

第五、「圖、錄、版」、「記、紀、篇、表、序」的命名是指記錄的形態。

其次，我們可以將這些用字分爲三個類型：

甲、動詞性質：稽、考、鉤、徵、驗、樞、鈴、握、輔、佐、助、授

乙、名詞性質：符、命、運、期、天、地、神、靈、精、曜、斗

丙、篇卷性質：圖、錄、紀、序、記、篇、表、文、

讖緯篇章命名基本上就是這三個範疇間的組合，每一範疇或取其一、或取其二，但絕不會同在一範疇中命名，即：

〔註12〕卡西勒（Ernst Cassirer）《人論》（台北：結構群，民國78年）就說：「人在天上所眞正尋找的乃是自己的倒影和那人的世界的秩序。人感到自己世界是被無數可見和不可見的紐帶而與宇宙的普遍秩序緊密聯繫的——他力圖洞察這種神秘的聯繫……爲了組織人的政治、社會的和道德的生活，轉向天上被證明是必要的。似乎沒有任何人類現象能解釋它自身，它不得不求助於一個相應的它所依賴的天上現象來解釋自身。」頁76～81。

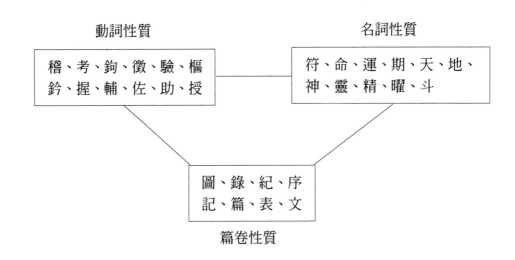

動詞性質

稽、考、鉤、徵、驗、樞
鈐、握、輔、佐、助、授

名詞性質

符、命、運、期、天、地、
神、靈、精、曜、斗

圖、錄、紀、序
記、篇、表、文

篇卷性質

無法歸在這些用字系統下的篇目尚有十六種：

河圖：絳象、著明、皇參持、玉英

洛書：摘六辟

易緯：天人應

書緯：刑德放

禮緯：含文嘉

樂緯：動聲儀

春秋緯：潛潭巴、說題辭、漢含孳

論語讖：摘襄聖、崇爵讖、糾滑讖、陰嬉讖

但《絳象》爲《緯象》之訛，「緯」是天象，與 6.、7.、8.同類；《著明》即《著命》，意爲「受命」，與 2.同類；《皇參持》的「參」是指「三皇」，意爲「三皇握持此（圖）」，本此，真正無法歸入的只有河圖、洛書、易緯書緯、禮緯、樂緯各一種，春秋緯三種及論語讖四種，合計十三種，如何看待這十三種規則之外的篇目？

〈玉英〉是寶物，《尸子》：「龍淵生玉英」，《尙書‧帝命驗》：「人有雄起載玉英。」鄭玄注：「玉英，寶物之名」，《春秋繁靈》就有〈玉英〉篇，河圖中的「玉英」更有受命之符的意思，所以與 2.「符、命」類別無區別。《洛書‧摘六辟》爲《洛書‧摘亡辟》之訛，舉出亡國之君，國亡乃是期運之會，所以與 5.相近。《易‧天人應》名稱即表明與天人相關，《書‧刑德放》

是呼應《尚書‧呂刑》而作;《禮‧含文嘉》,文即禮文,有禮則美,與《禮》相配合;《樂‧動聲儀》與樂律人心交感有關,這四篇的命名與所屬之經有關。至於春秋緯〈說題辭〉爲春秋緯總序,不是刻意命名,故不在規則之內;〈漢含孳〉之義陳槃解爲「再受命」,則與 2.意同;可見眞正逸在規則之外的並不多。

這樣的命名對接受者產生怎樣的影響呢?我們可以發現讖緯命名的策略就是著意強調天人相應,以示一切有命數,有安排,無形中也使接受者感受到此種氣氛而難以掙脫。這種命名策略頗爲道教所採用,如《眞誥》的篇名:《運象》、《甄命授》、《協昌期》、《稽神樞》、《闡幽微》、《握眞輔》、《翼眞檢》均是運用三單字擠壓所形成的張力來暗示及形成特殊的氛圍。

第二節　讖緯的敘述形態

敘述(narrative)是將所意識到的對象加以陳述出來,陳述當然要有一定的規律(語法),思維亦必經由敘述才能爲人所知(就連獨白亦然)。在這樣的界定下,「敘述」可有廣狹二義:廣義的敘述就是一種交流,音樂家的樂曲,雕塑家的物材,舞蹈家的動作,畫家的色彩線條都是一種「敘述」,傳達著創作者的訊息;而狹義的敘述則特指語言文字。〔註13〕「讖緯敘述形態」這其實已預設讖緯在「敘述」上存有可以探究的空間,何以我們能如此預設?又如何在這預設上建構出我們探索的步驟?這是首先必須說明的問題。

處理「如何說」的問題就涉及到敘述了,最重敘述的莫過於文學,讖緯敘述與文學是否有所關連?這是可以用來探索讖緯敘述的一個角度,歷來論讖緯與文學的關係者,均會援引劉勰《文心雕龍‧正緯》以證其說,特別是

〔註13〕若從語言學者雅克慎(Romam Jakobson)的說法分析,語言行爲模式有六個層面,每一層面均有其相應功能存在,即說話者(抒情功能)、說話的對象(感染功能)、話語(詩功能)、指涉(指涉功能)、接觸(線路功能)、語規(後設語功能),與狹義敘述有關的自然是「話語(詩功能)」了,而「話語」更爲常見的對譯是 discourse(或譯爲言說、講述),據《世界詩學大辭典》的解釋:「任何釋義或分析的對象都是文本(text)。在英語和法語中,這樣最廣義的文本常被稱爲 discourse。」(頁 562「文本/講述」條),「話語(discourse)」當然包含了敘述,而「話語」類型最基本的區分就是敘事型與論證型二種,敘事型話語是日常生活、文學、歷史中最主要的本文(文本)類型;而論證型話語則常見於法律、條約、自然科學之中。

這段文字：

> 若乃羲農軒皞之源，山瀆鍾律之要，白魚赤烏之符，黃金紫玉之瑞，
> 事豐奇偉，辭富膏腴，無益經典而有助文章，是以後來辭人，採摭
> 英華，平子恐其迷學，奏令禁絕：仲豫惜其雜眞，未許燔燼；前
> 代配經，故詳論焉。

羲，伏羲；農，神農；軒，軒轅；皞，少皞，讖緯中確有許多古聖帝王的傳說。山瀆，山川地理；河圖、洛書中尤多地理山川的記載；鍾律，禮緯、樂緯中均有音樂律呂之說；〔註14〕至於白魚赤烏、黃金紫玉之類的符瑞，讖緯更幾乎無篇不有，這些古史傳說、山川異聞是讖緯異於六經的重要特色，所以劉勰以爲「事豐奇偉，辭富膏腴，無益經典而有助文章」是有一定道理，至於「後來辭人，採摭英華」則是讖緯顯而易的效用。

然而，「有助文章」是說讖緯裡頭的資料「事豐奇偉」可供辭人「採摭英華」？還是說讖緯修辭上「辭富膏腴」在敘述上本「有助文章」？對此，學者多留心於前者，如：王令樾《緯學探原》將《文選》李善注中以標明典出讖緯者分類條理，以明讖緯助文一面；又如李中華《神秘文化的啓示》第六章指出，除有助辭賦外，讖緯與文學理論亦有密切關係……。但是，我們以爲這二者都是讖緯與文學相涉的特質所在，前者是行文用事之助，而後者則是「敘述」上的特質。這一特質當然可以從修辭學的角度分析之，不過，若從當代敘述理論（敘事學）或許亦能從中探索出讖緯的另一層面貌。

敘事學（narratology）自然得從「敘述」（narrative）說起，但滋生疑義的是 narrative 既可譯爲「敘述」又可譯爲「敘事」，「敘述」與「敘事」在用法中似有區別，但是這一問題並不是迻譯中才產生的，事實上 narrative 因爲強調 a story or description of actualor fictional events, narrated accout（The Grolier internationalDictionary）強調 story——被敘述出來的東西，而非敘述活動，〔註15〕這種差異對譯漢語之後也繼續存在：

〔註14〕 范文瀾注引漢志五行家有《鍾律災應》二十六卷，《鍾律叢辰日苑》二十二卷，
　　　　《鍾律消息》二十九卷，以爲此即「山瀆鍾律」之要的「鍾律」，周振甫《文
　　　　心雕龍注釋》同。按，此說不確，「鍾律」應指讖緯中所述之宮商律呂文字，
　　　　而非漢志五行家著作。

〔註15〕 narrativ 與 narration 不同，前者是「所述之事」，後者是「敘述活動」，伍曉明
　　　　在 Wallace Martin 的 Recent Theories of Narrative（中譯《當代敘事學》，北京：
　　　　北京大學，1990）的〈譯後記〉中對此詞的難以迻譯頗有感觸。:「當人們意
　　　　識到，敘事並非僅僅是文學——敘事文學——的特權時，敘事的重要性就增

1. 敘述（narrative）：敘述事件的言語行為，而這些事件按一定的可追蹤排列就形成了敘述。任何可以用來表達的工具都可以用來敘述。例如實物身體姿勢，圖像，音學，言語，文字。（《世界詩學大辭典》，遼寧：春風文藝，1993，「敘述」條）

2. 敘事（narrative）即在語言中按一定的時序對實在的和想象的事件進行直線性的組織。敘事可以指此組織的結果，即具有敘事結構的話話織體，也可以指進行組織的過程。作為結果的敘事和作為行為過程的敘事均有各自的結構秩序。（李幼蒸，《理論符號學導論》，北京：中國社會科學，1993，頁 392）

3. 所謂「敘事」，也即用一種特定的言語表達方式——敘述，來表達一個故事。換言之，也即「敘述」＋「故事」。（徐岱，《小說敘事學》，北京：社會科學，1992，頁 5）。

4. 什麼是敘事呢？按照一般的解釋，敘事就是對一個或一個以上真實或虛構事件的敘述。（羅鋼，《敘事學導論》，雲南人民，1994，頁 2）

這些例子這已充分說明 narrative 一詞的多義，也毋怪漢語中有敘述、敘事的異說了。不過 3.的說法，雖已將敘述與敘事做了區分，但這並不合原義，因為強調了「事（事作、故事）」卻封殺了 2.中所提到的「進行組織的過程」，如此釋義似乎有點望文生義的味道。narrative 既已多義，從而 narratology 一詞，雖多譯為「敘事學」，但具體內容亦應對 narrative 是採取廣義，還是狹義而有異說。〔註16〕採用廣義者本有建立「一般敘事學」的企圖，如羅蘭·巴

加了。現在人們已經公認，並不存在原原本本的客觀事實，因為任何事實或現象都已經是經過描述的，而不同的觀察點和參考框架和描述語言就決定著一個事實或現象將以何種方式和面目呈給我們。於是，理論家們發現，甚至在自然科學領域，都存在著敘事問題。」敘事問題不只在自然科學領域存有，天地之間無不有敘述存在，參見下文。

〔註16〕 羅鋼，《敘事學導論》云：普林斯編撰的《敘事學辭典》「敘事學」這個詞條項下，就摘錄了兩種對立的觀點，一種以托多洛夫為代表，這種觀點認為，敘事學研究的對象是敘事的本質，形式，功能，無論這種敘事採取的是什麼媒介，無論它使用的是文字、圖畫、聲音，它著研究的是敘事的普遍特徵。尤其是故事的說法，即故事的普遍結構。法國的《大拉霍斯辭典》這樣解釋敘事學：「人們有時同它來稱關於文學作品結構的科學研究。」這顯然就是接受了托多洛夫的觀點。另一種意見以著名的法國敘事學家熱奈特為代表，熱奈特認為：敘事學研的範圍只限於敘事文學，即以語言為媒介的敘事行為，它對故事不感

特（Roland Barthes）便將敘事學運用到衣服、食物、汽車、家具等系統（羅蘭·巴特《符號學要義》，台北：南方，民國 77 年，第一章），採用狹義者就只將敘述限對在「敘事文學」，尤其是一些「敘事虛構作品」（narrative fiction），如小說、敘事詩、劇本之類。

綜上所述，我們可以將 narrative 區分成三個層次：

最廣義的敘述指的是「訊息的傳達」，這一層次的敘述可以擴大到宇宙間的任何訊息，如天文、地理，傳達的「訊息」有賴人類的解讀。

第二層次的敘述可以稱爲狹義的敘述，專指藉由語言文字的傳達，這一層次的敘述包含了日常言語、科學報導、詩篇等等；或者更精確地說，這一層次的敘述是人認識世界、社會的基本方式；

第三層次的敘述是最狹義的敘述，可以稱之爲「敘事」，特指文學中的「敘事虛構作品」，尤其是小說、敘事詩。

所謂「敘事學」則是從第三層次「敘述虛構作品」中研究分析而得的一門學問，故而又特稱爲「文學敘事學」，運用這門學問的基本原理可以推而廣之到電影、電視等其他領域（即第二層敘述），甚而「解讀」第一層次的敘述。

從表面上看，讖緯縱與文學有關，但與文學敘事學這種專門分析敘述虛構作品的理論似乎是風馬牛不相及的事，何以我們要大費周章地聯繫彼此？此乃因爲既是語言文字的敘述就自然有第二層次的敘述可說，而第一層次、第二層次的敘述均可藉由第三層次的敘事學得到啓發，進而研究每一領域的敘述現象，所以讖緯敘述與文學敘述學在原理上應是有相通之處。然則，這他山之石究竟如何攻讖緯敘述之玉呢？要回答這一問題，首先讓我們先看看文學敘述學研究的範圍是什麼：「敘事學將研究敘事文的三大方面：敘述方式（敘事文表達的形式）、敘事結構（敘事文內容的形式）、敘學的閱讀（敘事文形式與意義的關係）」（胡亞敏·《敘事學》，華中師範大學，1994，頁 14），要理解這段話須對文學作品的形式與內容稍做說明，羅蘭·巴特及查特曼（Seymour Chatmam）曾指出文學作品不能只分爲形式與內容兩面，而是涉及了四個層面，即表達的形式、表達的實質、內容的形式、內容的實質，以表列之即爲（此表引自高辛勇《形名學與敘事理論》，台北：聯經，民國 76 年，

興趣，也不試圖去概括故事的語法，敘事學研究的主要對象是反映在故事與敘事文本關係上的敘事話語，包括時序、語式、語態等。（頁 1～2）

頁 234）：

表　　　　達	內　　　容
形式經特殊媒介體以一定形式表達的敘述。	由媒介體過濾，但未經表達方式處理的故事內容。
實質媒介體的實質：如文字、圖像、聲音。	未經媒介表達、無形式、無關係的混沌素材。

將此四層面與敘述結合，則成了（參見胡亞敏《敘事學》，第三章）；

表達的實質：即用於交流的各種媒介，如文字、聲音、畫面。

表達的形式：構成敘述話語的各種敘述方式。

內容的實質：再現在作品裡的（現實或想象世界中的）客體與行動。

內容的形式：故事組成要素（情節、人物、環境及其結構）。

與敘事學有關的是「表達的形式」與「內容的形式」，而前者也就是敘事學中的「敘述方式」，著重在敘述視角、敘述人稱、敘述時間等問題的探討；而後者也就是敘事學中的「敘述結構」，著重在情節、人物、環境、語法等問題的論述。至於敘事學中的「閱讀」，則與讀者接受有密切的關係。

同樣是語言文字的敘述，我們實可從「敘述方式」與「敘述結構」的運用獲得些啟迪來處理讖緯的敘述形態。只是，讖緯的敘述是敘事與論證並呈，而且論證型要多於敘事型，所以在探討讖緯敘述形態時不可能全盤套用敘述方法中的視角、人物、環境、語法，或敘述結構中情節、人物、環境、語法等項目，而是要有所甄別的。我們以為敘事學中可以用來探討讖緯敘述形態的是「敘述／虛構」、「敘述／語法」與「敘述／章法」等項目，茲分別說明如下：

一、敘述與虛構

敘述就是「虛構」（fiction），這裡的「虛構」並不是指刻意造偽（虛假），更非貶辭，而是敘述的本質；一旦有敘述行為發生就有虛構的現象出現，兩者是無從分別的。因為語言文字所形成的世界是所謂的「語彙的世界」（verbal world），此世界與經由親身經歷而得知的「外向的世界」（extensional world）判然有別（早川《語言與人生》，台北：遠流，民國 66 年，第一章），所以經由敘述而得的「真實」，充其量只是「如實」的描摹，而所謂的「如實」就已

是虛構了。再則，虛構是為了建構「意義」，正如博藍尼（Michael Bolanyi）
所說：「人生活在他能夠辨識的意義裡。他將自己延伸到他發現為融貫的事物
裡，並且安居其中。這些意義可以有人類一知覺到這些意義，便相信是真實
的——除非他們另外接受的神話否認某些意義的存在。」（《意義》，台北：聯
經，民國 74 年。頁 79），所以「虛構」與「真實」並不是矛盾的概念。「虛構」
所指涉的是種種的「可能」。傅修延曾將「可能／不可能的世界」、「真實／虛
構的世界」彙整如下（《講故事的奧秘：文學敘述論》，江西：百花洲文藝，
1993，頁 37）：

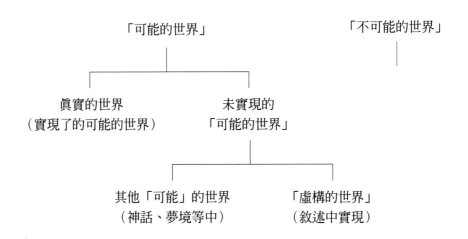

此表是針對第三層次的敘述，亦即文學敘述而發的，若從第二層次的敘述著
眼，此表可以改為：

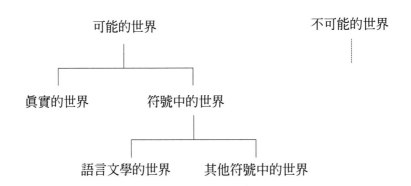

在「敘述／虛構」的領域中，從語言所架構出的觀念世界著手，我們必須追問二方面的問題：一是讖緯敘述中呈現出了怎樣的世界，此世界如何讓人信以為眞，此世界滿足了人類什麼需求？二是讖緯敘述中是否主動架構起特定的理想世界藍圖，亦即論述中有怎樣的規範世界，而敘事中又有怎樣的世界，以表列之，即：

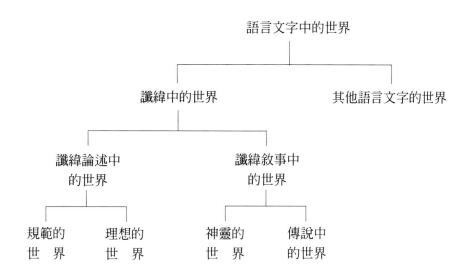

先從「讖緯論述中的世界」看，這一「世界」其實又可分「規範的世界」與「理想的世界」二者。所謂「規範的世界」就是讖緯一般敘述中所傳達、指涉的世界，在受命、災異的規範下符合讖緯「秩序」的規定，換言之，即氣運之流轉下的指涉對象，這在讖緯中隨處可見，月令、節候、占辭均可視是此類「規範的世界」，如《春秋・潛潭巴》：

> 小人聚，天子弱，則丈夫化爲女子。
>
> 里社明，此里有聖人出，其呴，百姓歸，天辟亡。
>
> 日蝕之後，必有亡國，殺君奔走，乖離相誅，轉政撞主，滅兵車，
>
> 天下昏亂，邦不寧。

這是一個「秩序」井然的世界，也就規範著各層次的秩序。論述中還有另一層次的世界——「理想的世界」，可以說前者的世界是墨守的世界，而這裡的

世界就是積極進取，充滿理想色彩的世界，讖緯中的「理想世界」最值得一提的是《樂緯‧叶圖徵》中配合鍾律而生的理想世界：

坎　坎主多至，宮者君之象，人有君，然後萬物成。氣有黃鐘之宮，然後萬物調，所以始正天下也，能與天地同儀，神明合德者，則七始八終，各得其宜，而天子穆穆，四方取始，故樂用管。

艮　艮主立春，陽氣始出，言雷動百里，聖人授民田，亦不過百畝，此天地之分，黃鍾之度，九而調八音，故聖人以九頃，成人家，上農夫食九口，中者七口，下者五口，是為富者不足以奢，貧者無飢之憂，三年餘一年之蓄，九年餘三年之蓄，此黃鍾之所成，以消息之和，故樂用塤。

震　震主春分，天地陰陽分均，故聖王法承天，以立五均，五均者亦律，調五聲之均也。音至眾也，聲不過五，物至蕃也，均不過五，為富者慮貧，強者不侵弱，智者不詐愚，市無二價，萬物同均，四時當得，公家有餘，恩及天下，與天地同德，故用鼓。

巽　巽主立夏，言萬物長短各有差，故聖王法承天，以法授事焉，尊卑各有等，於士則義讓有禮，君臣有差，上下皆次，治道行，故樂用笙。

離　離主夏至，陽始下，陰又成物，故聖王法承天，以法授衣服制度，所以明禮義顯貴賤，明燭其德，卒之以度，則女功有差，男行有禮，故樂用絃。

坤　坤主立秋，陽氣方入，陰氣用事，昆蟲首穴欲蟄，故聖王法之，授宮室度量，又章有宜，大小有法，貴賤有差，上下有順，故樂用磬。

兌　兌主秋分，天地萬物人功皆以定，故聖王法承天，以定爵賞，功敗者刑罰，故樂用鐘。

乾　乾主立多，陰陽終而復始，萬物死而復件，故聖王法承天，以制刑法，誅一動千，殺一感萬，使死者不恨，生者不怨，故用枳梧。

在古籍中理想世界最為人所熟知的自然是《禮記‧禮運》的大同思想與春秋公羊學的三世說，其次則如《太平經》中太平世界，陶潛的桃花源，與這些理想世界相較〈叶圖徵〉這則援引樂理配和八宮卦、節氣，且處處扣住漢代社會狀況的理想圖式，很明顯是與時代「對話」的理想圖式，這正是讖緯時代精神的表現，值得進一步探索，王步貴《神秘文化》中就有專章說明這一均平社會，茲不贅言。

　　至於敘事中的世界也可分爲「神靈的世界」與「傳說中的世界」，前者是泛靈論的產物，如《河圖・龍魚河圖》：

> 東方泰山君神，姓圓名常龍；南方衡山君神，姓丹名靈峙；西方華
> 山君神，姓浩名郁狩；北方恒山君神，姓登名僧：中央嵩山君神，
> 姓壽名逸群。呼之令人不病。

> 東海君姓馮名修青，夫人姓朱名隱娥；南海君姓視名赤，夫人姓翳
> 名逸寥；西海君姓勾大名丘百，夫人姓名素簡；北海君姓是名禹帳
> 里，夫人姓結名連翹；河始公名子，夫人姓馮名夷君。有四海河神
> 名，並可請之呼之，卻鬼氣。髮神名壽長，耳神名嬌女，目神名珠
> 殃，鼻神名勇盧，齒神名丹朱。夜臥三呼之，亦患亦便呼之九過，
> 惡眩自卻。

天地萬物幾乎是無物不有神，至於而「傳說中的世界」與《山海經》、《淮南子・地形訓》頗爲接近，如以昆侖爲地中央，遠方異俗之國等等（詳見第三章第一節）。

　　綜而言之，從敘事學的角度看讖緯中的「世界」，此「世界」就包含有規範的、理想的、神靈的、傳說的等四種不同的世界，這些都值得進一步研究。

二、敘述與語法

　　敘述離不開語法，所以語法研究就構成了敘事學中重要項目；而敘事學的語法研究則是取材於結構主義（structuralism），尤其是美國語言學家杭士基（Noam Chomsky，或譯爲喬姆斯基）的「變換律語法」，結構主義並不是某一思想流派，而是一種方法論，以這一方法建構起源的種種學說均可稱之爲「結構主義」，「結構」的概念先是由語言學起始的，亦指「一系統內之因素彼此的關係，尤其指示同一語言系統內兩個或多個因素彼此的關係」，〔註17〕這樣的概念經創造性的轉化，遂產生了李維斯陀（Claude Levi-Strauss）的結構主義人類學，拉岡（JacquesLacan）的結構主義心理學，羅蘭・巴特的結構主義文藝學……。彼此在使用「結構」一詞均因學科之不同而有種種差異，所以很難爲這些不同學科的「結構」尋得共同的義界，不過，底下這兩段文

〔註17〕這是沈清松《現代哲學論衡》（台北：黎明，民國 79 年），第十章〈結構主義之解析與評價〉中的簡單界定。參見頁259。又，此書第十三章〈敘事文之意義與呂格爾之詮釋學〉與本文所述之敘事學亦略有關係，可參看。

字或可權充說明：

1. 結構由許多成份組成，這些成份之間的關係就是結構。結構主義又把結構區分爲深層結構與表層結構。深層結構是現象的内部聯繫，只有通過模式才可以認識；而表層結構則是現象的外部聯繫，通過人們感覺就可以知道。結構主義強調的是深層結構，一般所謂的『結構』就是指深層結構。（《結構的時代：結構主義論析》，台北：谷風，民國 75 年。頁 4）

2. 結構主義發現現象「秩序」的企圖，並非在於要把一個預想的「秩序」加給現實。反之，它要求對言個現實進行複製，重造和爲它建立一個模式。一個神話，一種哲學思想，一種科學理論──它們不僅有一定的内容，而且也爲一定的邏輯組織所決定。這一組織表明了這些現象的邏輯前提和共同成分，否則這些現象將永不能具有一個統一的共同尺度。（J.M.Broekman，李幼蒸譯，《結構主義》，台北：谷風，民國 76 年，頁 6）

結構主義將結構區分爲「表層結構」與「深層結構」，且致力於深層結構的探討，不同領域對所謂「表層結構」與「深層結構」的「實指」自然會有不同解說，在語言學中杭士基則提出變換律語法，先將語言分成「語言能力」（competence）與「語言行爲」（performance），前者是某一語言共同體中的每個人都可以理解並說出從來沒有聽過的句子的能力，或者說是掌握該語言所有話語的基礎的代碼，理解和生成新的、合乎語法的句子的能力；特點是在深層結構上用該語法的句法成分表現出來。而後者是各別的話語，特點則是在表層結構上用該語法的語音成分表現出來（俞建章、葉舒憲《符號：語言與藝術》，第五章，頁 178）。

敘事學的語法理論就是將語言學中的表層結構及深層結構加以轉化:「試圖通過構想一套符號和規則來描述敘事文，並假設這套語法一旦誕生，猶如語言學的語法規則產生句子一樣，生產出大量的敘事作品。」（胡亞敏，《敘事學》，頁 171），敘事學的先驅人物，俄國的普洛普（Propp）就將民間故事中提取了卅一個功能（function）而，其後如托多洛夫、格雷馬斯均有各自的方法論（李幼蒸，《理論符號學導論》，北京：中國社會科學，1993，第二編·三）。

將敘事語法的概念運用到讖緯敘述上，我們可以獲致這樣的啓示：從表層結構與深層結構的作法出發，將讖緯的敘述亦區分爲表層與深層結構。所

謂讖緯敘述的表層結構也就是所呈現出的內容，其內容顧頡剛說是：讖緯有釋經，講天文、講曆法、講神靈、講地理、講史事、講文字、講典章制度；而鍾肇鵬則云是：對經典的解說、古代的典禮制度、解說文字、天文學、曆法和氣象、地理、古史及神話傳說、符瑞、災異。但是這些內容是否只是所謂的「龐雜」、「無所不包」？將這些內容平列難道就表示讖緯「包羅萬象」？再則，若從結構的角度析論，這些內容間的關聯性何在，而其中的深層結構又是什麼？學者多將讖緯的基調推至用天人合一、陰陽五行，以為其骨架不過如此云云，只是這樣的說明對我們理解讖緯並無多少實質上的助益，因為這樣的說明無法突顯時代意義，更無法說明分類間的關聯性，我們以為讖緯之敘述形態從結構到表達其實可以圖解如下：

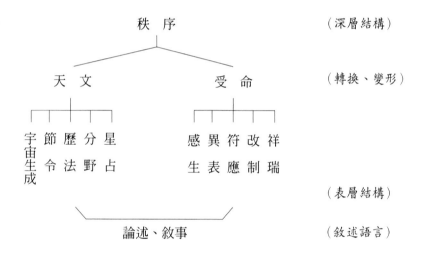

簡言之，只將讖緯內容區分為數類其實並無意義，若從結構層面來看，這些內容都只算是種表層結構而已，這些表層結構是藉由系統思維與神話思維聯繫起來，而系統思維、神話思維所欲表達的是讖緯思想的主軸——天文與受命，而其深層結構則是「秩序」，意味著君權神授；反過來說，天命（君權）的理念藉由天文與受命的「轉換」，展現在讖緯的龐雜的內容中（表層結構），這一思維結構，也正是我們在第四章所要論述的。

三、敘述與閱讀

　　讀者對文本的閱讀是敘事學中最重要的一環，隨著詮釋學及接受美學的

提出，意義不全在作者、作品，亦不全在讀者，而在彼此的互涉交融，尤其是讀者再創造的能力，這樣的觀念可以說已成為今日閱讀學的共識。〔註18〕如果從這一觀點出發，我們就可以為讖緯「有助文章」的問題尋一新的探索路徑。換言之，可將「有助文學」轉換成「讀者何以能從讖緯中讀出文學趣味？」這樣的問題。

這一問題涉及了二個層面：其一是讖緯可以為行文之助，是否意味讖緯已被視為一種文獻，一如經史諸子之書，故而成了典故辭彙的淵藪；這與讖緯是否消除了徵驗的實質而成了一般的文獻實有密切的關聯，甚至與讖緯的定位有關，不過這一層面的問題與此處專論讖緯與文學無涉；其二是讖緯本質上是否存在著有利文學的因子，這一問題又可以拆成幾個小子題，即（一）是否可以從文學的角度閱讀讖緯？（二）讖緯「有助文學」是普見於多數文類？抑或與特定的文類有關？（三）讖緯的思維與文學藝術思維是否相通？

（一）可否從文學角度閱讀讖緯？

「可否從文學的角度閱讀讖緯？」這一問題亦可拆為兩個子題，其一是讖緯是否存有文學特質，亦即讖緯敘述是否可以視為一種「文學語言」？所謂「文學語言」是指用語模糊、岐義以便於產生意象、隱喻乃至出現陌生化的效果以與日常語言有別，〔註19〕如從這一角度觀察，讖緯語言是有「文學語言」的特質，如：「楊柳驚春，牛羊來暮」（《詩緯‧汎歷樞》）、「雷者，天地之鼓也。」「雨者，天地之施也。」（《河圖‧括地象》），均具有這樣的特質，只是這不是讖緯的主要特色，甚至也不是一般特色，所以這一側面可以略而勿論；其二是讀者閱讀的角度，當讀者視讖緯為素材，運用在行文之中，這就代表讖緯有佐文之助，不過，任何素材均可以為文學有用的素材，所以這仍不算是讖緯與文學的關係所在。唯，順此，可進一步問讖緯與文類間的關聯。

（二）讖緯「有助文學」與文類有何關係？

讖緯「有助文學」不是問題的結束，而是另一問題的開始；我們應再問讖緯若提供文學之素材，則此素材與文學的表達形式（即文類）有怎樣的關

〔註18〕 在接受美學、詮釋學中所論極多，較簡要的說明，參見殷鼎《理解的命運》，張必隱《閱讀心理學》（北京：北京師範大學，1995），第五章。

〔註19〕 陌生化與文學語言是俄國形式主義所提出的看法，也是影響二十世紀文學理論極重要的見解，參見古添洪《記號詩學》、趙志軍《俄國形式主義詩學研究》（新疆：新疆大學，1994），第三章。

聯，是否有特定文類喜歡引用讖緯爲行文之助？據王令樾《緯學探源》整理
《文選》李善注標明典出讖緯者，統計引用讖緯的 298 次文獻中，賦類有 130
次，佔 43.6%，論類有 30 次，佔 10%，詩類 67 次，佔 22.4%，這三種文類就
佔了 76%，其餘文類只不過佔了 23%而已，雖然這樣的分析尚得考慮文章份
量及《文選》中文類數量的多寡，並不是十分妥當的作法，但至少可以看出
賦類最愛出入讖緯，讖緯「有助文學」對賦類而言是肯定的。只是，我們還
得再問，爲什麼賦類最愛援引讖緯？其實答案很清楚，讖緯中祥瑞、災異，
在頌德及諷諭上最合用。

（三）讖緯思維與文學藝術思維

　　讖緯思維是系統思維與神話類比思維的交叉運作，而神話類比思維的進
一步演化就是文學藝術思維了；神話類比思維轉變爲文學藝術思維主要表現
在比興的思考，讖緯中這種從神話類比思維進而爲文學藝術思維的痕跡歷歷
可考，先就保留有神話的例子看：

> 顓頊有三子，生而亡去，爲疫鬼。一居江水，是爲瘧鬼妖鬼；一居
> 若水，爲魍魎；一居人宮室區隅，善驚人小兒，爲小鬼。於是常以
> 正歲十二月，今禮官方相氏，蒙熊皮黃金四目，玄衣纁裳，執戈揚
> 楯，帥百隸及童子，而時儺以索室，而疫鬼，以桃弧葦，矢土鼓，
> 且射之，以赤丸五穀，播洒之，以除疫殃。（稽命徵）

> 桃都山有大桃樹，盤屈三千里，上有金雞，日照此則鳴。下有二神，
> 一名鬱、一名壘，並執索，以伺不祥之鬼。（《河圖‧括地象》）

這些神話傳說風俗之類的記載，實可代表漢代庶民文化的一面。再就文學藝
術思維上看，讖緯聲訓運用頗廣，而文學藝術思維所具有的比興思考與聲訓
其實頗爲相似，如《春秋‧潛潭巴》的：

> 蝕之爲責也，凡日月蝕，人君當責，躬以自驚也。

> 霜之爲言亡也，六月隕霜，君其亡之。

> 雹之爲言薄也，陰氣專精，積合爲雹。

因音同或音近的關係，而導出另一詞來，這可說是「比」（蝕／責；霜／亡；
雹／薄），順著新起之詞發揮，可說是「興」（責→人君當責，躬以自驚；亡
→六月隕霜，君其亡之；薄→陰氣專精，積合爲雹），於是可在「說文解字」
的過程中吐納萬有，從而有助文學！讖緯與文學的關係當從此處加以發揮。

第三章　讖緯的思維結構

　　讖緯思想如何出現？各家說法甚爲紛岐，鍾肇鵬歸納歷代論讖緯起源爲十二類，並以爲張衡、桓譚主張之「出於西漢之末」最爲可信，〔註1〕但「出於西漢之末」與其說是「起源」，毋寧說是「形成」！論「起源」，必須設定一推論起點，這一推論起點可以是配經（源自七十子，甚或孔子）；也可以是預決吉凶（河圖、洛書、周易）；更可以是歷史讖言（秦讖），因推論起點的不同，讖緯起源就有各種說法。我們若以「符命」爲推論起點，則劉師培、陳槃先生主張的「源於鄒衍」最有可能是讖緯的「起源」。〔註2〕至於「形成」就比較則沒有眾說紛紜的問題，因爲「形成」於何時與彼時的特定問題有關，桓譚、張衡以爲圖緯出現在西漢末，這是就讖緯符命的政治效用而說的。

　　但徐興無《論讖緯文獻中的天道聖統》不以陳槃先生之說爲然，提出讖緯與鄒衍學說無涉：1. 鄒衍主五行相勝而讖緯主五行相生，在聖統次序上

〔註1〕鍾肇鵬歸納爲：1. 源於河圖、洛書（劉勰、胡應麟、孫一）；2. 源於《易經》（胡寅、胡玉縉、姜忠奎）；3. 源於古之太史（俞正燮）；4. 源於太古（劉師培）；5. 源於周代（任道鎔）；6. 源於春秋之世（孫一、顧炎武、全祖望、迮鶴壽）；7. 源於孔子（讖緯自道）；8. 源出七十子之徒（錢大昕、王鳴盛、趙在翰、張惠言、李富孫）；9. 源於戰國之末（胡渭、朱彝尊、汪繼培、姚振宗）；10. 始於秦王朝（張九韶、王鳴盛）；11. 源於鄒衍（金鶚、劉師培、陳槃）；12. 出於西漢之末（桓譚、張衡）。詳見《讖緯論略》，頁11～26。

〔註2〕劉師培〈西漢金文學多採鄒衍說考〉云：「圖讖之詞，神仙之術，大抵均出於衍書。《史記‧三代世表》引《黃帝終始傳》有『漢興百有餘年』諸語，書雖僞托，然終始之旣本於衍，則衍書必論圖讖矣。……又漢代緯書，雖與六經相比傅，疑所採亦衍書。」（《左盦集‧卷三》），指出讖緯與鄒衍學說存有一定的關連，陳槃先生順成此說，參見引論所引資料，茲不詳述。

迥不相侔；2. 鄒衍學說中沒有三統三正說，三統三正說是讖緯取自董仲舒的學說；3. 是鄒衍其說並未與三王五帝的聖統一一吻合，而讖緯的天道與聖統則組合得完美而理想；鄒衍學說論機祥多爲物候學意義上的，但讖緯中的天學更多地是占星術、聖王與天的聯繫表現爲太微星座中的五天帝降生爲人間聖王。

　　陳、徐二先生之說看似不容，但其實並不矛盾，一則是鄒衍對讖緯的啓迪主要存在於河圖、洛書，而董仲舒對讖緯影響則是出現在緯書。二是，鄒衍與董仲舒學說雖有相當差異，但是兩者俱是齊學，同有齊學天人之學的思維方式，讖緯就是在齊學思維方式下將鄒衍、董仲舒的學說融合。問題是，我們何以能如此論斷？又從什麼角度說融合？這就是這一章所要回答的問題了。

第一節　讖緯與齊學思維

一、河圖、洛書與方士的世界圖式

　　自古「河圖」、「洛書」就被視爲受命的象徵，讖緯中的河圖、洛書可說是受命符應的文字敘述，有意思的是，河圖、洛書往往以從黃帝爲開端，如：

> 黃帝修德立義，天下大治，乃召天老而問焉：余夢見兩龍挺日圖，
> 即帝以授余於河之都，覺昧素喜，不知其理，敢問於子。天老曰：
> 河出龍圖，雒出龜書，紀帝錄州，聖人所紀姓號，典謀治平，然後
> 鳳皇處之。今鳳皇以下三百六十日矣，合之圖紀，天其授帝圖乎！
> 黃帝乃祓齋七日，衣黃衣、黃冠、黃冕，駕黃龍之乘，戴蛟龍之旗，
> 天老五聖，皆從以游河洛之間，求所夢見處，弗得。至於翠媯之淵，
> 大盧魚泝流而至，乃問天老曰：子見天中河流者乎？曰：見之。顧
> 問五聖，皆曰莫見。乃辭左右，獨與天老跪而迎之，五色畢；天老
> 以授，黃帝舒視之，名曰錄圖。（《河圖・挺佐輔》）

這當然是有意義的，至少我們可從兩個方向理解，一是西漢以後五行逐漸發展成以土德爲尊，黃帝爲土德，故從黃帝說起；二是漢初黃老道爲學術權威，推尊黃帝正是思想上的回應。再則，除了黃帝受命之說外，《河圖》中尤多赤劉受命的讖言，光武革命引爲正統所繫的〈赤伏符〉、〈提劉子〉便出自河圖。

從符命的觀點看，就河圖、洛書這一部份而言，陳槃先生云讖緯源自鄒衍其說可信；至於徐興無先生的讖緯的天道聖統與鄒衍主五德相勝說無關的說法，就諸緯言是成立的是，但在河圖、洛書則不然，這是因爲河圖、洛書中雖亦主張五德相生而非相勝，但，這是西漢中葉以後的共識，思維基調是從五德轉移來思考，這點殊無二致，不能以此說讖緯與鄒衍學說無關，但諸緯中最重要的三統、三正說並未見於河圖、洛書，換言之，河圖、洛書並無意建構天道聖統，揆其命意旨在申說符命，就此而論，河圖、洛書當是源自鄒衍的學說；其次，「大九州」爲鄒衍的世界觀，這是鄒衍學說獨有的，《史記·孟子荀卿列傳》載其說，「以爲儒者所謂中國者，于天下乃八十一分居其一分耳。中國名曰赤縣神州。赤縣神州內自有九州，禹之序九州是也，不得爲州數。中國外赤縣神州者九，乃所謂九州也。于是有裨海環之，人民禽獸莫能相通者，如一區中者，乃爲一州；如此者九，乃有大瀛海環其外，天地之際焉。」《河圖》中對大九州之說多所著墨，亦是河圖、洛書源自鄒衍學說的重要佐證，〔註3〕所以徐先生說讖緯與鄒衍學說無關之說，至少就河圖、洛書是不成立的。

不過河圖、洛書的符應、大九州說雖是源自鄒衍學說，但其後亦迭經方士的改造，實非鄒衍之舊；所以正確地說，應當云河圖、洛書源自鄒衍學說而成於漢代方士之手，與諸緯比堪經籍者確有不同！河圖、洛書與漢代方士的關係，我們可以從文獻中找一些證明，譬如，《漢書·郊祀志》載：「方士有言黃帝時爲五城十二樓，以候神人於執期，名曰迎年。」而《河圖·始開圖》將之說成「崑崙之墟，有五城十二樓，河水出，四維多玉。」又如〈龍魚河圖〉中多載數術方伎之說：

> 東方泰山君神，姓圓名常龍；南方衡山君神，姓丹名靈峙；西方華
> 山君神，姓浩名鬱狩；北方恆山君神，姓登名僧，中央嵩山君神，
> 姓壽名逸群。呼之令人不病。

> 東方泰山將軍，姓唐名臣；南方霍山將軍，姓朱名丹；西岳華陰將
> 軍，姓鄒名尚；北岳恒山將軍，姓莫名惠；中岳嵩高中將軍，姓石
> 名玄。恒存之，卻百邪。

> 髮神名壽長，耳神名嬌女，目神名珠殃，鼻神名勇盧，齒神名丹朱，

〔註3〕河圖大九州說與鄒衍大九州的關係，詳見安居先生《緯書の基礎的研究》、《緯書》等書。

夜臥三呼之，有患亦便呼九過，惡鬼自卻。

埋蠶沙於宅亥地，大富；得蠶絲，吉利。

婦人無以夫衣合集澣之，使之不利。

七月七日，取赤小豆，男吞一七，女吞二七，令人畢歲無病。以一斛二斗甲子日鎮宅，大吉，致賊千萬。

歲暮夕四更，取二十豆子二十七麻子，家人頭髮少合麻豆，著井中，祝敕井吏，其家竟年不遭傷寒，辟五溫鬼。

以賣馬錢娶婦，令多惡疾，夫妻離別。

冬以臘月，鼠斷尾，正月旦日未出時，家長斬鼠著屋中，祝云：付敕吏，制斷鼠蟲，三時言功，鼠不敢行。

這些術數、方伎之說固然亦可說明與漢代方士間的關係，但都不免瑣碎，那麼如何證明河圖、洛書成於漢代方士呢？我們以爲從「世界圖式」當可說明河圖、洛書與漢代方士的關係。

因爲「世界圖式」本意在說明所認識的世界，但這一世界常是按特定圖式而塑造的，其意在表達一種規律、秩序，並不見得是現實的世界，所以每每可從中發現獨特的思維方式，如《山海經》中的世界、鄒衍的大九州說等等。《河圖·括地象》是一篇以地理爲主的文獻，「括地象」的名義，鄭玄解釋爲「廣被不遺之謂括，地猶貌也。審諸地勢，措諸河圖」，宋均則說是：「括地象者，窮地儀也」，以此篇權爲說明河圖、洛書的世界圖式當不致太離題。

從現存的《河圖·括地象》文獻，其基本結構大致是從開天闢地、天地對應、大地範圍說起；其次宏觀地敘述地上的九州八柱（大九州）、八殥、八紘、八極及地中央的昆侖，說明昆侖與名山大川的相通及神聖所在；再次敘述九州風土，域外諸國；最後說明各地地理州治，這與《淮南子·地形訓》的結構基本上是相似的，〔註4〕但在大體相似的結構中卻有兩個值得注意的現：

〔註4〕《淮南子·地形訓》基本結構爲四大段：「地形之所載……而和中土」爲第一大段，敘述九州八極（次及九山、九塞、九藪、八風、六水、四海之內廣幅、昆侖懸圃、四水、太帝之居）、八殥、八紘、八極等自然地理。「東方之美者……所以成器用」爲第二大段，敘述八方之美、土地各以類生、人亦皆象其氣應其類、萬物之生而各異類、五行相治所以成器用。「凡海外三十六國……鼓其腹而熙」爲第三大段，敘述海外三十六國（自西北至西南十國、自西南至東南十三國、自東南至東北六國、自東北至西北七國）、次及雒棠武人（西北陬）、三株樹（東北方）、昆侖華丘（東南方）、和丘（東北陬）、三桑無枝（其西）、

其一、仍採《山海經》海外三十六國的基本敘述

〈括地象〉中提到了遠方異國，從國名上看與《淮南子‧地形訓》同，均是來自《山海經》的海外三十六國，〔註5〕若將這三種文獻參讀可以發現有趣的現象：

1. 《山》：肅慎之民在白民北，有樹名雄常，先入伐帝，于此取之。
   〈地〉：自西北至西南……肅慎民。
   《括》：肅民穴處，日入時處也，去玉關三萬里。

2. 《山》：有白民之國，帝俊生帝鴻，帝鴻生白民，白民銷姓，黍食，使四鳥，虎、豹、熊、羆。
   〈地〉：自西北至西南方……白民。
   《括》：白民白首，身被髮。

3. 《山》：丈夫國在其北，爲人大，坐而削船。一曰在䑏丘北。
   〈地〉：自西北至西南方……丈夫國。
   《括》：殷帝大戊，使王孟採藥於西王母，至北絕糧。食木實，衣木皮、終身無妻而生二子，從背間出，是爲丈夫，民去玉門二萬里。

4. 《山》：奇肱之國在其北，其人一臂三目，有粥有陽，乘文馬。
   〈地〉：自西北至西南……奇肱民
   《括》：奇肱民能爲飛車，從風遠行，湯時西風吹，奇肱車至於豫州，湯破其車，不以示民，十年西風至，乃復作車遺賜之，去玉門四萬里。

5. 《山》：三身國在夏后啓北，一首而三身。

〔註5〕 夸父耽耳（北方）……等神異傳聞之地。「江出岷山東流……而合于玄海」爲第四大段，敘述江河之所出、八風神之所出、容羽毛介鱗根技木等之所生、五土→五氣→五種礦物→五潁→五金→五龍→五泉→五雲→五海。《山海經》海外經載國三十九，與《淮南子‧地形篇》相較同者三十一國，唯自西北至西南方多天民，無巫咸國、軒轅國；自西南至東南方，多裸國民、豕喙民、鑿齒民、無厭火國、國、周饒國；自東南至東北方，無青丘國、雨師妾國；自東北至西北方，無轟耳國、夸父國。所以袁珂《山海經校注》（台北：里仁，民國71年）云《淮南子‧地形訓》多本此經爲說（頁185）。不過，海外究竟爲幾國頗有異說，《論衡‧談天》云：「禹……極天之廣，窮地之長，辨四海之外，竟四山之表，三十五國之地……淮南王劉安，召術士伍被、左吳之輩，充滿宮殿，作道術之書，論天下之事，〈地形〉之篇，外國之怪，列三十五國之異……」，是並《淮南子》亦爲三十五國。

〈地〉：自西北至西南……三身民

《括》：庸成氏實有季子，其性喜淫，晝淫于市，帝怒放之於西南，季
子儀馬而產子，身人也，而尾蹏馬，是為三身之國。

6. 《山》：羽民國在其東南，其為人長頭，身生羽。一日在比翼鳥東南，
其為人長頰。

〈地〉：自西南至東南方……有羽民

《括》：羽民有羽，飛不遠也，鸞鳥食其卵，去九疑四萬兩千里。

7. 《山》：貫穿國在其東，其為人胸有竅。一日在載國東。

〈地〉：自西北至西南……穿胸國

《括》：禹誅防風氏，夏后德盛，二龍降之，禹使范氏御之以行。經南
方，防風神見，禹怒射之，有迅雷，二龍升去，神懼以刃自貫
其心而死，禹哀之，瘞以不死草，皆生，是名穿胸國。

8. 《山》：君子國在其北，衣冠帶劍，食獸，使二大虎在旁，其人好讓不
爭。有薰華草，朝生夕死。一日在肝榆尸北。

〈地〉：自東南自東北……有君子國

《括》：君子民帶劍，使兩文虎，衣野絲，土方千里，多薰華之草，好
讓，故為君子國。薰華朝生夕死，大極山西，有采華之草，服
之乃通萬里之言。

9. 《山》：大人國在其北，為人大，坐而削船。一日在躲丘北。

〈地〉：自東南至東北……大人國

《括》：大人國，其民孕三十六年而生兒，生兒長大，能乘雲，蓋龍類，
去會稽四萬六千里。

10. 《山》：無臂之民在長股東，為人無臂。

〈地〉：自東北至西北……無繼民。〔註6〕

《括》：無咸民食土，死即埋之，其心不朽，百年生，去王關四萬六千
里。

《淮南子・地形訓》剔除了《山海經》的神怪成份，只留下方位；〈括地象〉
將《淮南子・地形訓》所標示出的方位加以確定，並將《山海經》的神怪予
以合理化的解釋，基本上可以說〈括地象〉是汲取《山海經》及《淮南子》

〔註6〕劉盼遂《淮南鴻烈集解》引莊逹吉：「無繼即無臂，臂與繼通用字。」

的世界圖式而加以擴充。〔註7〕但何以在武帝開疆拓土中西往來已通之後，〈括地象〉中仍採用這種揉合《山海經》與《淮南子‧地形訓》的遠方異國之說？這除了與《山海經》在漢代的特殊地位相關外，〔註8〕恐怕是是這種世界觀正是代表了方士理想中的世界圖式。

其二、不見於《淮南子‧地形訓》中的敘述

我們不能從《淮南子‧地形訓》有的九塞、九淵、六水等敘述而〈括地象〉來證明什麼，畢竟〈括地象〉只是輯佚文獻；但我們卻可以逆推什麼是〈括地象〉有而《淮南子‧地形訓》中沒有，這一添加部份當有意義可說。

簡言之，〈括地象〉中獨有的部份包括六項，各舉數例如下：

1. 天地的對應

天地通精，神明列序

天有九州八紀，地有九州八部

天有五行，地有五岳；天有七星，地有七表；天有四維，地有四瀆；

天有八氣，地有八風；天有九道，地有九州。

〔註7〕 〈括地象〉中還敘述不屬這三十六國的一些記載，一類是出自想像中的異民族，如納民、莜路之民；另一類是匈奴、天毒這類確有其國者，如：「天毒國，最大暑熱，夏草木皆乾死，民善沒水，以避日入時暑，常入寒泉之下。」「丁零之民，地寒穴居，食土及禽獸之肉，神邱月火穴，光照千里，去琅琊三萬里。」「莜路之民，地寒穴居，冬則食草木之根，去朔方萬二千里。」「納民無繼，民並穴居食土，無夫婦，死則埋之，肅民穴處，日入時處，去玉門三萬里。」「桀放三年死，子獯鬻妻桀之眾妾，居北野，謂之凶奴。」另有一則「孟虧人首鳥身，其先為虞氏，馴百禽，夏后之末世，民始食卵，孟虧去之，鳳皇隨焉，止於此山，多竹長千仞，鳳皇食竹實，孟虧食木實，去九疑萬八千里。」《山海經‧北山經》載有獸其狀如貆而赤豪，其音如榴榴的「孟槐」，與「孟虧」並不相同。

〔註8〕 《山海經》在漢代所代表的意義從劉秀（歆）〈上《山海經》表〉就可以明白：「孝武皇帝時嘗有獻異鳥者，食之百物，所不肯食。東方朔見之，言其鳥名，又言其所當食，如朔言。問朔何以知之，即《山海經》所出也。孝宣帝時，擊磻石於上郡，陷得石室，其中有反縛盜械人。時臣秀父向為諫議大夫，言此貳負之臣也。詔問何以知之，亦以《山海經》對。其文曰：『貳負殺窫窳，帝乃梏之疏屬之山，桎其右足，反縛兩手。』上大驚。朝士由是多奇《山海經》者，文學大儒皆讀學，以為奇可以考禎祥變怪之物，見遠國異人之謠俗。故《易》曰：『言天下之至賾而不亂也。』博物之君子，其可不惑焉。」由於《山海經》「可以考禎祥變怪之物，見遠國異人之謠俗」，在重禎祥的漢代，此書地位極為特殊，「文學大儒皆讀學」，《山海經》遂成為形名類的經典，〈括地象〉論遠方異國時就順著《山海經》的思路，從而建構了一個觀念中的世界。

2. 山川與星象的對應

坤德布精，上爲眾星。

三危山在鳥鼠之西南，與汶山相接，上爲天苑星，黑水出其南。

岷山之地，上爲井絡，帝以會昌，神以建福，上爲天井。

武關山爲地門，上爲天齊星。

3. 天皇氏以降的歷史

天地初立，有天皇氏，澹泊自然，與極同道，身佩九翼，以水德王，
無所施爲，自然而化。〔註9〕

4. 帝王受命之符

帝軒轅受命，公孫氏握。

羿五歲，父母之入山，處之木下，以待蟬鳴，還欲取之，而群蟬俱鳴，
遂捐而去。羿爲山間所養，年二十習于弓矢，仰天歎曰：我將射四方。

天有四表，以布精魄；地有四瀆，以出圖書。

聖立感期興，則有玉虎晨鳴雷聲於四野也。

5. 禮樂制度

十代禮樂，文雅並出。

6. 州治地理

曹州武城，南重邱城。

泗州城，徐城縣北。

長城者爲州。

丹陽故國歸州，巴東縣也。

在膠東南六十里，即墨城也。

與《淮南子・地形訓》不同的這六項，前五項是讖緯思想的共同主軸（詳
見第四章），第六項則應是與〈括地象〉有關的地理說明，這些多出來的部份
多以天人一體爲其基本思路，事實上，方士多來自燕齊，所關心的基本問題
是致神仙求不死，《漢書・郊祀志》多載燕齊方士求仙之事，〔註10〕自鄒衍援

〔註 9〕 天皇氏以木德王，非水德，〈括地象〉另則即云「天地初立，有天皇氏，身佩
九翼，以木德王，無所施自然而化。」

〔註10〕 如「（樂）大……佩六印，貴震天下，而海上燕齊之間，莫大搤掔，而自言有
禁方能神僊矣。……上（武帝）遂東巡海上，行禮祠八神，齊人之上疏言神
怪奇方者，乃益發船，以令言海中神山數千人求蓬萊神人……而方士之候神
入海求蓬萊者終無驗，公孫卿猶以大人之跡爲解。天子猶羈靡不；幾遇其眞。」

飾儒術貴顯諸侯之後，燕齊方士就帶著天人一體之學走進了政治，〔註11〕而天人一體正是齊學的基本特質。

二、禮緯與漢代禮學

易、詩、書、春秋諸緯與今文經學關係的研究近年已取得相當成果，〔註12〕樂緯因無對應的經典（王莽攝政時方造作《樂經》，不過早已亡佚，無從與樂緯比較），可以暫置勿論；至於禮緯與漢代禮學的關係一直較無學者注意，這對說明諸緯與西漢今文經學關係不免有憾，為期建立諸緯與今文經學關係的整體認識，我們有必要對禮緯與漢代禮學關係稍做說明。

禮學本是儒學命脈所繫，自孔子三十以禮名家（三十而「立」），鄒魯習禮之風便為地域學風特色。漢初天下草定，叔孫通議定朝儀時說：「願徵魯諸生，與弟子共定起朝儀」（史記本傳），太史公至孔子廟堂，亦見「諸生以時習禮其家」（《史記・太史公自序》），但，問題是禮學本要因時制宜，若是墨守成規、不知變通，禮的精神不但不彰，甚且成為一種阻礙。事實上，秦及漢初就面臨這種問題。從封建轉向郡縣，此時信仰層次處在重整期，〔註13〕禮制的變革亦是全面而非部份，秦始皇的封禪、巡狩、求仙均可視為這一現象的反映，但此時儒生所抱持的古禮每每不合時宜，甚至無從著力，尤其文景時居思想中心的是黃老學派，〔註14〕在國家宗教祀典的建構上是以太一為

〔註11〕《漢書・郊祀志》自齊威、宣時，騶子之徒論著終始五德之運，及秦帝而齊人奏之，故始皇采用之。而宋毋忌、正伯僑、元尚、羨門高最後，皆燕人，為方仙道，形解銷化，依於鬼神之事。騶衍以陰陽主運，顯於諸侯，而燕齊海上之方士傳其術不能通，然則怪迂阿諛苟合之徒自此興，不可勝也。

〔註12〕如呂宗力〈讖緯與西漢今文經學〉以對照方式比較了書緯與《尚書大傳》、春秋緯與《公羊傳》、《春秋繁露》，說明彼此間的同質性；鍾肇鵬《讖緯略論》指出緯書吸取今文經學，如易緯與孟喜、京房易學，詩緯與齊詩，春秋緯與《公羊傳》、《春秋繁露》，書緯與《尚書大傳》，指出緯書吸取今文經學；更深入的研究如林金泉對詩緯與翼奉齊詩學的研究、江婉玲對易緯釋易的研究。

〔註13〕此時期的信仰統治階層與庶民階層間漸且交融，參見蒲慕州《追尋一己之福：中國古代的信仰世界》（台北：允晨，民國84年），第五章。

〔註14〕文景之時以黃老為主，黃老道是道家的一支，漢初的「道家」，就如司馬談〈論六家要旨〉所云「道家：使人精神專一，動合無形，瞻足萬物，其為術也，因陰陽之大順，采儒墨之善，撮名法之要，與時遷移，應物變化，立俗施事，無所不宜，指約而易操，事少而功多」，其含攝學術的企圖是明顯的，實不宜只以一家一派視。

至上神，五帝爲太一佐，〔註15〕武帝封禪大典，儒生依舊是束手無策，《漢書·郊祀志》有這樣一段話：

> 天子既聞公孫卿及方士之言，黃帝以上封禪皆致怪物與神通，欲放
> 黃帝，以接神人蓬萊，高世比德於九皇，而頗采儒術以文之。群儒
> 既已不能辯明封禪事，又拘於詩書古文而不敢騁，上爲封祠器視群
> 儒，群儒或曰「不與古同」，徐偃又曰「太常諸生行禮不如魯善」，
> 周霸屬圖封事，於是上黜偃、霸，而盡罷諸儒弗用。

儒生無力因應新興的國家祭典，於是武帝「盡罷諸儒弗用」，儒生窘境可以想見，事實上，此時統治階層是以黃老學派及方士之來建構信仰層面，諸侯國則又多「郡國祠」及各種方祠，〔註15〕各地祠畤林立，長此以往遂造成國家財政嚴重負擔，這經濟上的壓力到成帝時終於至爆發出來，首先是成帝時貢禹上書言「漢家宗廟祭祀多不應古禮」（《漢書·郊祀志》），開啟儒生對改革黃老學派及方士禮制的先聲，自元帝以後國家禮制的變革就一直是儒生的議題，這些議題包括了廢郡國祠、廟議、郊祀及禘祫之禮等，尤其是「廟議」討論時間長達數十年，意見紛歧，至劉歆時才告一段落，這些禮制爭議是否能從禮緯中見出蛛絲馬跡？

先由郊祀問題看，成帝時丞相匡衡及御史大夫張譚奏言：

> 帝王之事莫大乎承天之序，承天之序莫重於郊祀，故王盡心極慮以
> 建其制。祭天於南郊，就陽之義也；瘞地於北郊，即陰之象也……
> 宜於長安定南北郊，爲萬世基。（《漢書·郊祀志》）

提議將自武帝以來祭天的泰畤（在甘泉宮北）、河東的后土祠遷至長安南北郊，獲得成帝採行，匡衡又更進一步建議將高祖以雍鄜、密、上下畤及北畤，也就是所謂的「雍五畤」一概罷祠，這些舉動具體將儒生對建構及改制禮制的企圖充分彰顯，其後成帝因無繼嗣故，以爲神祇譴告，又恢復原制，成帝崩，皇太后又復長安北郊，但哀帝即位「盡復前世所常與諸神祠官」、「其復甘泉泰畤、汾陰后土祠如故」，王莽攝政又「復長安南北郊如故」（具見《漢書·郊祀志》）。南北郊的問題歷經成哀平三帝二立二廢之後，終在王莽攝政

〔註15〕太一爲至上神並不是武帝時亳人謬忌所奏請才確立的，參見王葆玹《西漢經學源流》，第五章。

〔註15〕太一爲至上神並不是武帝時亳人謬忌所奏請才確立的，參見王葆玹《西漢經學源流》，第五章。

時確立，禮緯對郊祀問題只有〈含文嘉〉一則佚文：

> 五祀：南郊、北郊、西郊、東郊、中郊，兆正謀。（注曰：東郊去都
> 城八里，南郊九里，北郊六里，西郊去城五里，兆者作封畔兆域也，
> 謀者方欲迎氣，齋戒自端正，謀慮其事也。）

注以爲「兆正謀」是封畔兆域謀慮迎氣之事，也就是《周禮‧春官‧小宗伯》
的「兆五帝於四郊」、《禮記‧月令》所云二分二至日的迎氣活動，〔註16〕可
知禮緯之「五祀」即「五帝祀」，在漢代禮制上，平帝以前五帝兆居在雍五時，
王莽以爲「不合於古」，於是與八十九人議云：

> 分群神以類相從爲五部，兆天地之別神；中央帝黃靈后土時及日廟、
> 北辰、北斗、填星、中宿中宮於長安城之未地兆；東方帝太昊青靈
> 勾芒時雷公、風伯廟、歲星、東宿東宮於東郊兆；南方炎帝赤靈祝
> 融時及熒惑星、南宿南宮於南郊兆；西方帝少皞白靈蓐收時及太白
> 星，西宿西宮於西郊兆；北方帝顓頊黑靈玄冥時及月廟、雨師廟、
> 辰星、北宿北宮於北郊兆。

禮緯五祀分開在南西北東中「郊」舉行的情況，可以推知非平帝以前的「雍
五時」，從發生學上考慮，禮緯此說有可能是在王莽此議前後不久所提出的。
雖然今禮緯佚文中無南北郊資料，但孝經緯中卻有其說：

> 郊祀后稷，以配天地。祭天於南郊就陽位，祭地於北郊就陰位。后
> 稷爲天地主，文王爲五帝宗。（〈援神契〉）（〈鉤命決〉）

可見諸緯在郊祀立場上站在革新禮制一方，值得注意的是孝經緯還將五帝神
附在其中：

> 郊祀后稷以配天，配靈威仰也；宗祀文王於明堂，配五帝。（援神契）
>
> 〔註17〕
>
> 宗祀文王於明堂，以配上帝五精之神。（〈鉤命決〉）

靈威仰是蒼帝，讖緯以爲人間帝王皆感太微五帝之以生（詳第四章第二節‧
感生），在五德相生帝繫系統中周爲木德，東方，其神爲靈威仰，故〈援神契〉
云「配靈威仰」，至於何以文王能汎配五帝？這主要是因爲在公羊學中的「文

〔註16〕 《禮記‧月令》冬至有「命大史釁龜筴，占兆審卦吉凶」與〈含文嘉〉「兆正
謀」之說合。

〔註17〕 《重修緯書集成》「汎配五帝」誤作「汎配上帝」，「汎配五帝也」應是說明文
字，非孝經緯本文。

王」是取其象徵意義以象徵王法所在，不可滯於一王也。

其次是「廟議」：

宗廟迭毀本是諸家共識，但，天子當有幾廟？天子宗廟與諸侯國宗廟有何差異？這就是問題所在了。元帝時都城已有九廟，〔註18〕所以貢禹提出了「古者天子七廟，今孝惠、孝景廟皆親盡宜毀」（《漢書》本傳）。不過，所謂「天子七廟」又有兩種解釋：一是「一始祖三昭三穆」，這是標準的七廟；另一是「一始祖二祧廟四親廟」，爲周代的變例，因周代七廟以后稷爲始祖，文王武王爲受命之帝（祧廟），這是基於文王武王地位特殊而立的變例，究其實仍是五廟。貢禹主張的七廟是屬於變例這型，這一主張隨後在韋玄成的奏議中提了出來：

> 禮，王者始受命，諸侯始封之君，皆爲太祖以下，五廟而迭毀，毀廟之後主臧乎太祖，五年而再祭，言壹禘壹祫也……周之所以七，以后稷始，文王、武王受命而王，是以三廟大毀，與親廟四而七。非有后稷始封，文、武受命之功者，皆當親盡而毀……（《漢書·韋玄成傳》）

依據這一主張，太上皇、孝惠、孝文、孝景四廟均應迭毀，這就衍生出一連串爭議，即文帝平定諸呂作亂，爲劉漢定基業，情在不遷之列，所以元帝另尊孝文皇帝爲太宗，「世世承祀，傳之無窮」（仝上），於是實爲六廟，不久又尊孝武皇帝爲世宗，形成了七廟變例，但爭議並未結束，成帝因無繼嗣，以爲是獲罪於天，遂又將迭毀諸廟一一恢復，哀帝時劉歆更主張：

> 《禮記·王制》及《春秋穀梁傳》，天子七廟，諸侯五，大夫三，士二。天子七日而殯，七月而葬；諸侯五日而殯，五月而葬；此喪事尊卑之序也，與廟數相應……自上以下，降殺以兩，禮也。七者，其正法數，可常數者也。宗不在此數中。宗，變也。苟有功德則宗之，不可預爲設數……以七廟言之，孝武皇帝未宜毀；以所宗言之，則不可謂無功德……禮無所不順，故無毀廟。自貢禹建迭毀之議，惠、景及太上寢園廢而爲虛，失禮意矣。（《漢書·韋賢傳》）

歷經成、哀、平諸帝的「廟議」之爭，出現了五廟、六廟、七廟、九廟乃至

─────────────────

〔註18〕這九廟是太上皇廟、太祖廟（高帝廟）、孝惠廟、太宗廟（孝文廟）孝景廟、世宗廟（孝武廟）、孝昭廟、皇考廟、孝宣廟。

無毀廟的諸多說法後，終告平息，這些爭議中五廟出現最早，也最有爭議，是成帝時韋玄成等人最激烈的主張，但天子五廟則與諸侯等同，無法將天子與諸侯的等差區別出來，可徵引的載籍如《禮記》及《穀梁傳》均主張天子七廟、諸侯五廟：

> 天子七廟，三昭三穆，與太祖之廟而七。諸侯五廟，二昭二穆，與太祖之廟而五。大夫三廟，一昭一穆，與太祖之廟而三。士一廟。庶人祭於寢。（《禮記・王制》）

> 禮，有以多爲貴者：天子七廟，諸侯五，大夫三，士一。（《禮記・禮器》）

> 天子七廟，諸侯五，大夫三，士二。故德厚者流光，德薄者流卑。是以貴始德之本也。始封必爲祖。（《穀梁傳・僖公十五年》）

禮緯對「廟議」的五則文獻中，主張五廟：

> 天子五廟，二昭二穆，與始祖而五。

> 唐虞五廟，殷六廟，周七廟。

> 夏無太祖，宗禹而已，則五廟；殷人祖契而宗湯，則六廟；周祖后稷，宗文王武王則七廟。自夏及周，少不減五廟，多不過七。（同類文見《孝經・鈎命決》）

劉歆之後廟議遂寢，禮緯此說必在哀帝劉歆寢毀廟議之前，而「天子五廟」與韋玄成主張相合，王葆玹以爲天子五廟是以匡衡爲代表人物，而匡衡既是后倉弟子及二戴同學，他的議論便意味著天子五廟一說是后氏禮學的主要見解（《西漢經學源流》，頁 259），是否可順此推知禮緯與后氏禮學有關？這當然有可能，但禮緯又說少不減五，多不過七的說法似乎又有鬆動的現象，如果我們從五德相生帝繫系統的漢爲堯後說法，則漢當爲五廟；但若從五德生成數考慮，漢火德成數爲七，又可主七廟，其說就難定了。換言之，廟議這一問題在禮緯基本主張五廟是值得留意的。

再次是「禘祫」禮：

宗廟禘祫之禮與郊祀之禮同爲國家祭典，郊祀祭天地爲外祭，禘祫爲祭始祖爲內祭；〔註 19〕不過，禘祫之別及舉行方式歷來眾說紛紜，〔註 20〕《春

〔註19〕《禮記・祭統》云：「外祭，則郊社是也；內祭，則大嘗禘是也。」又《禮記・仲尼燕居》云：「郊社之義，所以仁鬼神也；嘗禘之禮，所以仁昭穆也」（禮

秋》文公二年經云：「八月丁卯，大事于太廟，躋僖公。」今文古經以爲即合
祭先祖的祫祭，但古文經之《左傳》無說，《公羊學》釋爲：

> 大事者何？大祫也。大祫者何？合祭也。其合祭奈何？毀廟之主，
> 陳于太祖；未毀廟之主皆升，合食于太祖，五年而再殷祭。躋者何？
> 升也。何言乎升僖公？譏。何譏爾？逆祀也。其逆祀奈何？先禰而
> 後祖也。

《穀梁傳》釋爲：

> 大事者何？大是事也，著祫嘗。祫祭者：毀廟之主，陳于太祖；未
> 毀廟之主，皆升合祭于太祖。

其說頗爲一致，可信爲今文經學之說；禘祭則如《禮記・喪服小記》所稱的
「王者禘其祖之所自出，以其祖配之，而立四廟。」禘禮唯天子有之，所以
《禮記・大傳》云：「禮：不王不禘。王者禘其祖之所自出，以其祖配之。」
禘爲宗廟大祭，《禮記》頗有其說，如：「祭法：有虞氏禘黃帝而郊嚳，祖顓
頊而宗堯。夏后氏亦禘黃帝而郊鯀，祖顓頊而宗禹。殷人禘嚳而郊昊，祖契
而宗湯。周人禘嚳而郊稷，祖文王而宗武王。」（祭法），但或說「春禘秋嘗」
（祭義）、或說「夏祭曰禘」（祭統）、「七月而禘」（雜記・下）無有一定，不
過禮緯其說則十分明確：

> 三年一閏，天氣小備；五年再閏，天氣大備，故三年一祫，五年一
> 禘。禘之爲言諦，諦定昭穆尊卑之義也。禘祭以夏四月，夏者陽氣
> 在上，陰氣在下，故正尊卑之義也。祫祭以冬十月，冬者五穀成熟，
> 物備禮成，故合聚飲食。（含文嘉）（稽命徵）三年一祫，五年一禘，
> 以衣服想見其容色，三日齋，思親志意，想見所好，意喜然後入廟。

記・仲尼燕居）

〔註20〕莊述祖據《藝文類聚》卷卅八、《北堂書鈔》卷九十，《太平御覽》卷五百二
十八補《白虎通義》「禘祫」爲「祭宗廟所以禘祫何？尊人君，貴功德，廣孝
道也。位尊德盛，所及彌遠。謂之禘祫何？禘之爲言諦也。序昭穆，諦父子
也。祫者，合也。毀廟之主，皆合食於太祖也」，與張純議正同。又，陳壽祺
《五經異義疏證》指出，先儒說禘祫之禮甚爲紛紜，有以歲祫終禘爲說者；
有以禘祫爲一，禘又是天下之祭爲說者；有以禘祫分二祭，而替及遷廟爲說
者；有以三年一禘，五年再禘爲說者；有以禘及毀廟，祫惟存廟爲說者；有
以禘及功臣，而喪畢禘、祫先後無定爲說者；有以禘既三年，祫爲五年爲說
者；有以禘、祫同三年，但禘在夏，祫在秋爲說者……造成眾說岐出的主要
原因大概是禘祭既爲大祭，又爲夏祭名因而混淆，禘祫之禮的討論，可參孫
詒讓《周禮正義》卷三十三（春官・大宗伯）及秦蕙田《五禮通考》卷九六。

（〈稽命徵〉）

這裡從曆法「三年一閏」、「五年再閏」說禘祫之別，正是禮緯與天地同氣的具體說明，﹝註21﹞且從陰陽消息規定禘爲夏四月，祫爲冬十月，禮緯中又強調禘祫之禮的重要性：

> 天子禘祫，災狩有度，考功貴室，內外通制，各得其宜，四方之事
> 無蓄滯，上下交通，則山澤出靈龜寶石，麒麟出苑囿，六畜繁多，
> 天苑有德星見。（〈含文嘉〉）

正因禮緯禘祫之禮的舉行時間及性質都有明確說明，所以東漢光武帝詔張純議定禘祫之禮時，張純就引禮緯爲說，遂爲東漢一代定制。﹝註22﹞

由上所述可知，禮緯對郊祀、廟議、禘祫之禮均有說明，且都近於成帝以後儒者對漢初以來禮制的革新相呼應，而革新禮制的主張又與西漢中期以來所興起的后倉禮學有直接關係，﹝註23﹞準此，禮緯亦近后倉之學歟！

三、齊學思維與讖緯思維

所謂思維是一種有秩序的意識活動，是認識的前提，並藉由語言表達，因此語言建構了觀念的世界，也形成了我們認識外界的地圖。若從心理學角度來看，思維可分爲廣、狹兩義：狹義的思維是指運用語言來表達觀念所形成新的構成的過程，廣義的思維是指有意識地解決「問題情境」所經歷的心理過程的總稱，或者更簡單的定義成：思維是大腦對信息的加工活動。﹝註24﹞思維當然要有思維的主體與對象，但更重要的是主體與對象間的種種關係，如主體如何運思，運思的目的與趨向是什麼，在一定（或者「特定」）的時空思維如何運作……，﹝註25﹞這些項目相互交錯後就會形成許許多多的「思維方式」，如：從

﹝註21﹞ 《禮‧稽命徵》云：「禮之動搖也，與天地同氣，四時合信，陰陽爲符，日月爲明，上下和洽，則物歡如其性命。」

﹝註22﹞ 張純議定禘祫禮時引「禮說」，而此「禮說」就是《禮‧稽命嘉》。又：後漢禮制多爲張純所議定，如時堂、封禪等，詳見《後漢書》本傳。

﹝註23﹞ 今文禮學傳承，昭帝前傳承爲高堂生→徐生→蕭奮→孟卿，昭帝以後，孟卿→后倉→大小戴、慶普。

﹝註24﹞ 轉引自張浩《思維發生學》（北京：學林，1994），頁3。又，俞建章、葉憲書《符號：語言與藝術》（台北：久大，民國79年），頁126，亦有同樣的看法。

﹝註25﹞ 羅熾、劉澤亮《易文化傳統與民族思維方式》（湖北：武漢，1994），頁18～19。張岱年以爲：「在民族的文化行爲中，那些長久地穩定地普遍地起作用的思維方法、思維習慣，對待的審視趨向和公認的觀點，即可看作是該民族的

民族的角度看，每一民族思文化、語言、風俗的不同會形成異於其他民族的思維方式，這就可以稱爲「民族思維」；由這些民族思維的差異更可以歸納出種種不同的文化類型，〔註26〕蒙培元指出：「當一定的思維方式經過原始選擇，正式形成並且被普遍接受之後，它就具有相對的穩定性，成爲一種不變的思維結構模式、程式和思維定勢，形成所謂的思維慣性，並由此決定著人們『看待問題』的方式和方法，決定著人們的社會實踐和一切文化動。」〔註27〕換言之，每一種思維方法或模式都有自己要描述或解釋的秩序，亦即每一種思維方法（模式）都從自的視角和方位去描述相應的思維客體中的深層秩序，並用這種深層秩序去解釋同一類型的思維客體中的表層秩序，〔註28〕因此，不爲一種思維方式所能判讀的信息也就無從進那種思維所架構起的觀念體系中，這種特定的理解也就是所謂前理解（先見）。〔註29〕

中國民族的思維方式，羅熾、劉亮澤以爲即易的思維方式，易思維又有四

思維方式……每民族都有自己整體的思維偏向，從而形成覓己特有的思維類型。」詳見張岱年、成中英《中國思維偏向》（北京：中國社科，1991），頁1～2。

〔註26〕 如湯恩比《歷史研究》（台北：桂冠，民國73年）；露絲・本尼迪克《文化模式》（北京：華夏，1987），而雷蒙德・弗思的《人文類型》（北京：商務，1991）則是從某些原則來觀察各民族所呈現出的人文現象。又，中村元的《東方民族的思維方法》（台北：結構群，民國78年），也是探求民族思維的重要作品，不過，嚴格說，應用「思維方式」來說民族的思維，而非「思維方法」。

〔註27〕 蒙培元，〈中國傳統思維方式的基本特徵〉，收在《中國思維偏向》（北京：中國社科，1991），頁18～34。

〔註28〕 趙仲牧〈思維的分類與思維的演化〉，此文爲鄧啓耀《中國神話的思維結構》（四川；重慶，1992）的長序，對思維分類及人類理理解問題有詳細的解說。

〔註29〕 如中國民族思維特別重視親屬關係，親屬方面的語彙非常多，但在沒有這種分別的語系中，堂表叔伯妯娌連襟語義既無別，自然也就從形成認識，這種特定的理解也就是所謂「前理解」（先見）。海德格以爲，任何理解的先決條件都要由三方面的存在狀態所構成：「一是先有。人必要存在於一個文化中，歷史與文化先占有了我們，而不是我們先占有了歷史文化。這種存在上的「先有」使我們有可能理解自己和文化。二是「先見」。「先見」是指我們思考任何問題所要利用的語言、觀念及語言的方式。語言、觀念自身會帶給我們先入的理解，同時也要把這些先入東西帶給我們用語言思考的問題。在任何情況下，我們都不會是在沒有語言觀念的狀態中思考與理解問題。三是「先知」、先知是指我們在理解前已具有的觀念、前提、和假定等。在我們開始理解與解釋之前，我們必有已知的東西，作爲推知未知的參照系，即使是一個錯誤的前提或假定，也是理解開始的必要條件。」轉引自殷鼎《理解的命運》（台北：東大，民國79年），頁246～247。

類，即 1. 天人合一的整體思維，2. 奉常處變的循環思維，3. 寓理於事的形象思維，4. 得意忘象的直覺思維，〔註30〕我們以為就「範圍天地之化而不過，曲成萬物而不遺」（易繫辭・上）的易文化來統攝民族的思維方式是簡便的作法，易文化既有形上學，也有宇宙論的趣味，更可從中寄喻理想，菁英文化在摶造理念時《周易》提供了這完整的著力點，而卜筮之道散而為各種民間方術，形成了庶民文化另一套安身立命的準則，正如《易繫辭・上》就指出的「易有聖人之道四焉」，〔註31〕以易文化來代表民族思維方式是有一定的道理。只是羅、劉二氏所建構的易文化的四種方式及特色尚有檢討的必要：首先，天人合一的整體思維與其他三種方式並非平行的關係，準確地說，應該是統屬關係，天人合一的整體思維是另三種思維方式的根本，天人之間不論是合於德、或交感，均是天人合一；換言之，「天人合一」為中國民族思維的基調，所以我們可以將羅、劉二氏所建構的民族思維修訂為：〔註32〕

〔註30〕 羅熾、劉澤亮《易文化傳統與民族思維方式》（湖北：武漢，1994）以為這種思維方式又可分解成四種方式，彼此間既相區別，又相聯繫，以橫向看，它以天人合一的整體思維方式為本，結成一個經驗綜合型的多元互補的認識結構體系；從縱向看，每一種思維方式都貫穿了陰陽對立統一的辨證的思維原則。茲將這四種方式及其特色表列如下：

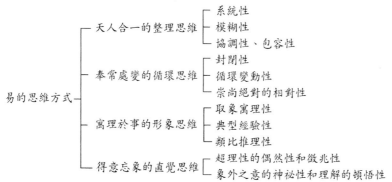

〔註31〕 即「以言者尚其辭，以動者尚其變，以制器者尚其象，以卜筮尚其占。是以君子將有為也，將有行也，問焉而以言，其受命也如響。無有遠近幽深，遂知來物。非天下之至精，其孰能與於此？參伍以變，錯綜其數，通其變，遂成天地之文；極其數，遂定天下之象。非天下之至變，其孰能與於此？《易》無思也，無為也，寂然不動，感而遂通天下之故。非天下之至神，其孰能與於此？夫《易》，聖人之所以極深而研幾也。唯深也，故能通天下之志；唯幾也，故能成天下之務；唯神也，故不疾而速，不行而至。」

〔註32〕 修訂的理由有三，第一，關聯性（因果關聯）、模糊性、包容性更應當說是系統思維的特色。再則，與其說說「寓理於事的形象思維」不若說「寓理於事

```
                                    ┌─ 系統思維〔註33〕
                                    │
                                    │  循環思維
            天人合一的整體思維 ──────┤
                                    │  （神話）類比思維〔註34〕
                                    │
                                    └─ 直覺思維
```

的神話思維」，因爲人類思維從其特徵可分爲象徵思維（有象思維、形象思維）與理論思維（無象思維、概念思維），而神話思維恰是界乎象徵思維到理論思維的過渡地帶，「神話思維」可以蘊含「形象思維」，但是「形象思維」卻無法等同於「神話思維」。第三，「類比」與「推理」合成「類比推理性」時，指的是科學的思維而非神話或形象思維，固然在神話或形象思維中類比是最主要的思考方式，但兩者有本質上的差異。所以若將羅、劉二氏所建構的民族思維方式及特色修改成這樣，應當較得其實。

〔註33〕系統思維的特性是關聯性、模糊性及包容性。簡釋如下：1. 關聯性：系統思維是將所處理的範圍視爲一整體，這一整體自然不是散漫無章的，事物之間彼此有著密切的關聯性，也就是因果關聯性。這些因果關聯性又有因果長鏈、概率因果、互爲因果、自爲因果等種種方式（參見：金觀濤、華國凡《控制論和科學方法論》台北：谷風，民國77年，第三章。）2. 模糊性：系統間因有自爲因果、互爲因果的種種可能，或者說同一形式可能有多種內容，或同一內容有多種形式，從不同視角看就會造成模糊性形式與內容的辨證關係（參見：劉長林《中國系統思維》北京：中國社科，1991，附錄）3. 包容性：系統可以吸收消化外來的種種新因子，並賦予系統中的定位，使系統保持開放以便適應新形勢。

〔註34〕類比性是神話思維中最重要的特質不過，神話類比與科學思維之類比是不同的：一是神話思維的類比只能在現象事出物的表面上進行，或者說僅僅一種外在特徵的類比。科學思維中的類比必須依據能在一定程度上反映事物本質屬性的相似特徵，而且還要依據被比較現象中相似屬性的數量，力求得出可靠的客觀知識。二是科學思維中的類比所得出的結論仍是或然性的，其可靠性如何還有待於實踐的進一步驗證。神話思維中的類比則是完全的自我中心性的，它毫不例外地要把類比的結果固定化、絕對化、對其可靠性深信不疑，雖然沒有提出任實際的證明。（參見：俞建章、葉舒憲《符號：語言與藝術》，台北：久大，民國79年，頁135）神話類比並不從事物間的本質、規律進行類比，而是從「物以類聚」的想法來進行聯繫，神話思維在塑造一個形象時便附與此一形象「理趣」，所以中國神話中多的是文化創造神祇、強調倫常與秩序，如女媧補天、搏土造人、精衛填海、后羿射日……，這種取象寓理的特性自然也影響了文藝思維，著重比興取象寄託、隱喻的表達手法。至於「典型經驗性」：神話思維從自身經驗出發，由己及物，如共工怒觸不周之山是爲了說明中國地勢西北高、東南低的現象；又如日之起落說成日浴……，但這些特色在神話思維中均包含在「類比性」中！鄧啓耀以爲神話類比方式又分爲五種方式：

1. 形態類比：即 A 和 B 類只要在形態上有一項相似，就可以進行類比，甚至將兩類完全等同。以公式表示即：A〔a、b、c、d、e〕B〔e、f、g、h、i〕

中國民族思維方式就是在天人合一的前提下，以系統、循環、神話、直覺這四種思維爲主軸，從而展現種種的特色。如陰陽五行說是一種執簡御繁的系統思維，老子的觀復歸根思想則是奉常處變的循環思維，文學中的比興則是寓理於事的神話思維，得意忘言、直指人心、一旦豁然貫通則是得意忘象的直覺思維。

再則，中國因自然地理的差異及文化上重視宗族鄉黨的影響，從而形成明顯的人文地理風貌，先秦時代南北對立極爲明顯，南北文化又可再分爲南北各三的六大區域文化，即北方之秦文化、三晉文化、齊魯文化，南方之巴蜀文化、楚文化及吳越文化。再進一步分析，齊魯雖屬同一文化區，同以經

Ae～Be→A〔a、b、c、d、e〕＝B〔e、f、g、h、i〕例：葫蘆〔植物、生於土、……、可產籽〕（A〔a、b、……e〕）母體〔可產子、人、胎生〕（B〔e、f、g……〕）葫蘆〔可產籽〕（Ae）～母體可產子（Be）→葫蘆＝母體順此，葫蘆可產人、獸、鳥，萬物起源便可解決。

2. 屬性類比：從「以類萬物之情」來擬人化類比。如：《周易・說卦傳》釋卦象來由，及陰陽觀念中種種的二項對立，往往以形象（類化意象）的形式表現出來。

3. 以類度類：即兩個具體事物之間的同構對意關係，也就是說如果客體 S1 與客體 S2 的構成元素之間有單值對應關係，那麼這兩個事物域便是同構的。屬於 S1 的每一個眞句子，對應於同樣表達方式所表述的關於 S2 的句子，反之亦然。也就說是，人對天，心對物或人對神的投射幻化，使這種同構對應在神話的邏輯結構中成爲可能。天人合一、天人交感、天人合德、物我不分、心身互感、心物合一以及神譜與家譜，神系與帝系等同構關係，便是出於這種思維。如：《禮記・大傳》：「古人道，親親也。親親故尊祖，尊祖故敬宗，敬宗故收族，收族故宗廟嚴，宗廟嚴故重社稷，重社稷故愛百姓，愛百姓故刑罰中，刑罰中故庶民安，庶民安故財用足……」，這種推論是連鎖式推論，不是知性的邏輯，而是倫理的邏輯。以公式表示即：A〔a、b、c、d〕設：A與B構∴Ba、b、c、d〕例：由於人（A）有男（a）、女（b）、喜（c）、怒（d）設：人（A）與天（B）同構，所以，天（B）也有陽（a）、陽（b）、晴（c）、晦（d）所以天道即人道，人道即天道；所以，敬祖如敬天，所以……

4. 以己度物：即從思維主體自身的感知、情感、意欲和社會生活經驗去揣度萬事萬物，以爲這些事物也和人一樣具有同樣的感覺、情感、欲望等經驗。如神話中盤古死，頭化爲四岳、目爲日月、脂膏爲江河，毛髮爲草木，即以人的身體結構想像天地構造。

5. 用已知推測未知：也就是「近取諸身遠取諸物」，取以知之象，來究未知之謎。如：有了女媧代表超自然力量的符號，便可以連續不斷地產生出所謂「故事流」——女媧補天、女媧造人、女媧爲媒等一系列神話。鄧啓耀的這種分法詳細則詳細矣，但這五類其實並不是絕然的排他性，如屬性類比與以己度物似乎沒有什麼不同，形態類比與以類度類只是同一方式的不同運用，所以嚴格說來神話思維的類比方式就是形態類比、屬性類比及用已知推測未知三種〕。

學自期,但兩者態度及方法上卻又極爲不同,先秦時期齊學、魯學就自成特色(林麗娥,《先秦齊學考》,台北:臺灣商務,民國 81 年,結論),到漢代今文經學中表現尤其明顯,《詩》、《書》、《春秋》、《論語》均有齊魯之分,大體上說,魯尚載道而齊重功利,《漢書‧地理志》云齊俗:「初太公治齊,修道術,尊賢智,賞有功,故至今其土多好經術,矜功名,舒緩闊達而足智。其失夸奢朋黨,言與行繆,虛詐不情,急之則離散,緩之則放縱」這似乎是說已有屬於齊地的獨特思維方式。

衡諸載記,齊地獨特思維的確是存在的,皮錫瑞《經學歷史》云:「漢有一種天人之學而齊學尤盛。伏傳五行,齊詩五際,公羊春秋多言災異,皆齊學也。易有象數占驗,禮有明堂陰陽,不盡齊學,而其旨略同」,齊學這種人之學就是漢元帝二年(47B.C.)災異頻見令有司條奏封事時翼奉封事所云的:「臣聞之於師曰:天地設位,懸日月,布星辰,分陰陽,定四時,列五行,以視聖人,名之曰道。聖人見道,然後知王治之象,故畫州土,建君臣,立律曆,陳成敗,以視賢者,名之曰經。賢者見經,然後知人道之務,則詩、書、易、春秋、禮、樂也。易有陰陽,詩有五際,春秋有災異,皆列終始,推得失,考天心,以言王道之安危。至秦乃不說,傷之以法,是以大道不通,至於滅亡」,再則,齊學這種「列終始,推得失,考天心」主要表現在以陰陽五行爲基調的系統思維(經學之齊學),及類比推想的神話思維(方士之齊學)中。

河圖、洛書與方士之齊學已如上述;與今文經學關係密切的諸緯,更確切地應當說是與今文經學之齊學關係密切,春秋緯近公羊學,公羊學是齊學;詩緯近齊詩學,齊詩自是齊學;易緯近孟京易學,而孟京易學來自田何,田氏易亦是齊學,書緯與伏生書傳近,伏生爲齊學除禮制改革興於地域學風已泯的西漢中期以後,所以禮緯地域特色不顯外,其他均與齊學有關,所以可以說讖緯思維就是齊學思維!這並不是說方士之齊學與陰陽五行思維無涉,陰陽五行與方士的關係絕不下於經學之齊學,不過這裡的陰陽五行是就「系統思維」而說,經學之齊學充分展現了陰陽五行成爲一種系統思維的特質(公羊學、齊詩學、孟京易學……),但方士之陰陽五行並沒有如此明確的系統思維,主要是在類比思維的運用上,讖緯思維則是將齊學的這二端會通爲一,從而形成讖緯的思維方式,表列之即爲:

```
                    系統思維：經學之齊學
齊學思維                                              讖緯思維
（天人感應）         類比思維：方士之齊學
```

第二節　讖緯的思維結構：以《春秋‧元命包》爲例

　　顧頡剛在《秦漢的方士與儒生》中說：「讖緯的內容，非常複雜；有釋經的，有講天文的，有講歷法的，有講神靈的，有講地理的，有講史事的，有講文字的，有講典章制度的。可是方面雖廣，作者死心眼兒捉住了陰陽五行的系統來說話，所以說的話儘多，方式只有這一個。」（第二十章‧讖緯的內容），鍾肇鵬《讖緯論略》也說：「讖緯是一個龐大的神學體系，其內容博雜，可以說無所不包，無論數術占卜、神仙方技、原始宗教、儒家經說以及古代自然科學都有密切的關係，而其核心則是以陰陽五行爲骨架，天人感應爲主體的神秘思想。」（第三章），陰陽五行系統當然是讖緯思維的方式，不過，讖緯思維更確切地說應是以天人相應（一體）爲基調，藉由陰陽五行之系統思維與類比推理的神話思維爲方法所組合的思維方式，爲期清楚說明這一思維方式的運作，這一節裡我們將以《春秋‧元命包》爲文本，推演其思維結構。不過，在推演之前我們得對「陰陽五行」及「類比推理」的來龍去脈及其在讖緯思維中的地位稍加說明。

一、陰陽五行與類比推理

　　「陰陽五行」是一個不斷地在發展、收吸與消融各種對象的系統思維，落在各領域中自有其規定與變化；換言之，「陰陽五行」是一種思維方式，但在具體領域中（如音律、中醫）中又各有方法。〔註35〕「陰陽五行」既然是不斷在變化的系統思維，所以泛以「陰陽五行」來說明一種思維方式其實是很粗糙的作法，這種作法只能說明這並一思維方式的「共法」（生克、消息等），並無助於理解各階段的變化。

　　事實上，陰陽五行系統至少是經過二大階段的消融而成：首先是從〈夏小正〉這類月令系統逐漸與五行相結合而形成《呂氏春秋》十二紀首的總綱；

〔註35〕如中醫亦是在陰陽五行架構中建立其體系，但具體的運用又自有其經驗法則
　　　　與規定在，而非純理可說，參見王玉川《運氣探秘》（北京：華夏，1993）

〔註36〕再次是秦火之後的《周易》陰陽由單純的卜筮書轉而爲百科全書式的
架構，卦爻之間所可能的聯繫性與整體性發展出一套可與五行系統相比擬的
思維系統，不過五行架構已成爲一種普遍的思維方式，而《周易》的本質仍
是卜筮，所以《周易》的陰陽系統如何與五行系統相配合就成了漢代易學的
主要課題，〔註37〕詳細地說，這一消融過程大致是這樣的：

1. 五行系統

五行之說首見《尚書・甘誓》及〈洪範〉，〈甘誓〉只說：「有扈氏威侮五
行，殆棄三正」，「五行」指什麼？異說夥多，若從上下文看，應與金木水火

〔註36〕最早的系統思維應該是〈夏小正〉了，這是十分素樸的系統思維，以正月爲
例（〈夏小正〉之經傳混雜歷來已有不少學者做過釐清的工作，但見解各有不
同，（參見莊雅洲《夏小正析論》，台北：文史哲，民國74年）：

啓蟄、雁北鄉。雉震呴。魚陟負冰。…………………… 物候
農緯厥耒。初歲祭耒，始用 …………………… 農事
囿有見韭…………………… 物候
時有俊風。寒日滌凍塗…………………… 氣象
田鼠出…………………… 物候
農率均田…………………… 農事
獺獻魚，鷹則爲鳩。…………………… 物候
農及雪澤。初服于公田。采芸…………………… 農事
鞠則見。初昏參中。斗柄縣在下。…………………… 天象
柳稊。梅杏杝桃則華。緹縞。雞桴粥…………………… 物候

```
         ┌─王居明常禮        ┌─伏生大傳所引
         │                  ├─淮南時則文
         │                  ├─呂覽紀
夏正 ────┤  明堂月令─原本禮記月令─高堂生所傳今文禮記月令──后載今文禮記月令
         │                                              （今月令）
         │
         └─周書月令─┬─魏  相        獻王所得本
                    ├─高  誘──引用──（古禮記月）──鄭本禮記月令
                    ├─鄭  畜
                    └─司馬貞
```

〔註37〕如《春秋繁露》已運用陰陽及五行生勝來解釋天人的種種相應。唐君毅先生
指出：「吾意此漢代之易學之本質，初乃一由卜筮以預知未來之興趣，與一般
哲學之自然知識之興趣，道德倫理政治興趣之複合物。其中心問題，則爲如
何依于當時之自然知識，配合于五行之系統，與易經所原有之八卦系統，而
求形成一整個之自然宇宙觀，以明天道，再用之于人事，以趨吉避凶，得福
免禍，而亦可合于公認之道德倫理政治之標準者。故此漢代易學所賴以發展
之興趣其方面最多，其內容亦可謂極駁雜」（《中國哲學原論・原道篇二》，頁
291）

土的五行不相涉。〔註38〕但〈洪範〉九疇之說就明白指出五行是水火木金土，且指出了五行的基本屬性（水曰潤下，火曰炎上，木曰曲直、金曰從革，土爰稼穡。潤下作鹹，炎上作苦，曲眞作酸，從革作辛，稼穡作甘），這裡已將體性及氣味納入五行的範圍，五行間的種種可能關聯如相生、相勝、無常勝，就成爲日後論述重點，〔註39〕五行的屬性也隨之擴大。

先是《左傳‧昭公元年》的「天生六氣，降生五味，發爲五色，徵爲五聲」，味、色、聲納入了系統中；

再則《左傳‧昭公廿九年》的「故有五行之官，是謂五官」，五官也加入了系統；

其後《國語‧吳語》魯哀公十三年晉吳黃池爭長時，吳軍萬人以爲方陣，兵士的裳、旗、甲、羽均如五行方色，〔註40〕《竹簡孫子兵法》更有「黃帝伐赤帝」這樣的殘簡，是五行與五帝相配。〔註41〕

不過，五行系統有突破性的進展應與稷下學派有關。

稷下學派集大成著作《管子》的〈幼官〉、〈四時〉、〈五行〉、〈輕重己〉諸篇從五行相生著眼，〔註42〕將自然時序與人事作大規模的聯繫，而鄒衍更將五行相勝帶入政權的轉移，爲政權的正當性提供理論基礎，使原本限在處理自然時序的五行說擴大到了現實政治的層面，至此陰陽五行系統思維的向度已經大體成形。其後的《呂氏春秋》將這些既成的系統思維組合成天地人一體的架構，以「上揆之天，下驗之地，中審之人」（《呂氏春秋‧序意》），會通萬有，在十二紀中五行已經與五方、季、月、宿、日、帝、神、蟲、音、

〔註38〕「五行」以「咸侮」來限定，可知這裡的五行絕非水火木金土的五行，而是德行方面的事。

〔註39〕五行相生、相勝、互不勝的關聯性，參見殷南根《五行新論》（遼寧：遼寧大學，1993），第二章。

〔註40〕古兵法中，二十五年人一小方陣，這是方陣的本單位，萬人可組成四百個小方陣，即每邊可有一百個方陣，其間可產生的陣行變化是相當驚人的，參見藍永蔚，《春秋時期的步兵》（台北：木鐸，民國76年），第四章。

〔註41〕「黃帝伐赤帝」殘簡不在本《孫子兵法》中，殘簡遺文是這樣記載：「孫子曰……至於□遂……赦罪。東伐（青帝），至於襄平……西伐白帝，至於……赦罪。北伐黑帝，至於武□……之。已勝四帝，大有天下，暴者……」，引自《竹簡兵法》（台北：河洛，民國64年），頁98。

〔註42〕《管子》這四篇均主相生說，但在五行方位與四時節令的配合上卻有三種方式，可見仍未達到定型階段，參見殷南根《陰陽新論》（遼寧：遼寧教育，1993），頁58～59。徐漢昌《管子思想研究》（台北：學生，民國79年），頁94～99。

律、數、味、臭、祀、祭、性、事、色、穀、牲等十九項相配合了。

　　但這時的五行尚未與周易陰陽系統相結合，就連被漢代歸爲陰陽家的鄒衍，若從現有資料來看，也尚未將兩者融合爲一（謝松齡，《天人象：陰陽五行學史導論》，山東：山東文藝，1989，頁 47）。

2. 周易陰陽系統

　　陰陽的本義是日光的向背，五經中的陰陽並無特殊的涵義，〔註43〕值得留意的《左傳》、《國語》中已賦予陰陽抽象理趣，如《國語・周語上》幽王時期史官伯陽父就用陰陽來解釋地震，「陰陽」在彼時是否已有這樣的用法，較之同時代的文獻的確令人啓疑，不過，保守地估計，《左傳》、《國語》至少不會遲至戰國中期，〔註44〕但更值得注意的是《莊子・天下》云「易以道陰陽」，而《漢書・翼奉傳》也說「易有陰陽」，似乎陰陽落在周易的系統中才更有意義，不過這是秦火之後的事，秦火之後諸子百家往往藉《周易》傳記之名，而將各種思想雜揉於其間，陰陽觀念也就是如此而與周易相結合。〔註45〕

3. 陰陽五行系統

　　陰陽與五行眞正結合成陰陽五行系統是要到西漢文景以後，具有典律（canon）性質的是《淮南子》與《春秋繁露》，這二本分屬道（黃老道）、儒的著作，幾乎是同時完成了陰陽五行的結合；這就令人好奇，是怎樣的背景

〔註43〕 五經中較可信的易、詩、書中陰陽二字合用的只有：「立太師、太傅、太保，茲惟三公。論道經邦，燮理陰陽。」（《尚書・周官》）「篤公劉，既溥既長。既景迺岡，相其陰陽，觀其流泉。」（《詩・公劉》）

〔註44〕 《左傳》、《國語》的年代也是聚訟紛紜的事，但司馬遷《史記・十二諸侯年表序》提到左丘明述《左氏春秋》，〈報任少安書〉也提到「左丘失明，厥有國語」，可知此二書縱有疑義，但也不會晚到劉歆時代所僞造。

〔註45〕 十翼中言陰陽者頗多，如：「一陰一陽之謂道，繼之者善也，成之者性也。仁者見之謂之仁，知者見之謂之知，百姓日用而不知，故君子之道鮮矣！顯諸仁，藏諸用，鼓萬物而不與聖人同憂，盛德大業至矣哉！富有之謂大業，日新之謂盛德。生生之謂易，成象之謂乾，效法之謂坤，極數知來之謂占，通變之謂事，陰陽不測之謂神。」（〈繫辭上傳〉）「夫乾，其靜也專，其動也直，是以大生焉。夫坤，其靜也翕，其動也闢，是以廣生焉。廣大配天地，變通配四時，陰陽之義配日月，易簡之善配至德。」（〈繫辭上傳〉）「子曰：乾坤，其《易》之門邪？」乾，陽物也；坤，陰物也；陰陽合德而剛柔有體，以體天地之撰，以通神明之德。其稱名也，雜而不越，於稽其類，其衰世之意邪？」（〈繫辭下傳〉）「昔者聖人之作《易》也，幽贊於神明而生蓍，參天兩地而倚數，觀變於陰陽而立卦，發揮於剛柔而生爻，和順於道德而理於義，窮理盡性以至於命。」（〈説卦傳〉）

使得學術性各大異的儒道二家會採用同樣的思維方式？其實落在漢初的學術環境下就不難理解了。漢承秦制，採關中本位，〔註46〕主流思想是黃老道。在黃老道佔優勢時，儒家潛伏其中，爲能與黃老道一較長短，吸收與消融當時的百家思想（包括神仙方術）是絕對必要的，如此一來，原本與儒學距離較遠的陰陽五行滲入了儒家是很自然的發展，尤其先秦儒家所欠缺而爲戰國中後期的焦點話題——氣化宇宙論，便在這種機緣下納入了儒家系統，《春秋繁露・五行相生》即說：「天地之氣，合而爲一，分爲陰陽，判爲四時，列爲五行」，宇宙秩序的架構已清楚的呈現，尤其〈人副天數〉中視人體結構與天體爲同構體，〈官制象天〉政治秩序與天亦爲同構體，天人既屬同構，天道人事相貫通就是當然的事了。

　　《淮南子》在篇目的安排上更是全幅的宇宙秩序，「夫作爲書論諸，所以紀綱道德，經緯人事，上考之天，下揆之地，中通諸理」，「故言道而不明終始，則不知所倣依；言終始而不明天地四時，則不知所避諱；言天地四時而不引譬援類，則不知精徵；言精微而不原人之神氣，則不知養生之原……」可見在「引譬援類」的運作下天地萬物合一了。「無論是《淮南子》還是董仲舒，在用陰陽五行來分別表述他們所構建的思想體系時，都是不自覺、無意識的，這正是觀念系統潛移默化的神奇力量；他們並不知道他們精心構造的不同理論體系，只是當時已居支配地位的同一的觀念系統的表象。」（謝松齡，仝上書，頁20），尤其，董仲舒「始推陰陽，爲儒者宗」（《漢書・五行志》），其後的經學家派亦各自發展出以陰陽五行思維方式爲主的解釋方法，如孟喜、京房的卦氣說、〔註47〕翼奉的齊詩及公羊春秋，這時的陰陽五行系統已非早期事物屬性與五行的簡單比附，而是將一切事物納入到天人感應之中，

〔註46〕漢初採秦本位政策有其不得不然的理由在，李偉泰〈試論漢初「秦本位政策」的成立〉對此有詳細探討。見氏著《漢初學術及王充論衡論述》（台北：大安，民國74年）

〔註47〕誠如唐君毅所言，漢易的中心問題在如何與當時的五行思維方式相結合，這種結合所遇到的問題是八卦是八分法而五行是五分法，理論上似乎是無法配合的，不過五行的五分法其實是鬆散的五分法，甚至可以說依違在四分與五分之間，有著極大的彈性，這就爲五行與八卦的結合提供了有利的因素。但更重要的是天干地支紀日的納入，使八卦與五行的距離無形中消解，而這就是西漢孟喜、京房易學「卦氣說」的貢獻。「卦」指六十四卦，「氣」指節氣，具體地說，即是將六十四卦三百八十四爻與四時、十二月、二十四節氣、七十二侯、三百六十五日相配合，形成漢代的象數易，如此一來，在「時間」的繫引下，漢易象數系統便能與四時五行配合成與陰陽五行系統相結合。

這也就是我們上一節所說的「齊學思維」。

　　但是《淮南子》、《春秋繁露》畢竟只是原理、原則上的說明，尚未落實到具體事物的比附，不過順著九這一思維方式落在具體事物上，從天地剖判、政權興衰到遠方異俗、草木蟲魚均可一一給予定位，讖緯就將此具體比附系統地表現，這也是何以後世能從類書中輯得不少讖緯的原因（類書的編排方式亦是系統性）。

4. 神話類比

　　神話思維最主要的就是類比方法，這種類比方法在中國哲學中運用極廣，葉舒憲甚至說中國哲學的思維模式是直接承襲神話思維模式發展起來的（《中國神話哲學》‧序），這種介於形象與概念之間的思維，其實就是比興思考（詩性思考），比是類比，興也是一種迥異邏輯推理的類比，其源是祭祀時就所奉之物頌贊祝禱的「即物起興」（興的本義），這種「即物起興」的方式一旦成定式，就成了習慣聯想（《詩》中的興）；習慣性聯想若成習語就成了套語或象徵，如文學中的鷗（忘機）、猿（悲）；若未形成套語或象徵，則習慣性聯想就成為類比聯想：〔註48〕

$$即物起興→習慣性聯想 \left\{ \begin{array}{l} 現成思路（套語）：象徵 \\ 類比聯想：神話思維、比興思維 \end{array} \right.$$

這種類比特性在讖緯中運用相當廣泛，我們在第二章第一節曾指出讖緯中有不少神話資料，亦有著神靈的世界、傳說中遠方異俗之國，這些神話、傳說自是神話思維的運作，但更重要的是讖緯思維中每每運用神話思維來達到拓展其義的效果，最明顯且最重要的就是運用在聲訓及以形解字的方式上，如《禮‧含文嘉》釋古帝名：

　　伏者別也；羲者獻也，法也。伏羲德洽上下，天應之以鳥獸文章，

　　地應之以龜書，伏羲則而象之，乃作易卦。

伏、別，羲、獻，古音相通，從伏羲的讀音推出「別獻」的新義，順著新義

〔註48〕「興」與類比思維的問題，參見葉憲舒《詩經的文化闡釋》（湖北：湖北人民，1994），周策縱《古巫醫與六詩考》（台北：聯經，民國 75 年），趙沛霖《興的起源》（台北：谷風，民國 75 年），《中國古典詩學原型研究》（台北：文津，民國 85 年）。

將伏羲觀鳥獸之蹄跡、洛出書等縮結在一起。又如：

> 神者，信也；農者，濃也。始作耒耜，教民耕種，其德濃厚若神，
> 故爲神農也。

也是利用聲訓手法將「神農」轉成「信濃」，再順著「信濃」發揮其義，尤有進者是將聲訓及以形解字並用，如《春秋・說題辭》：

1. 星之爲言精也，陽之榮也，陽精爲日，日分爲星，故其字星生爲星。
2. 陽一立爲法，如粟積大一分，穗長一尺，文以七烈，精以五立，故其字西米爲粟，西者金所立，米者陽精，故西字合米而爲粟。
3. 天之爲言塡也，居高理下，爲人經也，群陽精也，合爲太一，分爲殊名，故立字一大爲天。
4. 地之爲言婉也，承天行其義也。居下以山爲位，道之經也，山陵之大非地不制，含功以牧生，故其立字，土力於一者爲地。

這類的詮解自然不合造字的本義，許愼所批評的「俗儒鄙夫，翫其所習，蔽所希聞。不見通學，未嘗睹字例之條，怪舊埶而善野言，以其所知爲秘妙，究洞聖人之徵恉」（〈說文解字・序〉）指的大概就是這類訓解，雖然不符造字本義；但這種訓解的方式其實是董仲舒「深察名號」的進一步發展，運用類比聯想來附予意義，換一角度看，這層加進來的「意義」必然與時代有密切關係，研究讖緯對字義說法應可尋出時代的關懷來。〔註49〕

二、《春秋・元命包》的思維結構

在陰陽五行的系統思維與類比推理的神話思維相互運作下，宇宙中的事

〔註49〕 聲訓之類是讖緯重要的特色，〈元命包〉中例證極多，如：「大夫者，達人，謂扶達於人事者事也」、「能之爲言耐也。天官器人，各以其材，因而任之，則分職治其象以見符」。除了聲訓，〈元命包〉也大量運用訓解字形的方式附予新義：「王者置廷尉，讞疑刑，官之平下之信也。尉者尉民心，撫其實也。故立字：士垂一人。詰曲折著爲廷尉，示尸首以寸者，爲言寸度治法數之分，示惟尸稽于寸，舍則法有分，故爲尉示與尸寸。屈中扶一而起者史，史之爲言紀也，天度文法，以；起也」，順是更有一種延展其義式的類推方式：「日尊故滿，滿故施，施故仁，仁故精，精在外，在外故大，日外暑，外暑故陽精外吐，天有三百六十五度四分之一，布在四方，日日一疀無差遲，使四方合如一，故其字四合一也」，從滿→施→仁→精→外→大，一層一層將日做展義式訓解，日光無私照耀，將本爲象形的「日」字在訓解爲「使四方合如一，故其字四合一也」，賦予文字倫理秩序的意圖其實是很明顯。

事物物都存在於一定的關係網中，彼此有著因果長鏈的糾結。問題是，如何具體地運用兩種思維？面對斷簡殘篇零散不全的佚文，又如何理解這套思維方式的規律？我們以爲「重構」是值得嘗試的作法！重構，自是立足於對文本的理解，試著將這些佚文綰結成有組織的文本，如此一則可以見出讖緯的敘述形態，一則可以印證讖緯的思維方式，當然僅就現在佚文重構實不足以恢復其原貌，但這樣的嘗試當可更深一層了解讖緯的思維結構。

只是讖緯篇卷數十，選擇篇卷進行「重構」時應當考慮：

1. 佚文數量要有一定份量，以便掌握其相對地準確度。

2. 佚文性質儘可能多元化，如此較能夠說明讖緯思維的運作範圍。

3. 不能從易緯、詩緯找，因爲易緯、詩緯與京氏易、齊詩學關係密切，而其方法早已爲人所知。

基於這三點，我們以爲《春秋・元命包》相當適合做爲「重構」的範文，一則是漢代經學本即以春秋學爲核心，讖緯輯佚中亦以春秋緯數量最豐，二則是〈元命包〉無論是篇名上、佚文上均有符合我們「重構」的要求。文本既已選定，接著就可進入其讖緯思維結構的探討：

（一）命名策略：〈元命包〉釋名

孫瑴解〈元命包〉名義是：「元，大也；命，理之隱深也；包，言乎其羅絡也。萬象千名，靡不括也。然主以《春秋》立元之意爲之履端，故其名則然。」其說大抵可從，但尙未窮其義蘊，應再申說。孫氏說元・命・包即包羅天、命之義旨，但〈元命包〉一名很容易令人想起《漢書，李尋傳》中成帝時齊人甘忠可的《天官曆包元太平經》，〔註50〕這是本與受命有關的書，其說雖不果行，但到哀帝時曾有這樣的詔書：

> 蓋聞《尚書》『五曰考終命』，言大運壹終，更紀天元人元，考文正理，推曆定紀，數如甲子也。朕以眇身入繼太祖，承皇天，總百僚，子元元，未有應天之心效。即位出入三年，災變數降，日月失度，星辰錯謬，高下貿易，大異連仍，盜賊並起。朕甚懼焉，戰戰兢兢，

〔註50〕 此書究竟是《天官曆包元太平經》？還是《天官曆》與《包元太平經》二書？（鼎文版點校本《漢書》斷爲二書）因其書久佚，也無從辨其是一是二了。卿希秦《中國道教史・第一卷》（四川：四川人民，1992）以爲此書將君權神授的傳統觀念與眞人奉命傳達天意給經書制者結合起來，這就使此書賦有秉承天意的神聖權，從而增強了宣傳效果；再則是神仙的職能被賦予了新的內容。這種立基於思想史的推論頗可取。

唯恐陵夷。惟漢興至今二百載，曆紀開元，天降非材之右，漢國再受命之符，朕之不德，曷敢不通夫受天之元命，必與天下自新。其大赦天下，以建平二年爲太初元年，號曰聖劉太平皇帝。漏刻以百二十爲度。布告天下，使明知之。

其後雖以其亡驗而廢棄，一干術士亦紛紛下獄，但所謂「受天之元命」即當是《天官曆包元太平經》及〈元命包〉的義蘊所在，「受命」有定數，故有「天官曆」以明天命轉移，而〈元命包〉中也有「天地開闢至《春秋》獲麟之歲，凡二百七十六萬歲，每紀爲一十六萬七千年」這樣的說法。再則，《易·是類謀》有「天以變化，地以紀州，人以受圖，三節共本，同出元苞」之說，鄭玄以爲「元苞」即「太極混淪之義也」。

統言之，〈元命包〉可以解爲「元命（帝命）之所秉受」，也可解爲「元與命之義蘊」。再則，〈元命包〉是春秋緯的一篇，「元」又是公羊家特別重視的辭彙，〔註51〕所以〈元命包〉當即以窮究「元」爲義蘊所出，再結合「元命」等等思想而成，元·命·包三字之詞義有其歷史縱深，三者縐結而成〈元命包〉一篇，所大觸及的領域從宇宙生成、帝王受命到性命論都有可能在這一篇中呈現。

（二）敘述形態

1. 總綱：說「元」

篇目既明，而其中可能展開的脈絡也約略能掌握，何者會是〈元命包〉敘述之「始」呢？我們以爲是：

> 黃帝受圖，有五始：元者氣之始，春者四時之始，王者受命之始，正月者政教之始，公即位者一國之始。（案：《穀梁傳》隱公元年疏引春秋緯「有五始」作「立五始」）

這一則文獻很容易讓人想到《春秋繁露》的「《春秋》之道，以元之深正天之端，以天之端正王之政，以王之政正諸侯之即位，以諸侯之即位正竟內之治，五者俱正，而化大行」（〈玉英·二端〉），比較這二則文獻：董仲舒說《春秋》之道，而〈元命包〉則在說受圖（受命），春秋緯中有：「黃帝坐於扈閣，鳳皇銜書致帝前，其中得五始之文」，看似有別，但兩者均爲政治而發。不過，

〔註51〕「元年春王正月」一句，左氏及穀梁並未對「元」字有多少發揮，但公羊傳則長篇大論寄諭極深。參見王葆玹《西漢經學源流》，第四章。

董仲舒是以「元→天→王→諸侯→境內」由上而下的統攝，〈元命包〉則是「元氣→氣」、「春→四時」、「王→受命」、「正月→政教」、「公即位→一國」，每一「始」自有規約，命意並不相同；且董仲舒說天之上還有一「元」，「元」是否即是「元氣」尚有爭議，〔註52〕但〈元命包〉則是明確的說「元」包含了「元氣」了。

「五始」與讖緯思想天文、受命這兩大主軸是一致的，「元者氣之始」、「春者四時之始」與天文有關；「王者受命之始」、「正月者政教之始」、「公即位者一國之始」與受命有關，換言之，這「五始」就是〈元命包〉論述的基點，其後所有的敘述均是順者這「五始」而展開。但在展開之前，對「元」這全篇之總綱必會有所說明，這就是如下的文字：

1. 孔子曰：丘作《春秋》，始于元，終于麟，王道成也。

2. 子貢問：夫子作《春秋》，不以「初、哉、首、基」爲始何？

3. 元年者何？元宜爲一。謂之元何？曰君之始元也。

4. 王不奉天文以立號，則道術無原，故先春，後言王；天不深正其元，則不能成其化，故先起元，然後陳春矣。

5. 以元之深，正天之端；以天之端，正王之政。

這些文字開宗明義地訓解「元」之義蘊，既點出「元」的樞紐地位，又代聖立言，將《春秋》大義略做說明，以示文有所本；總綱已明其後便可轉入「五始」的分述。

2. 分述之一：元者氣之始

「元」落到宇宙論的系統中就產生了「元氣」，「元氣」一詞《淮南子》、《春秋繁露》已出現，〔註53〕但並非理論核心；西漢中期隨公羊家得勢，公羊學的「元」與「氣」結合而生的「元氣」說，逐漸在宇宙生成論中有著舉足輕重的地位，〈元命包〉中提及「元氣」的有三則佚文：

1. 元者端也，氣泉。（注曰：元爲氣之始，如水之有泉，泉流之原，無形以起，有形以分，窺之不見，聽之不聞。宋氏云：無形以起，

〔註52〕董仲舒所謂的「元」是不是就是「元氣」，頗引發學者討論，參見周桂鈿《董學探微》（北京：北京師範大學，1989），第二章。

〔註53〕如《淮南子‧天文訓》：「道始於虛霩，虛霩生宇宙，宇宙生元氣，元氣有涯垠，清陽者薄靡而爲天，重濁者凝滯而爲地。」《春秋繁露‧王道》：「元者，始也，言本正也。道者，王道也。王者，人之始也。王正則元氣和順，風雨時，景星見，黃龍下；王不正則上天變，賊氣並見。」

　　　在天成象，在地成形也。）

　　2. 元氣開陽爲天精，精爲日，散而分布，爲大辰，天立於一陽，成
　　　於三，故日中有三足烏。

　　3. 水者天地之包幕，五行始焉，萬物之所由生，元氣之津液也。

「元者端也，氣泉」，表示元氣爲氣之始，天地由氣而生，日月爲元氣所聚，
順是可導出「天地」：

　　1. 天如雞子，天大地小，表裡有水，地各承氣而立，載水以浮，天
　　　如車轂之過。

　　2. 地不足東南，陰右動，終而入靈門；地所以右轉者，氣濁精少，
　　　含陰而起遲，故轉迎天，佐其道。

從此二則可看出〈元命包〉是主張渾天說，〔註54〕與天學相關的地動說、左
右旋等問題在敘述中也一併有所說明：

　　　天左旋，地右動。

　　　天不足西北，陽極於九，故周天九九八十一萬里。

「地動說」是指天象由東向西，而地則是由西向東移，「地右動」、「地所以右
轉者」都在說明這現象。至於左旋、右旋則說的是日月在天體間的位移現象，
左旋說以爲日月星辰都是繞著大地從東向西移動。右旋說以爲天是從東向西
移動，即左旋；而日月則是西向東移動，即右旋。這裡的「天左旋」尚難看
出是採何種觀點。但此處更從氣陰陽的觀點解釋天旋說，而「天不足西北」、
「地不足東南」本是共工怒觸不周之山的神話，是蓋天說的產物，〈元命包〉
中似同時存有蓋天、渾天兩說。事實上，此二說在漢代互擅勝場：西漢本以
蓋天說佔優勢，但自揚雄、桓譚爭辨兩說得失以後，渾天說漸漸取得優勢，
這裡或許這反應了這種消長現象。〔註55〕

　　從氣的觀點，日月星辰俱是精氣所聚，既已說天文順勢而下自然是對日
月星辰的敘述，〈元命包〉中此類佚文頗多：

　　1. 日月出內道，璇璣得其常，天道崇靈，聖主初功。

　　2. 火精陽氣，故外熱內陰，象烏也。日尊故滿，滿故施，施故仁，

〔註54〕漢代論天有三家：蓋天說、渾天說及宣夜說，前二家尤爲重要蓋天說主張天
　　　形如車蓋，地形如覆盤；而渾天說主張天之形狀，圓周渾然，運於無窮，參
　　　見陳遵嬀《中國天文學史・六》（台北：明文，民國79年），第九篇，第三章。
〔註55〕前揭書，頁1839～1843。

仁故精，精在外，在外故大，日外暑，外暑故陽精外吐，天有三百六十五度四分度之一，布在四方，日日一厤無差遲，使四方合如一，故其字四合一也。

3. 天尊精爲日，日行一度，所以行一度者，陽以一起，日以發紀。陽成於三，故日中有三足烏。烏者陽精，其爲言嘔呼也。

4. 烏在日中，象陽懷陰也。以其在日中，得日陽氣，故仁而能反哺。在酉者，春時，日臨兌，酉是二八之門，日所入處，取其終也，故并配酉。

5. 日之爲言實也，節也。含一開度立節，使物成別，故謂之日，言陽布散合如一，故其立字四合其一者爲日，望之度尺，以千里立。

6. 兔居月，坎之氣，坎在子位，子型在卯故也。屬卯，老兔爲獝，貉亦兔類，故並居卯。

7. 月者陰精，爲言闕也。中有蟾蜍與兔者，陰陽兩居相坿託，抑詘合陽結治，其內光炬，中氣似文耳。兔善走，象陽動也。兔之言僖呼，僖呼溫暖名也，月水之精，故內明而氣冷，陰生不滿者，詘於君也。至望而盈者，氣事合也。盈而缺者，詘嚮尊也。其氣卑，卑故修表成緯。陰受陽精，故精在內，所以金水內景，內景故陰精沈埶不動，月炯陰精，體自無光，藉日照之乃明，猶如臣自無威，假君之勢，乃成其威，月初未政對日，故無光缺，月半而與日相對，故光滿，十六日已後漸缺，亦漸不對日也。

日中有烏，月中有蟾蜍及兔，這自然是神話思維的產物。既已說日月星辰，接著便是陰陽風雨晦暝：

1. 陰陽和而爲雨
2. 陰陽散而爲露
3. 陰陽凝而爲雷
4. 陰陽激而爲電
5. 陰陽交而爲虹蜺
6. 霧，陰陽之氣也，陰陽怒而爲風，陰陽亂而爲霧。霧，陰陽之餘氣也。
7. 天地怒而爲風也。
8. 陰陽之氣聚而爲雲，氣立爲虹蜺，離爲倍僑，分爲抱珥。

9. 陰陽凝雨爲雪。

10. 陰陽之氣，鬱積成精，聚而上升則爲星，聚而下凝則爲石。

有陰陽則有五行，〈元命包〉時代陰陽五行已成爲一系統，解釋五行也往往從陰陽來說：

1. 木者陽精，生於陰，故水者木之母也。木之爲言觸也。氣動躍也，其字八推十爲木，八者陰合，十者陽數。

2. 木者觸也，觸地而生。

3. 火之爲言委隨也。故其字，人散二者爲火也。

4. 土之爲言吐也。言子成父道，吐也氣精，以輔也。陽立於三，故成生，其立字，十夾一爲土。

5. 金之爲言禁也。當秋之時，萬物收禁止也。

6. 水之爲言演也。陰化淖濡，流施潛行也。故其立字，兩人交一，以中出者爲水，一者數之始，兩人譬男女，言陰陽交，物以一起也。

7. 水之爲言淮也。

8. 水之爲言毀也，毀盡則更生，故物遇水而生，亦遇水而敗也。

9. 陽吐陰化，故水生木也。

「元氣→氣（日月）→陰陽五行」這一大段落，可說是「元者，氣之始」的發揮，從時間上講陰陽之氣化而爲四時，於是便出現五始中的第二始「春者，四時之始」。

3. 分述之二：春者，四時之始

元，即是始，「春者，四時之始」不能只簡單地理解爲時序概念，更重要的是其中的「月令」觀念，自〈夏小正〉至《淮南子·時則》，中國已發展出一套完整的月令觀念，至於《元命包》的時令系統雖有散佚，但仍大體可見：

1. 甲乙者，物始荸甲。乙者物蟠詘，有有欲出，陽氣含榮，以一達。

   東方其色青。新去水變，含榮若淺黑之形。

   其味酸。酸之爲端也，氣始生陽分，專心自端。

   其音角。角者氣騰躍，有殺精動，並萌文出鹿。

   其帝太昊。太昊者大起，言物動擾之。

   其神勾芒者始萌。（按此句疑做：其神勾芒。勾芒者，始萌）

   其精青龍。龍之言萌也。

陽道左，故少陽見於寅，寅者演。

大蔟者湊未出。

壯於卯，卯者茂也。

衰於辰，辰者震也。

沽洗者陳去新來，少陽至辰，氣爍易。

至辰氣爍，季月榆消，鍼鍜死。

太陽見於巳，巳者物畢起，律中呂，中呂者大踊。

2. 其日丙丁，丙者物炳明，丁者強。

時爲夏。夏者物滿縱。

位在南方。南方者任長。

其帝祝融。祝融者屬續也。

其神朱芒。朱芒者注芒也。

其精赤鳥。

盛於午、午者物滿長。

律中蕤賓，蕤賓者委賓。

衰於未，未者昧也。

律中林鍾，林鍾者引入陰。

3. 其日戊者茂也，己者抑詘而起。

其音宮、宮者中也，精明。

其味甘，甘者食嘗。

土生金，故少陰見於申，申者吞也。

律中夷則。夷則者易其法。

4. 其日庚辛者，物色更辛者陰治成。

時爲秋，秋者物愁。

名爲西方，西方者遷，方者旁也。

其帝少皞。

其神蓐收者。紉收也。

其味辛。辛者陰螫，人持度自辛，以固精。

壯於酉，酉者老也。物收殿。

律中南呂，南呂者任紀。

5. 其日壬癸。壬者陰始任，癸者有度可揆繹。

時為冬。冬者終也。

其帝顓頊。顓頊者寒縮。

其神玄冥。玄冥，入冥也。

其音羽。羽者舒也，言物始摯。

（鳥獸饒馴，子藏寶物，歸其母，故大陰見於亥。亥者駭，律占應鍾其種。）

其味鹹。鹹者鎌。鎌，清也，言物始萌，兼虛以寒。

壯於子。子者孳也。

衰中於丑。丑者紐也。

律中大呂。大呂者略睹起。

這一時令系統，若與前此的時令書相較，內容相當接近，色、味、音、帝、神、精都已包含，值得留意的是，天干地支也加入時令的範圍中，如此一來時令系統也就更加完備了。

四時是時令中尤其明顯的標記，〈元命包〉又依附於《春秋》，對四時的訓解當然也頗有發揮：

1. 春合名出，位東方動，春氣明達，六合俱生，萬物應節，五行並起，各以名利，其精青龍，龍之言萌也，陰中之陽也。

   春者神明推移，精華結紐。

   春之為言蠢也，蠢蠢蝙運也。春之為言生也，當春之氣，萬物屯生也，故其立字屯下日為春。

   三月榆莢落。氣相漸錯，以云紀，故三月榆莢落。

2. 夏之為言大也，萬物當夏而壯也。其象深其質堅也，故其立字，下久為夏也。

   夏至百八十日，秋冬相援。

3. 秋之言愁也，萬物至此而愁恐殘敗也。故其立字，禾被火者為秋。

   秋，愁也。物愁而入也。

4. 冬之為言終也。言萬物終成也。水至是而堅冰。故其立字，冰在舟中者冬也。

   陽氣數成於三，故時別三月，陽數極於九，故三月一時九十日。

   冬至百八十日，春夏成，夏至百八十日，秋冬成。合為三百六十日，歲數舉。

冬至百八十日，春夏成道。

5. 律之爲言率也，所以率氣令達也，歲之爲言遂也，三年一閏，以
　起紀。

將春解爲蠢，以言其動；解爲生，以言其甦生；將夏解爲大，以言其壯盛；
將秋解爲愁，而言其殘敗；將冬解爲終，以言其終成，均是符合時令的解說，
也與氣運相始終，無形中就將「元者氣之始」、「春者時之始」縮結在一起了。
時令既明，人事法天，接下來就是第三始的「王者，受命之始」。

4. 分述之三：王者受命之始

「王者往也，神所輸往，人所歸樂」，所以人間必須有王，只是如何在芸
芸眾生中尋出王者？這就是「王者，受命之始」所涉及的天命問題，「受命」
乃是秉受「天之元命」，到這一階段已從「元」逼出了「元命」，也就是帝王
的「受命」，「受命」是讖緯主題之一，〈元命包〉當然有其說，但「受命」不
是人人可秉受，而是要有一系列的限定條件，首先是「感生」，以示天之所擇：

1. 少典妃安登，遊于華陽，有神龍首，感之於常羊，生神子，人面
　龍顏，好耕，是爲神農。

2. 大星如虹，下流華渚，女節夢接，意感而生朱宣。
　在昔瑤光貫月，感女樞生顓頊，女樞見此而意感也。

3. 堯火精，故慶都感赤龍而生。

4. 堯眉八彩，是謂通明，歷象日月璇璣玉衡。

5. 扶都感白氣而生湯

6. 周本，姜嫄遊閟宮，其地扶桑，履大跡，生后稷、神始行從道，
　道必有跡，而姜原履之，意感遂生后稷於扶桑之所出之山。

7. 孔子曰：扶桑者，日所出，房所立，其耀盛，蒼神用事，精感姜
　嫄，卦得震，震者動而光，故知周蒼，代殷者姬昌，人形龍顏，
　長大精翼日，衣青光。

「感生」說不可以荒誕視之，誠如王葆玹所言：「這種貌似荒唐學說允許平民
百姓有『受命』和『王天下』的機會。」（《西漢經學源流》，頁327），但「感
生」者多矣，還不足徵爲「受命之符」，所以還得有「異表」或特殊的才能：

1. 伏羲大目，山準龍顏。

2. 伏羲龍狀。

3. 神農生，三辰而能言，五日而能行，七朝而齒具，三歲而知稼穡

般戲之事。

4. 黃帝龍顏，得天庭陽，上法中宿，取象文昌，載天履陰，秉數制剛。

5. 顓頊併幹，上法月參，集威成紀，以理陰陽。

6. 舜重瞳子，是爲滋原，上應攝提，下應三元。

7. 禹耳三漏，是謂大通。

8. 湯臂四肘，是謂神剛，象月推移，以綏四方。

9. 后稷，岐頤自求，是謂好農，蓋象角元，載土食穀。

10. 文王四乳，是謂含良，蓋法酒旗，布恩舒惠。

11. 文王龍顏，柔肩望羊。

12. 武王駢齒，是爲剛強，取象參房，誅害，以從天心。

既是感生而出，又有如此的長相或才具，還只能說是充分條件，尚不能說是「受命」說的完成，真能「受命」仍須經上天的符示，即祥瑞、符應，以示天心所在：

1. 鳳皇銜圖，置帝前，黃帝再拜受。

2. 堯遊於河，赤龍負圖，與太尉舜等百二十二人，發視之。

3. 唐帝遊何渚，赤龍負圖以出，圖赤如狀，赤玉爲匣，白玉爲檢，黃珠爲泥，元玉爲鑑。章曰：天皇上帝，合神制署，天上帝孫伊克龍，潤滑圓在唐典，右尉舜等百二十，臣發視之，藏之大麓。

4. 殷紂之時，五星聚於房，房者，蒼龍之精，周據而興。

5. 西伯既得丹書，於是稱王，改正朔，誅崇侯虎。

6. 火離爲鳳皇，銜書，游文王之都，故武王受鳳書之紀。

7. 文王之時，五星以聚房。

8. 天命文王，以九尾狐。

9. 成王時，西方獻孔雀。

一旦「受命」即是替天行道，「受命誅橫，順天之德」、「赤受命，持天權」，不可率意更作，所謂「天道煌煌，非一帝之功，王者赫赫非一家之常，順命者存，逆命者亡」，正是此意（「受命」說蘊含著許多問題，詳見第四章第一節）。

　　王者既受命，作之君，作之師，制度的更化乃是建立政治秩序的首要之務，順是就過渡到第四始的「正月，政教之始」。

5. 分述之四：正月者，政教之始

　　「正月，政教之始」是制度宏規的建立，帝王受命之後，首要之務便是「王者受命，昭然明於天地之理，故必移居處，更稱號，改正朔，易服色，以明天命。聖人之寶，質文再而改，窮明相承，周則復始，正朔改則天命顯」，這是自董仲舒以來漢代思想的通義，〈元命包〉更將此問題導入了三代文質改制之說，這是公羊家的路數：

1. 夏白帝之子，殷黑帝之子，周蒼帝之子。
2. 周赤帝之子，以十一爲正，法陽氣，始萌色赤。
3. 黑帝之子，以十二月爲正，物牙色白。
4. 三年一閏，不告朔，非禮也。夫閏正時以作事，厚民生之道，樞機在是矣。
5. 夏以十三月爲正，息卦受泰。殷以十二月爲正，息卦受臨，周以十一月爲正，息卦受復，其色尚赤，以夜半爲朔。
6. 王者一質一文，據天地之道，天質而地文。
7. 質家爵三等，法天之有三光也。文家爵五等者，法地之有五行也，合三從子者，制由中也。
8. 正朔三而改，文質再二復。
9. 正朔三而改，夏白帝之子，金精法正，故以十三月爲正，見見色黑。
10. 三王有失，故立三教以相變。夏人之立教以忠，其失野，故救野莫若敬，殷人之立教以敬，其失鬼，救鬼莫若文，周人之立教以文，其失蕩，故救蕩莫若忠，如此循環，周則復始，窮則相承。

禮樂是政教的根本，〈元命包〉對此有這樣的看法：

　　王者不空作樂，樂者和盈於內，動發於外，應其發時，制禮作樂以成之，是故作樂者，必反天下之始，樂於己爲本……

政治制度必不空起，「天重文象，人行其事，謂之教；教，傚也。言上爲而下傚也」，所以制度取象天地，尤其是星象，星象即是天官：

1. 天生大列，爲中宮，大極星，星其一明者，太一常居，傍兩星巨辰子位，故爲北辰，以起節度，亦爲紫微宮，紫之言此，中宮之中，天神圓法，陰陽開閉，皆在此中。
2. 斗爲帝令，出號布政，授度四方，故置輔星以佐功，斗爲人君之

象，而號令之主也。

3. 北者高也，極者藏也。言大一之星，高居深藏，故名北極也。

4. 太微為天廷，理法平亂，監計援德，列宿受符，神考節書，情稽疑者也，南蕃二星，東星曰執，法廷尉之象也。西星曰右執，法御史大夫之象也，執法所以舉刺中姦者也。兩星之間南端門也，左執法之東左掖門也，右執法之西右掖門也，東蕃四星南，第一星曰上相，上相之北東門也。第二星曰次相，次相之北中華門也。第三星曰次將，次將之北太陰門也，第四星曰上將，所謂四輔也，西蕃四星，南第一星曰上將，上將之北西門也，第二星曰次將，次將之北中華也，第三星曰次相，次相之北太陰門也，第四星曰上相，亦為四輔也。

5. 心為天王。

6. 心三星五度，有天子明堂布政之宮。

天官如此，官制自要象天而設，這在《春秋繁露・官制象天》中已有其說，〈元命包〉類比尤詳：

1. 天人同度，正法相授，天垂文象，人行其事，謂之教。教之為言交也。上為下效，道之始也。

2. 立三台，以為三公。北斗九星為九卿，二十七大夫內宿部衛之列，八十一紀以為元士，凡百二十官焉，下應十二子。

3. 三台主明德宣將也，西奇文信二星謂上能，為司命，主壽，次二星謂中能，為司中，主宗室，震方二星謂下能，為司祿，主兵武，所以照德塞違也。

4. 周五等爵，法五精。公之言公，公正無私。侯之言候，候逆順，兼伺候王命矣。伯之言白，明白于德。子者，孳恩宣德。男者，任功立業，皆上奉王者之政教禮法，統理一國，修身絜行矣。

官制象天代表天人相應，君臣失度天象便後有所反應，災異譴告隨之而起：

1. 君失德，則地吐泉，魚銜兔。

2. 世惑臣謀，虹舒炤。

3. 殷紂無道，熒惑反明。

4. 虹蜺守斗，主泣血，后奔逃，強國起。

反之，舉止合度，則上天亦會示之以祥瑞：

人君政治休明，賢良悉用，陰陽以和，風雨以時，則黃雲繽紛列宿之間。

官制象天，而官制的主體——人則是人副天數，這是天人同構理論中類比推論自然而然的結論，〈元命包〉自不例外：

1. 人與天地并爲三才，天以見象，地以效儀，人以作事，通乎天地，並立爲三。其精之清明者，爲聖人；最濁者，爲愚夫，而其首目手足皆相同。有不同於常者，則爲禽獸矣。

2. 故其象龍者多騰躍，象虎者多滯膩，象牛者多決裂，象馬者多儌利，象豕者多胡途，象狗者多襄戾，象雞者多疎戾，象兔者多缺少，象鼠者多晦昧，象蛇者多光陸，象猴多者多捷便，象半者多纏綿。

   以此十二象，稽之於天，度之於地，推於萬物，方之庶類，畫天法地，是故爲人。取象於天地，庭法紫微。顏法端門，頤爲輔，北斗以應人之七孔，崑崙爲顛，嵩高爲準，目以象河，口以象海，耳爲附城邊界亭堠也。

3. 髮精散爲鬚髯。

4. 人髮與星辰俱設，髮時墮落者，以星流不絕也。

5. 腦之爲言在也，人精在腦。

6. 頭者神所居，上員象天，氣之府也。歲必十二月，故人頭長一尺二寸。

7. 人之七孔，内法五臟，外方五行，庶類氣契度。

8. 目者肝之使，肝者木之精，蒼龍之位也。鼻者肺之使，肺者金之精，制割立斷，耳者心之候，心者火之精，上爲張星，陰者腎之寫，腎者水之精。上爲虛危，口者脾之門戶，脾者土之精，上爲北斗，主變化者也。舌之爲言達也，陽立於三，故舌在口中者長三寸，象斗玉衡，陰合有四，故舌淪入溢内者長四寸。

9. 唇者齒之垣，所以扶神設端，若有列星與外有限，故曰唇亡齒寒。

10. 掌圓法天，以運動，指五者，法五行。

11. 陽立於三，故人脊三寸而結，陰極於八，故人旁八，幹長八寸，齊者下流，並會合爲齊腹。

12. 腰而上者爲天尊，高陽之狀，腰而下者爲陰豐，厚地之重，數合

於四，故腰周四尺，髀之爲言跛也。陰二，故人兩髀。

13. 人兩乳者象間，月陰之紀。

14. 心者大火也，其出經日月中道，明而典者爲善，暗而直者爲惡。

15. 心者火之精，火成於五，故人心長五寸。

16. 脾之爲言附著也，如龍蟠虎伏，合附著也。

17. 胃者脾之府，主稟氣，胃者穀之委，故脾稟氧也。

18. 膽者，肝之府也。肝之精也。主仁，仁者不忍，故以膽斷也。

19. 脾者辨也，心得之而貴，肝得之而興，肺得之而大，腎得之以化，肝仁肺義心禮腎智脾信。肝所以仁者何？肝木之精，仁者好生，東方者陽也，萬物始生，故肝象木，色青而有柔。肺金之精，義者能斷，西方殺成萬物，故肺象金，色白而有剛。心所以禮者何？心者，火之精，南方尊陽在上，卑陰在下，禮有尊卑，故心象，色赤而光。腎所以智者何？腎水之精，智者進而不止，無所疑惑，水亦進而不惑，故腎象水，色黑水陰，故賢雙。脾所以信者何？脾土之精，土主信，任養萬物，爲之象，生物無所私，信之至，故脾象土色黃。目肝使，肝氣仁而外照。

20. 肝生筋，脾生骨者，脾土也。土能生木，骨是身之本，如木立於地上，能成屋室，故脾生之，腎生筋者，筋是骨之經絡，脈以流注，筋以相連節，并通血氣，賢水故生之。肺生革者，肺金也。金能裁斷，革亦限斷，故肺生之。心生肉火者，心火也，肉是身之土地，故心生之。肝生爪，髮者肝木也，爪是骨之餘，髮是血之餘，皆水木之氣，故肝生之。小腸大腸，心腎之府也。腎水之精，心火之精，爲支體主也。

21. 膀胱者，肺之府也。肺者斷決膀胱，亦常張有勢，故膀胱決難也。

這些佚文將「人身小宇宙、宇宙大人身」（魏源詩）的種種同構現象做了系統的說明，雖然將人體放在陰陽五行架構上解釋可能是取法自《黃帝內經》一類醫書（楊儒賓，《中國古代天人鬼神交通四種類型及其意義》，臺灣大學博士論文，第三章），但，同樣的內容落在不同的系統中就會產生不同的意義，〔註56〕〈元命包〉中的人副天數之說其實是來自董仲舒《春秋繁露·人副天

〔註56〕孫德謙《古書讀法略例》（台北：商務，民國 64 年），卷一「事同異義例」、「文同意異例」舉了不少例子強調語境問題。

數》這一思路。

在「王者，政教之始」的命題下，敍述了三代改制質文、災祥、官制象天、人副天數等政教主題，若再將天人同構的思考推到分域，就可導出古代天文學理論中著名的「星象分野」說，不過「星象分野」已不是「政教之始」而是落在「公即位，一國之始」的命題中了。

6. 分述之五：公即位者，一國之始

即位，就國也。就國仍須奉王正，這是大一統的精神所在，所謂：

1. 諸侯不上奉王之正，則不得即位，正不由王出，不得焉正，王不承於天，以制號令則無法，天不得正其元，則不得成其化也。
2. 古者諸侯，五國爲屬，屬有長，二屬爲連，連有帥，三連爲卒，卒有正，七卒爲州，州有伯也。

列國有分星，星主一地吉凶，這就是「星象分野」說，〈元命包〉的佚文中有依二十八星宿而得的分野理論：

1. 牛、女爲江湖，江湖者所以開神潤化，故其氣過急。
2. 昴畢間爲天街，散爲冀州，分爲趙國，立爲常山。
3. 牽牛流爲揚州，分爲越國。
4. 虛危之精，流爲青州，分爲齊國，立爲萊山。
5. 天弓星主掌弓弩，流爲徐州，別爲魯國，徐之爲言舒也，言陰收內安詳也。
6. 軫星散爲荊州，分爲楚國，荊之爲言強也，陽盛物堅，其氣悉憚。
7. 五星流爲兗州，兗之爲言端也，言隱精端，故其氣纖殺，分爲鄭國。
8. 鉤鈐星別爲豫州，豫之爲言序也，言陰陽分布，各得處也。
9. 東井、鬼星，散爲雍州，分爲秦國，東距殽阪，西有漢中，南有高山，北阻居庸，得東井，動深之萌，其氣險也。
10. 觜參流爲益州，益之爲言隘也，謂物類並決，其氣悉切決列也。
11. 箕星散爲幽州，分爲燕國，幽之爲言窈也，言風出入窈冥，敏勁易曉，故其氣躁悉。
12. 營室流爲并州，分爲衛國之鎮，立爲明山，并之爲言誠也，精舍交并，其氣勇抗誠信也。
13. 王者封國，上應列宿之位，其餘小國，不中星辰者，以爲附庸。

星象分野方法不一，讖緯中亦出現多種類型（詳見第四章第一節），〈元命包〉所代表的二十八宿類型，在讖緯文獻中尚屬完整。

　　星象分野既明災異譴告也就有所確指，這些隸屬讖緯思想天文主軸的內容，在〈元命包〉亦有相當數量，茲舉則爲例：

1. 天道煌煌，非一帝之功，王者赫赫，非一家之常，順命者存，逆命者亡。

2. 凡天象之變異，皆本於人事之所感，故逆氣成象，而妖星見焉。

3. 天市主交易之府，客星入，有契約相爭，司市作奸之事，客星盛者，市人相關爲亂，若有更市。

4. 太陽火精爲日，太陰水精爲月，麟龍鬥則日月薄蝕。麟之爲言凌也，陽中之陰也；龍之爲言萌也，陰中之陽，故言龍舉而垂興。

5. 日月五星順入軌道，司其所守，天子所誅也，其逆入，若不軌道，以所犯命之，中坐成形，皆群下從謀也，金火尤甚。

〈元命包〉中天文占所份量幾達半數，日、月、五星、北斗、流星、客星、二十八宿均有占例，政教天象相應如此，「災異」亦是讖緯通義，詳見第四章第二節說明。

　　值得留意的是，〈元命包〉中有幾則與「性命」有關的佚文，「性命」是武帝三策問的問題，也是春秋以來就已是學者共同探討的主題，〈元命包〉對此提出了「三命」之說：〔註57〕

聖人一其德，智者循其轍，長生久視，不以命制，則愚者悖慢，智者無所施其術，殘物逆道，天不殺，故立三命，以垂策，所以尊天。一節三者，法三道之術，命者天之令也，所受於帝，行正不過，得壽命，壽命正命也。起九九八十一，有隨命，隨命者，隨行爲命也，有遭命，遭命者，行正不誤，逢世殘賊，君上逆亂，辠咎下流，災譴並發，陰陽散忤，暴氣雷至，滅日動地，天絕人命，沙鹿襲邑是也。

《白虎通義》云：「命者，何謂也？人之壽也。天命已使生者也。命有三科，以記驗。有壽命以保度，有遭命以遇暴，有隨命以應行。壽命者，上命也……隨命者，隨行爲……遭命者，逢世殘賊，若上逢君，下必災變，暴至，天絕

<hr />

〔註57〕《孝經‧援神契》載有「命有三科，有受命以保慶，有遭命以謫暴，有隨命以督行」、「行善得善曰受命，行善得惡曰遭命，行惡得惡曰得命」。

人命」，此說「三命」說可視爲當時流行的見解。

綜上所述，〈元命包〉的思維結構可以看出是從二條線索進行：亦即從總綱之「元」出發，一條順「氣」而下，解釋宇宙生成諸問題：一條順「命」而下，說明人間之秩序，天人之間又藉由各種庶徵災祥而縮結，以表列之即爲：

元 $\Bigg\{$

氣→元氣→陰陽五行→天地→日月星辰→四時

命→元命→聖王→政教→天官→官制象天→人副天數→星象分野→性命

第四章　讖緯的主題結構

　　第二章中我們指出「秩序」是讖緯思想的深層結構，並轉換爲「天文」
與「受命」兩大主題加以呈現，但是如何得知此二者爲讖緯思想的兩大主題
呢？答案其實不難索解，就「天文」而言，讖緯在早期的「圖緯」階段，其
本質即爲「天文」，這一本質充分表現在讖緯篇名以及幾乎無篇不有的「天文」
話語中，「天文」正是讖緯思想本質意義上的主題；再則，在天人同構的思維
下，爲尋求政權存在的正當性時往往訴諸「天命」，這表現在受命之符及各式
各樣的符應說，王莽、光武及兩漢之際群雄無不多方援引讖緯以證其「受命」，
「受命」便成爲讖緯思想發生意義上的主軸。我們以爲，在處理讖緯思想時，
唯有把握住這二大主軸才得以將紛亂龐雜的文獻綱舉目張，若不對分類標準
進行後設思考，逕做分類分項，恐怕是治絲愈棼之舉了。所以本章就從「天
文」、「受命」來說明讖緯思想，以期闡明讖緯思想的主題結構。

第一節　主題之一：天文

　　這裡所指的「天文」是採廣義的用法，包括《漢書・藝文志・數術略》
中的「天文」及「曆譜」二類，《漢志》云：

> 天文者，序二十八宿，步五星日月，以紀吉凶之象，聖王所以參政
> 也。《易》曰：「觀乎天文，以察時變」。

> 曆譜者，序四時之位，正分至之節，會日月五星之辰，以考寒暑殺
> 生之實。故聖王必曆數，以定三統服色之制。又以探知五星日月之
> 會、凶厄之患，吉隆之喜，其術皆出。此聖人知命之術也。

漢志中的「天文」主要在次序星宿、推步七曜，記錄吉凶以爲王者知政之得失；而「曆譜」則是節氣、物侯等規律，以爲人事法天之資。讖緯思想的「天文」主題其實包括五個子題：宇宙生成、曆法、節令、分野、星占，茲分述如下。

一、宇宙生成

原本從神話角度加以解釋的宇宙生成問題，隨戰國時期天文學及發展，學術上原始要終的風氣成爲諸子百家的共同話題，先是《老子》第四十二章的「道生一，一生二，二生三，三生萬物。萬物負陰而抱陽，充氣以爲合。」再來是《易繫辭》的「易有太極，是生兩儀，兩儀生四象，四象生八卦，八卦定吉凶，吉凶生大業」，然後到《管子》以「氣」來說明宇宙生成，這三類宇宙生成說從《呂氏春秋》到漢初的《淮南子》漸漸形成了一套頗具規模的宇宙生成學說，表列之即：「道→虛霩→宇宙→元氣→天地→陰陽→四時→萬物」這裡時間與空間是一致的。〔註1〕

讖緯亦是從「氣」論宇宙生成，如「元氣無形，洶洶蒙蒙，偃地爲地，伏者爲天」（《河圖‧括地象》）、「元氣以爲天，混沌無形體」（《春秋‧說題辭》），「易有太極，是生兩儀。兩儀未分，其氣混沌。清濁既分，伏者爲天，偃者爲地。」（《河圖‧括地象》）不過，讖緯本質既爲「天文」，在宇宙生成學說上自然不會只以「氣」輕輕地帶過；再則，西漢前期的《淮南子》已提出的頗具規模的宇宙生成學說，讖緯更不可能只順著舊說而不提新解，否則也不致於引領風氣爲時所重了。事實上，讖緯就針對天地生成前的這一段歷程加以補充，這些補充現存於洛書、易緯與孝經緯中。

《洛書‧靈準聽》中有這樣的宇宙生成文獻：

> 太極具理氣之原，兩儀交媾，而生四象，陰陽位別，而定天地，其
>
> 氣清者，乃上浮爲天；其質濁者，乃下凝爲地。

這則由黃奭輯自清河郡本的文獻，基本上是《易繫辭》宇宙生成論的補充說

〔註1〕這裡強調時空的一致性，是因爲王葆玹曾從兩漢宇宙起源與宇宙中心論的矛盾來說明玄學的興起，《正始玄學》（山東：齊魯書社，1987），第四章。王先生所謂的宇宙論是宇宙生成論的簡稱，又分爲宇宙發生論和宇宙構成論兩部份，前者是從「時間」推究宇宙的發生發展過程，後者是從「空間」上考察推算宇宙的結構，所謂的「矛盾」正是對此時間、空間無法合一而言。不過，《淮南子》中兩者並不矛盾。

明。值得留意的是「太極具理氣之原」這一句，《易繫辭》的「太極」這裡明白指出「具理氣之原」，可知「太極」已不是單純的元始，而是具備產生「理氣」的元素，元氣的概念早見於《淮南子》、《春秋繁露》中，說「太極」是氣之原是極正常的，讖緯本即是順氣而發揮；但可留意的是「理」的提出，說太極亦是「理之原」，在讖緯文獻中僅此一見，這裡可能存在著易傳「窮理盡性以至於命」（〈說卦〉）一類的思想，但文獻難徵，姑闕其疑。〔註2〕

易緯中的宇宙生成學說主要的是〈乾鑿度〉的：

> 昔者聖人因陰陽，定消息，立乾坤，以統天地也、夫有形生於無形，
> 乾坤安從生？故曰：有太易，有太初，有太始，有太素也。太易者，
> 未見氣也；太初者，氣之始也；太始者，形之始也；太素者，質之
> 始也。氣形質具而未離，故曰渾沌。

將太易以降到肇分天地之間區分為太易（渾沌）→太初（氣之始）→太始（形之始）→太素（質之始）等階段，這種推終始本末的說法是戰國以來的風尚，〈乾鑿度〉接著又說「易變而為一，一變而為七，七變而為九，九者氣變之究也，乃復變而為一，一者形變之始，清輕者上為天，濁重者下為地」亦即將氣之始的太初比為「一」、形之始的太始比為「七」、質之始的太素比為「九」，〔註3〕是周易象數的比附運用。

孝經緯中亦有類似〈乾鑿度〉分天地剖判前為四階段的文獻：

> 天地未分之前，有太易，有太初，有太始，有太素，有太極，是為
> 五運。形象未分，謂之太易；元氣始萌，謂之太初；氣形之端，謂
> 之太始；形變有質，謂之太素；質形已具，謂之太極；五氣漸變，
> 謂之五運。（〈鉤命決〉）

與〈乾鑿度〉相較，〈鉤命決〉多了「太極」這一階段，兩者的差異在於〈鉤命決〉將〈乾鑿度〉「質之始」的太素說是「形質有變」，再多出「質形已具」的太極階段，可視為與〈乾鑿度〉不同的另一種宇宙生成見解。

除了這種宇宙論式的解說外，讖緯文獻中更多的是對天地做具體的說明，漢代自然科學的水平也在這一部份表現出來：

> 地不足東南，陰右動，終而入靈門，地所以右轉者，氣濁精少，含

〔註2〕 「理」的範疇問題，參見張立文主編的《理》（北京：中國人民大學，1991）

〔註3〕 〈乾鑿度・卷下〉「乃復變而為一」的「一」，鄭玄注以為當是「二」之誤，
　　　　又此生成論安居先生已有專論，見《讖緯の基礎的研究》。

陰而起遲，故轉迎天，佐其道。(《春秋‧元命包》)

水者，天地之包幕，五行之始焉，萬物之所由生，元氣之朕液也。(《春秋‧元命包》)

天如雞子，天大地水，表裡有水，地各承氣而立，載水以浮，天如車轂之遇。(《春秋‧元命包》)

地有四遊，冬至地上北而西三萬里，夏至地下行南而東後三萬里，春秋分其中矣，地恆動而不止，人不知，譬如人在大舟中，閉牖而坐，舟行不覺也。(《尚書‧考靈曜》)

天左轉右旋及「天如雞子」的問題我們已在第三章第三節說明過了，「地有四遊」一則常被目爲已知地球自轉的重要文獻，至於周天里數，讖緯中有這樣的說法：

周天一百七萬一千里，一度爲二千九百三十二里七十一步二尺七寸四分四百八十七分，分之三百六十二。(《春秋‧考異郵》)

一度二千九百三十二里，千四百六十一分里之三百四十八，周天百七萬一千里。(《尚書‧考靈曜》)

這裡的「一度」指日行一天的距離，周天一百七萬一千里除以一年的天得日行一度爲 2932.2381930185 里，但何以推知周天爲一百七萬一千里？其術不詳。至於《春秋‧元命包》的：「天不足西北，陽極於九，周天九九故八十一萬里」，只是數字崇拜不足爲據。

天地東西二億三萬三千里，南北二億三萬一千五百里，天地相去一億五萬里。(《詩‧含神霧》)

地廣東西二萬八千里，南北二萬六千里，有君長之。八極之廣，東西二億三萬三千里，南北二億三萬一千五百里。(《河圖‧括地象》)

自東極，至於西極，五億十萬九千八百八步。(《春秋‧元命包》)

「地廣二億三萬三千里」這一「天地之數」的數據是由「小九州×九州×大九州」而得的近似值，古籍所載大同小異，可能都來自燕齊海上方士的造作。〔註4〕

〔註4〕 傅大爲〈論周髀研究發展的歷史傳統與轉折〉，《異時空裡的知識追逐》(台北：東大，民國81年)，從《禮記‧王制》「凡四海之內九州，州方千里，建百里之國三十七」及「凡四海之內，斷長補短，方三千里」推知，小九州的基本數爲三千里，乘九得大九州一州爲二萬七千里，與古籍所載的二萬六千里只

二、曆　法

讖緯思想中最受稱道的大概要算是曆法方面的文獻，《後漢書・律曆志》載東漢諸家論律曆時往往徵引讖緯以佐其說，讖緯曆法有何殊勝？這的確是值得探究的問題。

兩漢共用了三種曆法，漢初在決定採用何種曆法時，顓頊曆（即古四分曆）在黃帝、顓頊、夏、殷、周、魯六家曆中最近曆象，顓頊曆以十月為歲首，一年為 365 又 1/4 日，十九年七閏，一月為 29 又 499/940 日，到武帝時顓頊曆出現了曆面後於實際節氣及朔望的狀況，於是改曆的呼聲漸起，經三十年的考訂、觀測及討論，武帝太初元年起改行太初曆，以正月為歲首，以 29 又 43/81 為一朔望月，所以又稱為「八十一分法」，西漢末劉歆將太初曆改名為三統曆，〔註5〕王莽篡漢時仍採三統曆，唯以十二月為歲首（正月）。及至後漢，三統曆也產生實際曆象與曆法不合的情況，章帝元和二年改採四分曆，基本朔望月採用顓頊曆的 29 又 499/940，簡言之，即：

漢初至武帝元封六年（204B.C.～104B.C.）：顓頊曆

武帝太初元年至章帝元和元年（104B.C.～85A.D.）：太初曆（三統曆）

章帝元和二年到漢末（85A.D.～220A.D.）：四分曆

太初曆一回歸年為 365.2502 日，相較於實際的 365.2425 日每年相差約 0.0077 日，一百年就與實際曆象差了 0.77 日，到了一百三十年就相差 1.001 日，換言之，光武帝即位時（A.D.25）兩者誤差已達一日，到章帝改曆時誤差更達 1.4476 日。哀帝時際曆法與曆象間的不一致已可看見，而觀測到其中誤差的年代當然更早於哀帝，讖緯既形成於此時，這一重大的曆法問題自然是其關注的主題，且基本上即是對太初曆的缺失而發，所以後漢學者議定四分曆時多舉讖緯文獻相頡頏。〔註6〕

有一千里誤差，再以二萬六千里為基準數乘九得二十三萬四千里，古「億」為十萬，即「二億三萬四千里」。

〔註5〕　太初曆以改元而得名，三統曆以法數而得名，所謂「三統」是從一統日數 562,120÷60 餘 40，若以甲子日為元，則一統後得甲辰，二統後得甲申，三統後復得甲子，故名為三統。

〔註6〕　《後漢書・律曆志》載諸家討論曆法時常為牽合讖緯而有論爭議，如蔡邕就說：「而光、晃曆以〈考靈曜〉為本，二十八宿度數及冬至日所在，與今史官甘、石舊文錯異，不可考校；以今渾天圖儀檢天文，亦不合於〈考靈曜〉。光、晃誠能自依其術，更造望儀，以追天度，遠有驗於圖書，近有效於三光，可以易奪甘、石，窮服諸術者，實宜用之。」

太初曆與其前後的四分曆在紀年方法上有些不同，太初曆視夜半爲一日之始，朔旦（朔）爲一月之始，冬至爲一年之始，以夜半、朔旦、冬至的「甲子」日做爲推算曆法的起始，稱爲「曆元」；又將「五星聯珠」、「日月合璧」的「甲子」日稱爲「上元」；十九年七閏稱爲「一章」，此時朔旦、冬至又在同一天；每八十一章稱爲「一統」，此時朔旦、冬至又曾在同一天夜半；三統稱爲「一元」，朔旦、冬至又在甲子日夜半，即：

1 歲 ＝ 365.2502 年

1 章 ＝ 19 年 ＝ 235 月

1 統 ＝ 81 章 ＝ 1539 年 ＝ 562120 日 ＝ 19035 月

1 元 ＝ 3 統 ＝ 4617 年

但顓頊曆（古四分曆）及四分曆則有不同的算法：即以冬至、朔旦同在一天的周期稱爲「一章」，每四章爲「一蔀」，每二十蔀（一紀）則冬至、朔旦同在甲子日夜半，即：

1 歲 ＝ 365.25 日

1 章 ＝ 19 年 ＝ 235 月

1 蔀 ＝ 4 章 ＝ 76 年 ＝ 940 月 ＝ 27759 日

1 紀 ＝ 20 蔀 ＝ 1520 年 ＝ 555180 日

1 元 ＝ 3 紀 ＝ 4560 年

讖緯中對 4560 年的一元頗爲關注，《尚書・考靈曜》有：「五百載聖紀符，四千五百六十歲，精及天數，握命人起，河出圖，聖受思」，《禮・斗威儀》的「二十九萬一千八百四十歲而反，太素冥莖，蓋乃道之根也」，即是 4560×64 而來。

四分曆且因歲差的關係以冬至日在斗 24 又 1/4 度，與太初曆（三統曆）的牽牛初度有別。若以這些數據見爲基準，對散見讖緯文獻中的曆法問題就容易解釋了。

首先，一歲爲 365 又 1/4 日爲各讖緯的共識：

> 曆以三百六十日四分度之一爲一歲。（《易緯・乾鑿度》）

> 周天三百六十五度四分度之一，而日日行一度，則一期三百六十五日四分度之一。（《尚書・考靈曜》）

> 天如彈丸，圍圓三百六十五度四分度之一。（《尚書・考靈曜》）

> 周天三百六十五度四分度之一，以爲八分，風由而生，以生殺萬物

也。（《春秋・考異郵》）

周天三百六十五度四分之一，夫一度爲千九百三十二里，則日行一
度以五序，行三百六十五日四分度之一不（《河圖・括地象》）

天地相去十七萬八千五百里。（《洛書・甄曜度》）

其次是俱起牽牛之初的「上元」，諸家亦無異說：

天地開闢，元曆紀名，月首甲子冬至，日月五緯，俱起牽牛之初，
日月若懸璧，五星若編珠。（《尚書・考靈曜》）

斗二十二度，無餘分，冬至在牽牛所起。（《尚書・考靈曜》）

推之以上元爲始，起十一月甲子朔旦夜半，冬至，日月五星，俱起
牽牛之初。（《禮・含文嘉》）

天元以甲子朔旦冬至，日月起於牽牛之初，右行二十八宿，以考王
者終始，或盡一，其曆數，或不能盡一，以四千五百六十爲紀，甲
寅窮。（《樂・叶圖徵》）

天左動起於牽牛，地右動起於畢。（《河圖・括地象》）

不過，《樂・叶圖徵》的「以四千五百六十爲紀」是四分曆的一元了，而《尚
書・考靈曜》的「斗二十二度，無餘分」或許亦察覺冬至所起與牽牛已有距
離了。

再次，讖緯對推列終始有濃厚的興趣，直溯自開闢以來的年數，這一年
數易緯、春秋緯都說是二百七十六萬歲：

自開闢至獲麟，二百七十六萬歲。（《春秋・元命包》、《易・乾鑿度》）

二百七十六萬歲，每紀爲一十六萬七千年。（《易・乾鑿度》）

這一數據應是由曆法逆推而得的，可能是以文帝後元三年庚辰（B.C.161）的
「冬十有一月甲子夜半朔旦冬至」爲曆元，此年上據哀公獲麟的庚申年
（B.C.48）爲 320 年，將此數據乘上 1816 則得二百七十六萬零三百二十年，
再減去 320 年就得二百七十六萬年。〔註7〕但《春秋・命歷序》則說是三百二
十七萬六千歲，且分爲十紀：

自開闢至獲麟三百二十七萬六千歲，爲分十紀，凡世七萬六百年。

一曰九頭紀，二曰五龍紀，三曰攝提紀，四曰合雒紀，五曰連通紀，

〔註 7〕順帝漢安二年太史令虞恭、治曆宗訢認爲四分曆的上元是魯哀公十四年獲麟
　　　　的庚申歲前的二百七十六萬年的庚申歲，參《後漢書・曆律志》。

六日序命紀，七日修蜚之紀，八日回提紀，九日十通紀，十日流訖
紀。

既云分爲十紀，則一紀當爲三十二萬七千六百歲，但何謂「凡世七萬六百年」？
文獻不足徵，姑闕其疑。不過，值得注意的是這二則：

今入天元二百七十五萬九千二百八十歲，昌以西伯受命。入戊午蔀
二十九年伐崇侯，作靈臺，改正朔，布王號於天下，受錄應河圖。（《易
緯・乾鑿度》）

積獲麟至漢，起庚午蔀之二十三歲，竟己酉、戊午及丁卯蔀之六十
九歲，合爲二百七十五歲。（《春秋・命歷序》）

開天闢地至獲麟爲二百七十六萬歲，西伯受命爲二百七十五萬九千二百八十
歲，早獲麟七百二十歲，獲麟爲魯哀公十四年庚申（B.C.481），由此推西伯受
命相當於 B.C.1201 年，但重點不在年代是否可信，而是「入戊午蔀二十九年
伐崇侯」，及高祖元年 B.C.206）共二百七十五年分庚午、己酉、戊午、丁卯
四蔀，可知易緯、春秋緯將「蔀」上推自西周時期（參見林金泉，〈易緯德運
說的歷數觀〉，收在《讖緯研究論叢》）。

　　詩緯中則是獨特的三基紀年法，這一紀年法林金泉〈齊詩學之三基四五
際六情說九探微〉（成功大學學報・卷二〇），已有相當完整的說明，這裡就不
再複述了。

三、節　令

　　古代曆法是聖人知命之術，「天之曆數在爾躬」（《論語・堯曰》）、「厤象
日月星辰，敬授民時」（《尚書・堯典》）這類訓語並不是空話，曆法的目的是
爲了推算天文現象（日月蝕及五緯運行），本義並不是爲農業生產（江曉原，
《天學眞原》，第四章），換言之，農業生產是從屬於天文的，這種觀點在《尚
書・堯典》、《淮南子・時則》、《禮記・月令》中都清楚呈現；至於眞正由農
業生產經驗歸結出的指導文獻應該是〈夏小正〉，這種將農事結合物侯、氣象
一併敘述，充分展現順天奉時的思想，與天文並非本質上的關係，不過，具
物侯學意義的〈夏小正〉在漢代隨廿四節氣、七十二侯的確定，漸漸爲〈月
令〉系統吸收而形成月令圖式與思維，〔註8〕讖緯中的節令正是這種形式的月

〔註 8〕月令系統在中國思想史所產生的影響，參見金春峰〈月令圖式和董仲舒的目
　　　　的論及其對宋明理學的影響〉，《漢代思想史》，附錄。

令圖式，如《尚書‧考靈曜》云：

> 主春者鳥星，昏中，可以種稷；主夏者心星，昏中，可以種黍；主
> 秋者虛星，昏中，可以種麥；主冬者昴星，昏中，則入山，可以斬
> 伐具器械。王者南面而坐，視四星之中者，而知民之緩急，急則不
> 賦力役。

這裡的重點不在四時農事，而是提醒王者「知民之緩急」，不過，四時農事分類愈細，自然有助在位者的施政，所以四時、八節、廿四節氣、七十二侯散見讖緯文獻中。〔註9〕

　　至於天干地支，漢人每每從生化萬物的角度解釋之，這是時代思維定向所造成的現象，也是無分今古文學家的共識，讖緯與經學家的解釋並無太大差異，如：

> 孳萌於子，紐牙於丑，引達於寅，冒茆於卯，振美於辰，已盛於巳，
> 咢布於午，昧薆於未，申堅於申，留孰於酉，畢入於戌，該閡於亥。
> 出甲於甲，奮軋於乙，明炳於丙，大盛於丁，豐楙於戊，理紀於己，
> 斂更於庚，悉新於辛，懷任於壬，陳揆於癸。（《漢書‧律曆志》引
> 劉歆《三統曆》）
>
> 甲者，押也，春則開也，冬則閡也。乙者，軋也。丙者，柄也。丁
> 者，亭也。戊者，貿也。己者，紀也。庚者，更也。辛者，新也。
> 壬者，任也。癸者，揆也。子者，孳也。丑者，紐也。寅者，移也；
> 亦云引也。卯者，冒也。辰者，震也。巳者，已也。午者，仵也；
> 亦云咢也。未者，昧也。申者，伸也。酉者，老也；亦云孰也。戌
> 者，滅也，殺也。亥者，閡也。（《詩‧推度災》）

詩緯與劉歆俱成從音訓上解釋，又都指向生化過程，所以兩者解釋頗為一致，至於緊扣陰陽及數字崇拜（數字崇拜問題，參見張祖貴《數學與人類文化發展》，廣東：廣東教育，1995，頁56～73），可說是讖緯的特色了，如：

> 二九十八，主風精為蟲，八日而化，風列波激，故其命從蟲，蟲之
> 為言屈申也。（《春秋‧考異郵》）
>
> 三九二十七，七者陽氣成，故虎七月而生，陽立於七，故虎首尾長
> 七尺，般般文者，陰陽雜也。（《春秋‧考異郵》）

〔註9〕如《春秋‧考異郵》有八風、八節，《孝經‧援神契》有二十四節氣，《詩‧
　　　推度災》、《詩‧汎歷樞》有干支之說。

七九六十三，陽氣通，故斗運，狗三月而生也。(《春秋‧考異郵》)

陽物大惡水，故蠶食而不飲，陽立于三春，故蠶三變而後消死于三七二十一日，故二十一日而繭。(《春秋‧考異郵》)

天文以七，列精以五，故嘉禾之滋，莖長五尺，五七三十五神盛，故連莖三十五穗以成盛德，禾之極也。(《春秋‧說題辭》)

禾者生於仲春，以八月成嘉，得陰陽宜，適三時節，和陽精斗，性得秋之宜。(《春秋‧說題辭》)

四、分 野

　　「天文」推度主要反映在星占，星占的基礎則是星象分野。分野之說起源甚早，《周禮‧春官‧宗伯》載：「保章氏掌天星，以志星辰日月之變動，以觀天下之遷，辨其吉凶。以星土辨九州之地，所封封域，皆有分星，以觀妖祥。」所謂「以星土辨九州之地」是指將周天星象分成幾個區域，再一一尋求其在人間的對應，傳統天文學是將周天分為三垣、四象、五宮（官）、十二次、廿八宿（舍），分野法主要是宿次分野，又可析分為北斗分野、十二次分野、二十八宿分野、國次分野種種方式。最早的分野可能是十二次分野，《國語》、《左傳》多有其說，至於《史記‧天官書》所記載的已是揉合諸多分野方式的「大一統」格局，以北斗七星兼主十二州、五星為候、二十八舍為占、以陽陰分中外，畢主中國，昴主外。〔註10〕與《史記‧天官書》相較，讖緯文獻中的星象分野一如《春秋‧感精符》所指出的「地為山川，山川之精上為星，各應其界城分野，為作精神符驗」，表現出兩個特點：

　　其一、山川與星象的對應

〔註10〕《史記‧天官書》這一段文獻的原文是：「二十八舍主十二州，斗秉兼之，所從來久矣。秦之疆也，候在太白，占於狼、弧；吳楚之疆，候在熒惑，占於鳥、衡；燕齊之疆，候在辰星，占於虛、危；宋鄭之疆，候在歲星，占於房、心；晉之疆，亦候在辰星，占於參、罰，及秦并吞三晉，燕、代，自河山以南者中國，中國於四海內，則在東南為陽，陽則日、歲星、惑、填星，占於街南，畢主之。其西北，則胡貉、月氏，諸衣旃裘引弓之民為陰。陰則月、太白、辰星，占於街北，昴主之。故中國山川東北流。其維首在隴、蜀，尾沒于勃、碣。是以秦、晉好用兵，復占太白。太白主中國，而胡、貉數侵掠，獨占辰星，辰星出入躁疾，常主夷狄，其大經也。此更為客主人，熒惑為孛，外則理兵，內則理政。故曰：雖有明天子，必視熒惑所在。」

　　分野原本只是簡單地將地上州域（諸侯國）與天象產生對應，讖緯文獻中進一步將山川與星象對應起來，「坤德布精，上爲眾星」（《河圖‧括地象》），總括來說：「天有五行，地有五岳，天有七星，地有七表，天有四維，地有四瀆，天有八氣，地有八風，天有九道，地有九州。」（《河圖‧括地象》）天地乾坤若合符契，詳細對應方式，河圖載有：

> 河導崑崙山，名地首，上爲權勢星；東流千里，至規其山，名地契，上爲距樓星；北流千里，至積石山，名地肩，上爲別符星；邠南千里，入隴首山，間抵龍門首，名地根，上爲營室星；龍門上爲王良星，爲天橋，神馬出河躍；南流千里，抵龍首，至卷重山，名地咽，上爲樞星，以運七政；西踞卷重山，千里東至雒會，名地神，上爲紀星；東流至大岯山，名地肱，上爲輔星；東流過綠水，千里至陸，名地腹幹，上爲虛星。嶓冢山，上爲狼星；武關山爲地門，上爲天高星，主圖圖；荊星爲地雌，上爲軒轅星；大別爲地理，以天合地以通；三危山在鳥獸之西南，上爲天苑星；岐山在崑崙東南，爲地乳，上爲天糜星，汶山之地爲井絡，帝以會昌，神以建福，上爲天井；桐柏山爲地穴，上爲維星，鳥鼠同穴，山地之幹也，上爲掩畢星；熊耳山，地門也，精上爲畢附耳星。

由地首、地契、地肩、地根、地咽、地肱、地腹這些人格化的名目來看，星象、山川大地與人體逐一對應，不只此也，讖緯既視星爲精氣，蒼茫大地的人與物，無論是帝王聖賢，或者是植物動物無一不是星精所應：

> 太山天帝孫，主召人魂（《孝經‧援神契》）

> 黃帝名軒轅，北斗神也，以雷精起，胸文曰：黃帝子，修德立義，天下大治。（《河圖‧始開圖》）

> 禹，白帝精，以星感脩紀，山行見流星，意感粟然，生姒戎文禹。（《尚書‧帝命驗》）

> 桑木者，箕星之精（《尚書‧考靈曜》）

> 漢相蕭何，長七尺八寸，昴星精，生耳參漏，月角大形。（《春秋‧佐助期》）

> 奎主武庫兵，神名列常，姓均劉方。（《佐助期》）

> 地精爲馬，十二月而生，應陰紀陽以合功，故人駕馬，任重致遠利

天下，月度疾，故馬善走。（《春秋·說題辭》）

樞星散爲虹蚖、爲雲母、爲虎、爲瘴、爲象。（《春秋·運斗樞》）

其二、與五經相應的分野理論

先秦天文學亦同諸子百家，學派系統各有不同，讖緯既承天文學而來，其星占系統當然亦會有別，這是讖緯研究不能忽視的問題，雖然先秦天文諸家文獻散佚難徵，致使我們無法清楚讖緯天文與先秦天文學用的傳承關係，但可以看出，讖緯中的星象分野與所詮解的經典是相應的，書緯、春秋緯、詩緯、洛書均有分野理論，其說便有相當差異：

《尙書·堯典》有：「在璇璣玉衡，以齊七政」，「璇璣玉衡」指北斗七星，魁四星爲璇璣，杓三星爲玉衡，「七政」或以爲七種政事、〔註11〕或以爲日月五星、〔註12〕或以爲即北斗七星，〔註13〕書緯的分野說便順此展開而提出了：「璇璣斗魁四星，玉衡拘橫三星，合七，齊四時五威。五威者，五行也。五威在人爲五命，七星在人爲七瑞，北斗居天之中，當昆崙之上，運轉所指，隨二十四氣，正十二辰，建十二月，又州國分野年命，莫不政之，故爲七政。」即將四時、五威、七瑞、二十四氣、十二辰、十二月、州國分野年命這七者合爲七政。〔註14〕

春秋緯中有北斗分野及二十八宿分野二種方式。

北斗在傳統天文學中一向被視爲帝車，爲王權所繫，「斗爲帝車，運于中央，臨制四方」（《史記·天官書》），《春秋》旨在尊王攘夷，懼亂臣賊子，因此春秋緯中有北斗分野法：

北斗七星主九州（〈文曜鉤〉）

此九州屬北斗，星有七，州有九，但兗青徐揚并屬二州，故七星主九州也。（〈文曜鉤〉）

〔註11〕屈萬里《尚書釋義》云：「七政，蓋七種政事。意者古人以爲北斗七星，每一星主一政事，故云在璿璣玉衡以齊七政也。」（台北：聯經，民國75年），頁19。

〔註12〕《尚書·考靈曜》有：「七政。曰：日月者，時之主也；五星者，時之紀也。」是以日月五星爲七政。

〔註13〕《史記·天官書》：「北斗七星，所謂璇璣玉衡，以齊七政。」

〔註14〕從北斗七星所主的四時、五威、七瑞、廿四節氣、十二辰、十二月、州國年命分野這「七政」，正是尚書緯的思想結構，這與《春秋·元命包》從「五始」立論其思維結構是一致的。

> 樞星爲雍州，璇星爲冀星，璣星青、克州，權星徐、楊州，衡星爲
> 荊州，開陽星爲梁州，標光星爲豫州。（〈合誠圖〉）

> 華岐以北，龍門積石西至三危之野，雍州屬魁星；太行以東至碣石
> 王屋砥柱，冀州屬璇星；三河雷澤東至海岱以北，克青之州屬璣；
> 蒙山以東至羽山，南至江會稽震澤，徐揚之州屬權星，大別以東至
> 雲澤九州衡山，荊州屬衡星，荊山西南至岷山北距鳥鼠，梁州屬陽
> 星，外方熊耳以東至泗水陪尾，豫州屬杓星。（〈文曜鉤〉）

讖緯文獻中北斗七星的名稱極爲紊亂，但以「七星主九州」是完全一致的，
這是一種與二十八宿分野來源不同的分野方式，由主九州的情況來看，有可
能是比二十八宿分野更爲古老的分野法。

再則《春秋》以魯爲中心，列舉天下諸侯國事，與方國關係密切的廿八
宿分野法出現在春秋緯中是再自然不過的，〈元命包〉中即有其說（第三章第
三節已徵引，此處從略）。〔註15〕

《詩‧推度災》中有一種特殊分野，星占文獻中僅有此例，《乙巳占》稱
爲「國次分野」：

> 邶國結蝓之宿，鄘國天漢之宿，衛國天宿斗衡，王國天宿箕斗，鄭
> 國天宿斗衡，魏國天宿牽牛，唐國天宿奎婁，秦國天宿白虎、氣生
> 玄武，陳國天宿大角，檜國天宿招搖，曹國天宿張弧

這一分野系統林金泉先生〈詩緯星象分野考〉（《成功大學學報‧人文篇》第廿
卷）已有精闢的解說，林先生指出「鄭天宿斗衡」其是「鄭天宿斗魁」之誤，
所列十一國中分屬北斗、四象、二十八舍及其他星名四種配法，齊、豳二風缺，
乃亡佚所致，原本應是十三國風，而詩經國風次第又是在說明天上歲星、太歲
之右轉左行。這種分野法充分說明讖緯星占系統與詮釋的經典相呼應的現象。

洛書因無相應經典，所以分野方式反倒是集大成者、會集了十二次、、
廿八宿、九州等系統的綜合分野：

> 從南斗十二度至須女七度爲星紀，在丑，楊州。須女八度，至危十
> 五度，爲玄枵，在子，青州，齊也。危十六度至奎四度爲娵訾，在

〔註15〕陳久金〈華夏族的圖騰崇拜與四象概念的形成〉（《陳久金集》，1993，黑龍江
　　　教育）一文中指出，四象的實質不是分佈於黃道四個方位的動物，而是華夏
　　　族的四個民族，恆星分野的概念源於此，即東夷族的龍圖騰，少昊南蠻族的
　　　鳥圖騰，西羌族的虎圖騰和夏族的龜蛇圖騰。

亥，并州，衛也。奎五度至胃六度爲降婁，在戌，徐州，魯也。七
度至畢十一度爲大梁，在酉，冀州，趙也。畢十二度至井十五度爲
實沈，在申，益州晉、魏也。井十六度至柳八度爲鶉首，在未，雍
州，秦也。柳九度至張十七度爲鶉火，在午，周三河，張十八度至
軫十一度爲鶉尾，在巳，荊州楚也。軫十二度至亢四度爲壽星，在
辰，兗州鄭韓也。五度至尾九度爲大火，在卯，豫州，宋也，尾十
度至斗十一度爲析木，在寅，幽州，燕也。

若將洛書的分野說與《史記‧天官書》相較可以看出一些演變跡象（參見：
殷善培，《讖緯中的宇宙秩序》，淡江大學中國文學研究所碩士論文，頁 123
～125）。

五、星　占

　　傳統天文學爲帝王明天心所示，因此星占自是最爲重要的課題，讖緯思想
的本質既爲天文，星占自然會是重要的組成部份，所以我們也能從讖緯文獻中
看到許多不同的占法，如「月所主國」、「星辰占邦」〔註16〕。再則，星占多從
災異角度觀察，這裡自有深刻的意義在，「災異」在漢代知識階層具有典範意義，
讖緯亦多災異之說，乍看之下兩者似有關聯，但，讖緯災異之說實來自其天文
星占學的傳統，與漢代由儒學架構起的災異典範並不相同，〔註17〕事實上「災

〔註16〕 這類占法如：《孝經‧援神契》：「日冠甲九，天子欲養也，冠丙丁，君臣相反……
冠戊己，妻黨貴寵極也」《孝經‧鈎命決》：「子日日蝕者，燕國王死，期五月
十一月。丑日日蝕者，趙國王死，期在六月十二月。寅日日蝕者，齊國王死，
期在七月正月。卯日日蝕者，魯國王死，期在八月二月。辰日日蝕者，楚國
王死，期在九月三月。巳日日蝕者，宋國王死，期在十月四月。午日日蝕者，
梁國王死，期在五月十一月。未日日蝕者，沛國王死，期在六月十二月。申
日日蝕者，陳國王死，期在七月五月。酉日日蝕者，鄭國王死，期在八月二
月。戌日日蝕者，韓衛王死，期在九月三月。亥日日蝕者，秦魏王死，期在
十月四月。」《尚書‧璇璣鈐》：「日以子丑二辰變色，齊楚之邦非兵即旱，其
君多疾，若色黑白，必有水與喪。」《春秋‧潛潭巴》：「甲子日蝕，有兵爲狄
強起。」

〔註17〕 謝大寧先生運用科學史家孔恩（Thomas Kuhn）的「典範（paradigm）」理論
來解釋兩漢災異，其說以爲：先秦時代百家爭鳴乃至漢初可視爲「前典範」
時期，董仲舒「始推陰陽，爲儒者宗」以後，今文經學諸家漸次從災異規範
經典，典範於是初步確立，及元、成、哀、平諸帝，人臣奏議中輒見災異之
說，則典範已完全成立，揚雄以後因古文家回歸經典運動，至使災異典範呈
現危機，是爲「典範危機」；降至東漢，災異典範的社會基礎逐漸腐蝕，及到

異」是泛稱，詳細地說應分爲災、異、變、妖、孽五類。〔註18〕《史記・天官書》中的星占是讖緯形成前的星占災異系統，相較之下，讖緯星占災異就有如下兩個特點：

東漢晚期災異典範徹底瓦解，喪失其在知識階層的支配地位從而朝向玄學典範的建立（《從災異到玄學》，臺灣師範大學國文研究所博士論文）讖緯多論災異，漢代知識階層論政亦多舉災異以對，二者之間似有關聯，因此謝先生以爲讖緯必須落在災異典範下才能解釋，但我們以爲讖緯災異的本質是來自天文（軍國星占學）系統，到漢代與災異典範的契合畢竟只是歷史發展中的呼應，不可說讖緯就是因災異典範而起的產物。再則，兩者在運用災異時有手段與目的之別，軍國星占學（天文學）本是王朝禁臠，隨春秋戰國的階層變化移入了諸侯國，尤其戰國兵連禍結時期，「信機祥」已是一時風氣，所以《史記・天官書》才說此時「侯星氣者尤急」。順此而建構學說的郵衍，更有「談天衍」之稱，就連儒者亦有「至誠之道，可以前知。國家將興，必有禎祥；國家將亡，必有妖孽」之說，面對禎祥妖孽，將道德徽戒導入其間，這是一種入乎其中、超乎其外的轉化方式，當然，這並非儒者回應的唯一方式，如荀子就從理性層面論災變，從而指出「天行有常，不爲堯存，不爲桀亡，應之以治及吉，應之以亂吉凶」（《荀子・天論》），說雩而雨的現象是「君子以爲文，百姓以爲神」（仝上），陳義雖高，但不足以動眾，反不若〈中庸〉這一路線來的務實。漢初學者走的就是這種轉化的路線，如陸賈的「惡政生惡氣，惡氣出災異」（《新語・明誠》）、「善惡不空作，禍福不濫生，唯心之所向，志之所行而」（《新語・思務》），其徽戒的心態是十分顯明的，至於董仲舒天人三策答武帝問災異何從生時的：「臣謹案《春秋》之中，前世已行之事，人觀天人相與之際，甚可畏也。國將將有失道之敗，而天先出災人譴告之；不知自省，又出怪異以警懼之；尚不知變，而傷敗乃至。以此見天心之仁愛人君而欲止期亂也。」更是將災異與道德譴告的關係劃上了等號，這一路線正是謝先生所指的「災異典範」；至於不根於此，將災異視爲目的，亦即是陸賈所抨擊的，「夫世人不學《詩》、《書》，存仁義，尊聖人之道，極經藝之深，乃論不驗之語，學不然之事，圖天地之形，說災變之異，乖先王之法，異聖人之意，惑學者之心，移眾人之志……」（《新語・懷慮》），散入諸侯國之後的軍國占星學其實是近乎此的，讖緯星占共便是由此而來，只是在發展過程中與漢代災異典範頗爲形似，運用在經典詮釋上也確實難以分辨，唯有辨清其本質才能避免混淆了。

〔註18〕《白虎通義》是這樣界定的「災異者，何謂也？《春秋・潛潭巴》曰：『災之爲言傷也，隨事而誅。異之爲言怪也，先發感動之也』……變者，何謂也？變者，非常也《樂・稽耀嘉》曰：『禹將受位，天意大變，迅風靡木，雷雨晝冥』……妖者，何謂也？衣服乍大乍小，言語非常。故《尚書大傳》曰：『時則有服妖』也……孽者，何謂也？曰：介蟲生爲非常。《尚書大傳》云：『時則有介蟲之孽，時則有龜孽。』……所以或災變或異何？各隨其行，因其事也」（卷六・災變），帝王受禪是變，妖就是怪，有服、詩、鼓、草、脂夜等五妖（據《續漢志》引《五行傳》）；孽，則是禽獸蟲惶之怪，妖小而孽大。不過，實際用法上經常舉「災異」來代稱天象這類事變之非常者。

其一、五行說的系統化

五宮均有大帝，春秋緯更強調「中宮大帝」（北極星）的說法，這是漢代大一統格局下新的發展：

> 道起於元一為貴，故太一為北極天帝位。（〈春秋緯〉）

> 天生大列為中宮大極星，星其一明者，太一常，傍兩星巨辰子位，故為北辰以起節度，亦為紫微宮，紫之言此，中宮之中，天神圓法陰陽，開閉皆在此中。（《春秋・元命包》）

> 中宮大帝，其精為北極星，含元出氣，流精生一也。（〈文曜鈎〉）

> 中宮大帝，其北極星下一明者，為大一之先，含元氣，以斗布常。（〈文曜鈎〉）

至於三垣中的太微垣向來被視為王朝官府的象徵：

> 夫太微者，大妙之謂，用以序星辰、揆日月，定歲時，齊七政，開陰陽，審權量，發萬物，舉興廢，布小大，施長短，故五帝居之，以試天地四方之邪正而起滅之。（〈文曜鈎〉）

垣中諸星俱有所職：

> 太微為天廷，理法平亂，監計援德，列宿受符，神考節書，情稽疑者也。南蕃二星，東星曰左執，法廷尉之象也，西星曰右執，法御史大夫之象也；執法所以舉刺中姦者也。兩星之間南端門也，左執法之東左掖門也，右執法之西右掖門也，東蕃四星南，第一星曰上相，上相之北東門也，第二星曰次相，次相之北，中華門也。第三星曰次將，次將之北，太陰門也。第四星曰上將，所謂四輔也……（〈文曜鈎〉）

其中有五帝座星，讖緯文獻中各附予五帝星神名：

> 太微之座，五帝之廷。蒼則靈威仰，白則白招矩，黃則含樞鈕，赤則赤熛怒，黑則協光紀。黑帝之精，潤以紀衡；赤帝之精，燥以明量；黃帝之精，安以主慶；白帝之精，充以正勑；蒼帝之精，以開玄窈。五帝降精，萬情以導，凡王者皆用正歲之日，正月祭之，蓋特尊焉。（〈文曜鈎〉）

> 五精星坐，其東蒼帝座，神名靈威仰，精為青龍。黃帝座，一星在太微宮中，含樞鈕之神，其精有四象。其南赤帝座，神名曰赤熛怒，

其精爲朱鳥之類。其西白帝座，曰神白招矩，其爲白虎之類。其北黑帝座，神名曰協（汁）光紀，其精爲玄武之類。（詩・含神霧）

帝者承天立府，以時天重象。赤曰文祖，黃曰神斗，白曰顯記，黑曰玄矩，蒼曰靈府。

且從五行相生來說明天運次第而起：

其勢強者強之，弱者弱之，強之強之，而弱之弱之，弱之而強之，是故危者能安，興者能亡，皆五帝降精而使之反覆……五行相生不相克，十二次順行不相逆，於是乎五德所重，五行所降，五帝御世，或腫列宿，是以赤帝行德，天關爲之腫，五帝之運，各象其類。（〈文曜鉤〉）

其二、占辭與時代的互動

在識星、知象、實測、判斷及驗證這五個星占活動過程，〔註19〕居於「變數」地位的是「判斷」階段，一個優秀的星占家不僅要熟知各種占例，更要從宏觀、微觀等多重角度通透地掌握軍國大事及周遭國家的情勢。或者更準

〔註19〕 從《史記・天文書》以降，如《漢書・天文志》、《後漢書・天文志》都在尋求天文與人事的對應，甚至還出現「僞造」天象、改編歷史以便符合其說的現象，星占既肩負著天人關係的「解讀」任務，於是便成爲中國傳統天文學最主要的部份；但星占如何進行，又是如何知其象意何在？江曉原、劉韶軍、劉文英、張家國等先生或多或少都提到了其中一部份，底下我們綜合各家說法，將星占活動的進行敘述如下：首先是「識星」：認七曜、星官及彗、流、妖、客等星。其次是是「知象」：則是熟知七曜及星宿的正常、異常星象。這些星象大致可分爲七類：①日：日食本身、日面狀況；②月：月食本身（蝕列宿占、月蝕五星）、月運動狀況、月面狀況、月犯列宿、月犯中外星官、月暈列宿及中外星官；③行星：各行星之亮度（顏色、大小、形狀）、行星經過或接近星宿星、官行星自身運行狀況、行星之相互位置；④恆星：恒星本身所呈亮度及顏色、客星出現；⑤彗流隕星：彗星顏色及形狀、彗星接近日、月、星宿星官、數彗俱、隕星。⑥瑞星妖星：瑞星、妖星；⑦大氣現象：雲、氣、虹、風、雷（霧、霾、霜、雪、雹、霰、露）再次是「實測」：持續地觀測星象。再次爲「判斷」：觀測星象之後，將歷來的占例、彼時各種外在條件彙整之後做分析，然後做出占辭，占辭包括特殊的天象、此類天象的象徵意義以及適當地解釋。這裡而解釋不外是即星名以占釋人事的「直解法」，運用象徵、類比、破譯、解字、諧音等手段的「轉譯法」，以及顛倒其義的「反說法」三種。最後是「驗證」：將占辭與事實做比較。參見，張家國《神秘的占候》（廣西：廣西人民，1994），頁 140。劉文英《星占與夢占》（北京：新華，199？），頁 149～167，所提出來的星占、夢占方法。劉韶君《神秘的星象》（廣西・廣西人民）

確地說：星占云云其實是將政治關懷神秘其事地文飾，其上者穿梭在遊戲規則中既能藉星占以議論，又能免於政治上的壓迫，這正是論說災異的精神所在；但等而下之者，既無力跳脫遊戲規則，遂不免神秘其事而陷於自欺欺人的虛妄中。這一分際十分要緊，仔細分辨就能夠從占辭中看出時代問題，如江曉原將《史記·天官書》的 242 條占辭分為二十類：〔註20〕

戰爭	93	水旱災害與年成豐歉	45
王朝盛衰治亂	23	帝王將相之安危	11
君臣關係	10	喪	10
領土得失	8	得天下	7
吉凶	7	疾	5
民安與否	4	亡國	4
土功	3	可否舉事	3
王者英明有道與否	2	得女失女	2
哭泣之聲	2	天下革政	1
有歸國者	1	物價	1

戰爭、收成、治亂是司馬遷總結歷史興亡時所最看重的三項占辭，隨漢王朝產生的新的政治社會問題，占辭亦隨之而變，徐興無就指出：戰國占星多占戰爭、水旱災異及國家命運，讖緯除此之外，又多占朝政，如外戚、宦官、權臣、奸佞小人、諸侯王等對天子的威脅，多占警告天子注意個人德行的天象等等（《讖緯中的天道聖統》，頁 4），這當然是對的，后妃、外戚、宦官、諸侯王均是動搖漢代朝綱的變數，讖緯星占必然有所回應，這類文獻甚為龐大，我們只以春秋緯中與后妃相關的占辭為例來說明占辭與時代的互動關係。

星宿中代表后妃者有二：一是中宮天極星的後四星，《史記·天官書》云：「中宮：天極星。其一明者，太一常居也。旁三星：三公，或曰：子屬；後句四星：末大星，正妃；餘三星，後宮之屬也。」二是南宮朱鳥的權星（軒轅十二星），《史記·天官書》云：「南宮朱鳥……權，軒轅。軒轅，黃龍體。

〔註20〕江曉原《天學真原》，頁 231～232，江先生在《星占學與傳統文化》中則採劉朝陽分十七類，三百廿一款，前六項為：用兵：142，年成豐歉：49，凶或有憂不 22；喪：19，國利、昌、得天下 17，王者惡之或有憂：15，頁 72。

前大星，女主象；旁小星，御者后宮屬。」另外，與女性相關的星宿還有婺女，《史記‧天官書》云：「婺女，其北織女。織女，天女孫也。」我們就先列舉春秋緯星占中與此有關的占辭：

> 熒惑入軒轅，主以后妃黨之過亡，一曰：用事女當惑之。又曰：有白寸兵，其在百三十日中。
>
> 熒惑妻妃，則熒惑展轉軒轅中。
>
> 熒惑守軒轅，后夫人色衰有失寵者，若貴戚大臣以罪斥，期百十二日。
>
> 熒惑展轉軒轅中，遠后受媵。
>
> 專于妻妃，則熒惑展轉軒轅中。（以上〈文曜鉤〉）
>
> 彗孛出軒轅，女犯爲寇。（運斗樞）

《孝經‧援神契》說「軒轅十二星，后宮所居，陰陽交感，激爲雷電，和爲雨，怒爲風，亂爲霧，凝爲霜，散爲露、聚爲雲，立爲虹蜺，離爲背璚，分爲抱珥，二十四變，皆軒轅主之，女主夫人御女皆屬焉。」在軒轅十二星的二十四變中，〈文曜鉤〉這五則是熒惑人軒轅的占辭，春秋緯說「熒惑主禮成，天意；禮失，則妾爲妻，支爲嗣，精感類應，則熒惑逆見，變怪。」熒惑所占主禮，入軒轅即表示軒轅所主的后妃失禮。〈運斗樞〉的「女犯爲寇」則與「彗孛」所象徵的悖亂有關。至於「婺女」，本主帛布、裁製、嫁娶、果蓏、珍寶（《史記‧天官書》），但在春秋緯中也充滿了政治意味，這就更足以說明讖緯占辭與時代的互動：

> 彗星出織女，后黨爲亂，貴女有誅者，若有女變，期百八十日。（〈文曜鉤〉）
>
> 彗星出織女，女主之黨反。（〈運斗樞〉）
>
> 牛女光明，后妃勤慎，嬪御獻功，牛女晦暗，百姓飢寒，六畜疾疫。（〈元命包〉）
>
> 流星抵女，女主有憂事於君，有戮死者，期不出一年，遠二年。（〈文曜鉤〉）
>
> 日蝕須女，邦有女主憂，天下女工不爲。（〈感精符〉）
>
> 彗星出須女，其大兵起，女主爲亂，王者惡之，將軍戮死，若以戰亡，期不出三年。（〈感精符〉）
>
> 熒惑之女，上求女。（〈春秋緯〉）

填星守須女，后宮有喜，賦女暴貴，若后宮專政，女謁橫行。（〈春秋緯〉）

其次，日象徵人君，日蝕、日變等現象都象徵人君有危，〈感精符〉云：「日蝕有三法：一曰妃黨恣，邪臣任側，日黃無澤，則日以晦蝕，其發必於眩惑。二曰偏權柄，大臣擅法，則日青黑，以二日蝕，其發必於酷毒。三曰黨犯命，威權害國，日赤鬱怏，無光色，則日以朔蝕，其發必于嫌隙。」將日蝕歸為妃黨、偏權、黨三類，指出因妃黨而起的日蝕是生於君上的「眩惑」，且將妃黨置於日蝕三法之首，當有深意，日蝕、日變與后妃有關的占辭如下：

壬子日蝕，女謀主。（〈潛潭巴〉）

……壬子蝕，妃后專恣女謀主……（〈潛潭巴〉）

昴主八月，日色如正月，旬望以上，二月朔日，日蝕，妻后殺主。（〈潛潭巴〉）

大臣擅命妻專恣，戚黨女妃虐，賦斂殘賊則日為青黃。（〈感精符〉）

歲星入日中，以妃黨之譖去。（〈文曜鉤〉）

月象徵陰，與日並稱時象徵后妃，從此亦可說后妃、妃黨干政：

日月並照，不出數月俱行，或小或大，滿木消，其下必有殺君、滅國，女主持政、大夫亂綱、夷狄內侵，天下咸兵。（〈考異郵〉）

后妃專，則日與月並照。（〈感精符〉）

妻怨成無誀制之者，則月滿不虧，有女妃虐。（〈佐助期〉）

月五星守權，后黨災也。（〈保乾圖〉）

后族擅權，月生足芒，主勢奪於后族，群妃之黨，橫僭則月盈並出，小月承大月，群姦在宮，主若贅旒，大承小，近臣起，讒人橫，陪臣執命，三公望氣。（〈運斗樞〉）

至於從五星贏縮等現象來說后妃者亦不罕見：

歲星暈兩角，經一運一夕，女后出入失節，諸侯逃外界，進士卒，期一年。（〈春秋緯〉）

妾為妻，支為嗣，精感類應，則熒惑逆行變怪。（〈元命包〉）

填星光明，人主德性厚，政刑和平，若變為天伐、天翟之屬，皆為惡星，奸臣肆毒，女主宣淫，刑罰失當，天下不寧。（〈元命包〉）

　　填西入氐，果食大賤，賤人女暴貴。(〈春秋圖〉)

　　熒惑逆行守玄戈，以妾爲妻。(〈春秋緯〉)

　　熒惑入諸王者，主以妃黨縱恣。(〈文曜鈎〉)

　　熒惑犯箕，女主宮人有憂。(〈文曜鈎〉)

　　熒惑守元戈之陽，以左右占其方，合則主居媵宮，天下有議，女令
　　橫行。(〈文曜鈎〉)

其他如從彗孛、妖星及其他星宿說后妃、宮人者亦多，這些較無規則可循的
占辭更可說明讖緯星占對后妃問題的重視程度。

　　角星其色黑赤，變乍經三月，女出有喪，不出一年。(〈春秋緯〉)

　　填星入氐，中宮有妊娠之喜，若貴妃有專寵者。(〈文曜鈎〉)

　　客星犯尾，後宮多獻媚之人，大臣有憂。(〈元命包〉)

　　客星天杵，並守東辟，經三日，天子子及女主並崩，喪車連行，期
　　一旬，明年春民飢死亡。(〈元命包〉)

　　彗星出東西咸，女主淫泆自恣，宮門不禁，若貴女有憂。(〈文曜鈎〉)

　　妖星黑光，聚而不明，有芒有角，是謂陰隆，臣強君弱，女主于政。
　　(〈考異郵〉)

　　衡星撥起，三公后妃恣，君如贅疣。(〈元命包〉)

　　黃彗如正見，則主女害妃嬪。有以色擢上奪於后妃，期一年，彗星
　　孛見于四方。(〈春秋緯〉)

　　黃彗如正見，則主女害危者，天亡權，上奪於后妃，期一年。(〈春秋
　　緯〉)

　　彗星出魚星，后黨反。(〈春秋緯〉)

第二節　主題之二：受命

　　爲了說明政權轉移以及政權正當性的問題，在天人相應的思維方式下便出
現了「受命」的觀念，[註21]《說文解字》云「命，使也。口令」，「口」指語

〔註21〕受命説的理論依據及意蘊所指，參見胡正之《漢儒革命思想研究》(淡江大學
　　　　中國文學研究所碩士論文)。胡先生所指的「革命」正是「受命」。

詞或詛祝，〔註22〕至於「令」，《說文解字》的解釋是「發號也」，「卩」即人，「亼」
爲「口」之倒形，〔註23〕意爲發號使令；「命」則是「令」的孳乳字，強調「口」，
由天所令。最素樸的「受命」觀念是天授之，人受之，得命者昌，失命者亡，
所回應的是天命爲何會轉移的問題，這一素樸思想可由「命」字的較早用法尋
得理解。金文中「命（令）」已是常見字，而且已連結成「受……命」詞組，如
康王時期的〈盂鼎〉銘文載有：「王若曰：盂，丕顯文王，受天有大令（命）。
在武王嗣文王作邦，闢厥匿，匍有四方，畯正厥民……我聞殷逐令（命），惟殷
邊侯、佃，于殷正百辟，率肆于酒，故喪師、祀。」宣王時期的毛公鼎亦載有：
「丕顯文武，皇天引厭厥德，配我有周，膺受大命」，「命」字的提出實與西周
時期對歷史興亡的檢討有關，這類對周興殷亡的檢討，更常見於《詩》、《書》，
〔註24〕周之所以受命乃是因爲殷商「墜其命」，〔註25〕「墜其命」的原因乃是
不「敬德」。〔註26〕不「敬德」而「墜其命」，此處的「德」指的是具體的行爲，
〔註27〕對有周而言，殷商之失德表現在酗酒、不用賢哲等事項上，〔註28〕周初
這等反省可以說是中國人文精神的躍動，影響極爲深遠（徐復觀，《中國古代人
性論史・先秦篇》，台北：臺灣商務，民國71年，第三章），「德」成爲重要的
語彙，「受命」更成爲政權興亡最合理的解釋。

　　戰國時期，群雄霸起，無不意在問鼎，此時素樸的受命觀念便進一步深
化，從而提出了天命「如何轉移」以及「如何受命」的問題，於是「受命」

〔註22〕「口」爲神聖詛器之說爲白川靜氏所主張，參氏著《中國古代文化》（台北：
　　　　文津，民國72年）
〔註23〕劉翔《中國傳統價值觀念詮釋學》（台北：桂冠，民國82年）云：由今字的
　　　　構形可見其造字初義，即爲發號使令，殷代卜辭的令字都用爲命令、使命之
　　　　義，且沿用於周代金文。（頁193）
〔註24〕如《大雅・大明》的「有命自天，命此文王。于周于京。纘女維莘，長子維
　　　　行。篤生武王，保右命爾，燮伐大商。」、《大雅・文王》的「文王受命，有
　　　　此武功；既伐于崇，作邑于豐」、〈酒誥〉的「惟天降命，肇我民惟元祀。」
〔註25〕〈酒誥〉：「今惟殷墜厥命，我其可不大監撫于時？」〈召誥〉：「我不敢知曰：
　　　　有殷受天命，惟有歷年，我不敢知曰：不其延，惟不敬厥德，乃早墜厥命」、
　　　　〈君奭〉：「弗弔，天降喪于殷。殷既墜厥命，我有周既受……天命不易，天
　　　　難諶，乃其墜命，弗克經歷。」
〔註26〕〈召誥〉云：「我不可不監于有夏，亦不可不監于有殷。我不敢知，曰有夏服
　　　　天命，惟有歷年；我不敢知，曰不其延，唯不敬厥德，乃早墜厥命。」
〔註27〕仝註三所引書，頁93～104。
〔註28〕周鑑於殷商之酒禍，對酒採取嚴格的控制，〈酒誥〉就是這一歷史環境下的產
　　　　物。

觀念便進入儀式化的過程，影響所至，日後更形成「正統論」的思想成爲中國傳統政治思想史上饒富興味的一環。〔註 29〕天命「如何轉移」？儒家承繼周文，提出「以德受命」〔註 30〕不過最具影響力的是稷下學者鄒衍的五德終始說。此說有兩點值得留意：一是以「德」說「行」，《史記・孟子荀卿列傳》說「鄒衍睹有國者益淫侈，不能尚德，若大雅整之于身，施及黎庶矣。」可知鄒衍雖從五行相勝說興革，但仍是本於周文的敬德觀念；其二，《史記》又載其「乃深觀陰陽消息，而作怪迂之變，終始大聖之篇，十餘萬言」，「終始」是觀測陰陽之消與息而來，其說可能是受到月令系統的啓發，〔註 31〕清・馬國翰《玉函山房輯佚書》將《呂氏春秋・應同篇》中一段將黃帝、禹、湯、文王，按土木金水安排的文字說是鄒衍遺說，此段文字又提到「代火者必水⋯⋯水氣至而不知數備，將徙於土」，落在戰國時代，天命如何轉移的問題就成了如何證明其「受命」的問題了。在天人相應的思維方式下，這自然也促成天文學（軍國星占學）的進一步發展，這才是鄒衍五德終始說的重點，若只斷斷於五德轉移恐不免是只見其粗。《呂氏春秋》爲嬴秦張本，主水德之運，此時「如何證其受命」基本上已不復存在，問題已轉化成「如何回應受命」，這就成了制度問題，《呂氏春秋》體系正可如是觀。

漢革秦命，早期因採關中本位而沿秦制度，張蒼爲相時，推尊水德，以十月爲歲首，〔註 32〕但顓頊歷至漢已多差誤，賈誼提出「改正朔，易服色，法制度，定官名，興禮樂，乃悉草具其事儀法，色尚黃，數用五，爲官名，悉更秦之法」，就有可能是本於律歷之失而發，並因而牽動整套政治制度，「王者易姓受命，必愼始初，改正朔，易服色，推本天元，順承厥意。」（《史記・歷書》），是諸家共識，所以「如何回應受命」就成爲雄才大略的武帝最主要

〔註29〕正統論的討論，參見趙令揚《關於歷代正統論之爭論》，饒宗頤《中國史學上之正統論》（宗青圖書）。

〔註30〕孔子的「故遠人不服，則修文德以來之」、孟子的「仁政」，荀子的論王霸都是這種思想的表現。

〔註31〕鄒衍學說與月令系統之關係，參見王夢鷗先生《鄒衍遺說考》（台北：臺灣商務，民國 55 年）。

〔註32〕《史記・張丞相列傳》載：「自漢興至孝文二十餘年，會天下初定，將相公卿皆軍吏。張蒼爲計相時，緒正律歷。以高祖十月始至灞上，因故秦時本以十月爲歲首，弗革。推五德之運，以爲漢當水德之時，尚黑如故。吹律調樂，入之音聲，及以比定律令。若百工，天下作程品，至于爲丞相，卒就，故漢家言律歷者，本之張蒼。蒼本好書，無所不觀，無所不通，而尤善律歷。」

的課題了。這一系列的因革便從曆法的討論展開，且形成「夏正以正月，殷正以十二月，周正以十一月，蓋三王之正若循環，窮則反本」（《史記・曆書》）的見解，曆法上的三正推展到政治制度上就成公羊家的三統說，董仲舒《春秋繁露・三代改制質文〉詳細地從正朔、物色、服制、輿制、郊制、冠制、婚制、喪制、祭制、樂制、刑制說明黑白赤三統更替及禮制之別，〔註33〕武帝太初元年改從太初曆，以三統定正朔，定漢爲黑統，建寅，以正月爲歲首，又以五德定服色，定漢爲土德，色尚黃，初步實踐三統五德改制理論，不過武帝這一本五德相勝的受命改制觀念爲時並不長久，到西漢後期已爲五德相生所取代，劉歆時五德相生的受命觀念已相當成熟，讖緯思想就處在這一轉變過程中，可以爲兩漢政治思想史提供寶貴的文獻資料。

再則「受命」本即是讖緯思想發生過程中的主題，所謂「尚書者，二帝之跡，三王之義，所推期運，明受命之際。(《春秋・說題辭》)、「天道煌煌，非一帝之功；王者赫赫，非一家之常。順命者存，逆命者王」(《春秋・元命包》)，所謂「推期運」、「非一帝之功」、「非一家之常」指的是帝位的授受皆由天定，五德轉移各有時序，這一受命主軸有一套完整的程序，依次是感生→異表→符應→改制→祥瑞，每一過程環環相扣，從而結合成一可供驗證的理路：

一、感　生

古帝感生是來自神話中的「始祖神話」，〔註34〕《詩經》中亦有簡狄吞燕卵的「天命玄鳥，降而生商」(《商頌・玄鳥》)，以及周始祖姜嫄「履帝武敏歆」(《大雅・生民》) 的記載，讖緯對這種強調受命自天的主題自然不會放過，不只此也，讖緯思想更對「感生」主題施以系統化的說明，如《春秋・演孔圖》指出「天子皆五帝精寶，各有題序，次運相據起，必有神靈符紀，諸神扶助，使開階立遂……」，這段文獻明示出讖緯在素樸的感生神話基礎

〔註33〕三統說與五德終始說完全不同，三統說是公羊學爲解新王改制中新統與舊統的關係問題，三統在形式上是一客觀不變的架構，而內容上則是三王、五帝、九皇、民不斷更替的過程，不可將三統說的形式與內容混淆，換言之，三統說的夏商周三統只是理想所托而非歷史事實，此處至爲緊要，亦是公羊學精神所繫，不可不辨。參見蔣慶《公羊學引論》（遼寧：遼寧教育，1995）。

〔註34〕神話始祖感生是神話主題中重要的一環，從始祖感生神話亦可推知民族遷移等重要古史問題。比較詳細的討論，參見陶陽、鍾秀《中國創先神話》（上海：上海人民，1989），第七章，以及劉城淮《中國上古神話通論》（雲南：雲南人民，1992），第九章。

逐將受命帝王敷演成（1）五帝精寶（2）各有題序（3）次運相據而起（4）
神靈符紀及（5）諸神扶助這五個命題了，其中（4）神靈符紀及（5）諸神
扶助兩者屬於符瑞階段，容後再述，至於「五帝精寶」可從二方面來說，首
先是《春秋‧保乾圖》所說的「天子至尊也，神精與天地通，血氣含五帝精，
天愛之子之也」，這種思想就表現在受命帝王與五帝星精的相應上：

> 蒼帝感姜嫄，而生卦之得震，故周蒼代商。（《春秋‧元命包》）

> 夏白帝之子，殷黑帝之子，周倉帝之子。（《春秋‧元命包》）

> 黑帝治八百歲，運極而授木，蒼帝七百二十歲而火。（《春秋‧保乾
> 圖》）

其次是聖王的「感生」過程，從三皇、五帝到三代、赤漢均有其說：

1. 三　皇

> 華胥履跡，怪生皇儀。

> 華胥履大人跡而生伏羲。（《詩‧含神霧》）

> 少典妃安登，游于華陽，有神龍首，感之於常羊，生神子，人面龍
> 顏，好耕，是謂神農。（《春秋‧元命包》）

> 任已感龍生帝魁。（注：魁，神農名）

2. 五　帝

> 大電光繞北斗樞星，照郊野，感附寶，而生黃帝。（《詩‧含神霧》）

> 附寶出降，大靈生帝軒。（《孝經‧鉤命決》）

> 瑤光如蜺，貫月正白，感女樞，生顓頊。（《詩‧含神霧》）

> 慶都與赤龍合昏，生赤帝伊祁，堯也。（《詩‧含神霧》）

> 堯火精，故慶都感赤龍而生（《春秋‧元命包》）

> 握登見大虹，意感而生帝舜。（《詩‧含神霧》）

3. 三　代

> 命星貫昴，修紀夢接，生禹。（《孝經‧鉤命決》）

> 禹白帝精以星感，脩紀山行見流星，意感栗然，生姒戎文禹。（《書‧
> 帝命驗》）

> 扶都見白氣貫月，感黑帝生湯。（《詩‧含神霧》）

湯之先爲契，無父而生，契母與姊妹浴於元丘水，有燕銜卵墮之，契母得，故含之，誤吞之，即生契。（《詩・含神霧》）

太任夢長人感已生文王。（《詩・含文嘉》）

4. 赤　漢

執嘉妻含始，游雒池，赤珠出。刻曰：玉英吞此者爲王客，以其年生劉季，爲漢皇。（《春秋・握誠圖》）

執嘉妻含始生劉季。（《詩・含神霧》）

有意思的是堯感生的文獻中有一則是從堯母慶都著墨：

堯母慶都，有名於世，蓋大帝之女，生于斗維之野，常在三河之南。天大雷電，有血流潤，大石之中生慶都，長大象形大帝，常有黃雲覆蓋之，夢食不飢，及年二十，寄伊長孺家，出三河之首，常若有神隨之者，有赤龍，負圖出，慶都讀之，赤受天運，下有圖，人衣赤光，面八彩，鬚鬐長七尺二寸，兑上豐下，足履翼翼，署曰：赤帝起誠天下寶，奄然陰風雨，赤龍與慶都合婚，有娠，龍消不見，既乳視，堯貌如圖表，及堯有知，慶都以圖予堯。（《春秋・合誠圖》）

將慶都亦說成感生而出，這或許是因爲在相生系統中，漢爲堯後，所以對慶封亦神聖其說了。

受命帝王感生說看似荒誕，但在解釋政權興革時卻有其深刻意蘊存在，與維護官方而主張同祖說的古文經學相當不同，〔註35〕但讖緯在受命帝感生的基礎上又附予帝繫聖統的思想（詳下文），從受命條件的角度來說遠較經學系統嚴格許多了。

二、異　表

感生可以虛構，何以知其眞爲感生的受命帝王？讖緯思想以「異表」來驗證之，《白虎通義・卷七》載：「聖人皆有異表」，「聖人所以能獨見前睹，與神通精者，蓋皆天所生也。」（仝上），亦即從體態形貌上來判斷是否爲受命之君，《白虎通義》引「禮說」：

禹耳三漏，是謂大通，興利除害，決河疏江。皐陶鳥喙，是爲至誠，決獄明白，察於人情。湯臂三肘，是爲柳翼，攘去不義，萬民蕃息。

〔註35〕參見：王葆玹，《西漢經學源流》，附錄；蔣慶《公羊學引論》，第三章。

　　文王四乳，是調至仁，天下所歸，百姓所親。武王望羊，是爲攝揚，
　　盱目陳兵，天下富昌。周公背僂，是爲強俊，成就周道，輔於幼主。
　　孔子反宇，是謂尼甫，立德澤，所與藏元通流。（〈禮緯〉）

陳立疏證說此「禮說」即《禮‧含文嘉》，這段文獻提到了禹、皋陶、文王、
武王、周公、孔子，缺漏仍多，事實上，讖緯中對古帝王「異表」幾乎皆有
其說，列舉如下

1. **古三皇**（天皇、地皇、人皇）

　　天皇顀羸，三舌，驤首，鱗身，碧艣禿揭；地皇十一君，皆女面，
　　龍顙，馬踶，蛇身；人皇，龍身，九頭，驤首，達腋；地皇氏逸，
　　于有人皇，九男相像，其身九章。（《洛書‧靈準聽》）

2. **三　皇**（《禮行‧含文嘉》之三皇爲慮戲、燧人、神農）

　　伏羲龍身牛首，渠肩達掖，山準日角，蠶目珠衡，駿毫翁鬣，龍唇
　　龜齒，長九尺有一寸，望之廣，視之專。（《春秋‧合誠圖》）

　　伏羲大目，山準龍顏。（《春秋‧元命包》）

　　神農生三辰而能言，五日而能行，七朝而齒具，三歲而知稼般戲之
　　事。（《春秋‧元命包》）

　　神農長八尺有七寸，弘身而牛頭，龍顏而大唇，懷成鈐戴玉理。（《孝
　　經‧援神契》）

　　伏羲山準，禹虎鼻。（《孝經‧援神契》）

3. **五　帝**

　　黃帝身逾九尺，附函挺朵，修髯花瘤，河目龍顙，日角龍顏。（《孝
　　經‧援神契》）

　　堯，鳥庭，荷勝，八眉。（《孝經‧援神契》）

　　舜龍顏重瞳，大口，手握褒。（《孝經‧援神契》）

　　舜長九尺，太上員首，龍顏日衡，方庭甚口，面顬亡髦，懷珠握褒，
　　形卷色黳露，目童重曜，故曰舜，而原曰重華。（《洛書‧靈準聽》）

　　舜目四童，謂之重明，承乾乾踵堯，海內富昌。（《春秋‧演孔圖》）

　　禹虎鼻山準。（《論語‧摘輔象》）

4. **三　帝**

禹身長九尺，有只虎鼻河目，駢齒鳥喙，耳三漏，戴成鈴，襄玉斗，玉骭履已。(《洛書‧靈準聽》)

黑帝子湯，長八尺一寸，珠庭。(〈靈準聽〉)

蒼帝姬昌，日角鳥鼻，身長八尺二寸，聖智慈理也。(〈靈準聽〉)

5. 赤　漢

赤帝之為人，視之豐，長八尺七寸。(《春秋‧合誠圖》)

赤帝體為朱鳥，其表龍顏，多黑子。(《春秋‧合誠圖》)

聖王異表說並不是讖緯始倡，《荀子‧非相》已有其說，如「徐偃王之狀，目可瞻馬；仲尼之狀，面如蒙倛；周公之狀，身如斷菑；皋陶之狀，色如削瓜；閎夭之狀，面無見膚；傅說之狀，身如植鰭；伊尹之狀，面無須麋。禹跳，湯偏，堯、舜參牟子」，雖然荀子目的是為了說明相形不如論心、擇術，但也可知聖王異表之說由來已久，而讖緯更將之轉而安置在「受命」的主軸下，這就賦予聖王異表說另一層的意涵了。

三、符　應

感生、異表確定了其人為非常人乃天帝之子，但天帝之子的即位得經由「次運相據而起」，受命時機到了，自然會有符應顯現，即所謂「帝受命，握符出也」(《孝經‧鉤命決》)，如：

黃帝將興，黃雲升於堂。(《春秋‧演孔圖》)

堯坐舟中，與太尉舜臨觀，鳳凰負圖授堯，圖以赤玉為柙，長三尺，廣八寸，厚五寸，黃玉檢，白玉繩，封兩端，其章曰：「天赤帝符爾」五字。(《春秋‧合誠圖》)

舜之將興，黃雲升于堂。(《春秋‧演孔圖》)

湯將興，白雲入房。(〈演孔圖〉)

黃帝將興，有黃爵赤頭立于日傍。帝曰：黃者，王也；赤者，火榮；爵者，賞也；黃爵者，賞也；余今當立大功乎？興于桑乎？(《春秋‧佐助期》)

大禹之興，黑風會紀。(《詩‧含神霧》)

但何以知是其「運」？這就有賴「神靈符紀」，也就是受命之符了，受命之符

（符瑞）與受命帝王所據而起的德是相應的：

> 黃帝修兵，革以德行，則黃龍至，鳳凰來儀。（《禮‧含文嘉》）

> 湯受金符，白狼銜鉤入殷朝。（《尚書‧琁璣圖》）

> 帝王之興，多從符瑞，周感赤雀，故尚赤，殷致白狼，故尚白，夏錫玄珪，故尚黑。（《春秋‧感精符》）

> 其天命以黑，故夏有玄珪，天命以白，故殷有白狼銜鉤，天命以赤，周有雀銜書。

> 其天命以黑，故夏有玄珪，天命赤，故周有赤雀銜書，天命以白，故殷有白狼銜鉤。（以上《禮‧稽耀嘉》）

最有象徵意義的受命之符自然是「河圖」了，《尚書‧琁璣鈐》云：「河圖，命紀也。圖天地帝王終始存亡之期，錄代之矩」，讖緯中其說頗詳：

> 河圖帝王之階圖，載江河山川州界之分野，後堯增壇于河，作握河記，逮虞舜夏商，咸亦受焉。（《春秋‧命歷序》）

> 黃帝坐玄扈洛水上，與大司馬容光等臨觀，鳳皇銜圖置帝前，帝再拜受命。（《春秋‧合誠圖》）

> 仲尼曰：吾聞帝堯率舜等游首山，觀河渚，有五老游河渚，一曰：河圖將來，告帝期。二曰：河圖將來，告帝謀，三曰：河圖將來，告帝書，四曰：河圖將來，告帝圖，五曰：河圖將來，告帝符。有頃，赤龍銜玉苞，舒圖刻版，題命可卷，金泥玉檢封盛書，咸曰：知我者重童也。五老乃為流星上入昴，黃姚視之，龍沒圖在，堯等共發曰：帝當樞百則禪于虞，堯渭然曰：咨汝舜，天之歷數在汝躬，允執其中，四海困窮，天祿永終。（《論語，比考讖》）

> 聖人受命必順斗，張握命圖授漢寶。（《詩‧含神霧》）

至於「諸神扶助」即是指諸神從而降生以扶持受命之，如：

> 漢之一師為張良，生韓之陂，漢以興。（《春秋‧保乾圖》）

在符應中這往往有心造作者所玩弄的把戲，尹敏的「君無口，為漢輔」正是對此的嘲諷。

四、改　制（改正朔、易服色）

受命改制，以示天命的變革，這可說是傳統政治思想最具體的儀典活動，

董仲舒云：「王者必受命而後王。王者必改正朔，易服色，制禮樂，一統於天下，所以明易姓，非繼人，通以己受之於天也。」（《春秋繁露‧三代改制質文》），若正朔不改，服色不易，禮樂不制，何以明已宣示受命呢？在讖緯形成前，對改制問題已有夏商周三正、黑白赤三統及忠敬文三王之道等各種不同的說法，〔註36〕讖緯思想中既是以天文爲本質，對改制問題自然是從曆法上的三正論起：

> 三皇三正：伏羲建寅，神農建丑，黃帝建子，至禹建寅，宗伏羲；商建丑，宗神農；周建子，宗黃帝，謂正朔三而改也。（《禮緯‧稽命徵》）舜以十一月爲正統，尚赤；堯以十二月爲正，尚白；高辛以十三月爲正，尚黑；高陽氏以十一月爲正，尚赤；少昊以十二月爲正，尚白。黃帝以十三月正，尚黑，神農以十一月爲正，尚赤，女媧以十二月爲正，尚白，伏羲以上未有聞焉。（《禮緯‧稽命徵》）〔註37〕

正朔三而改，文質再而後，三微者三正之始，萬物皆微，物色不同，故王取法焉。十一月時，陽氣始施於黃泉之下，色皆赤，赤者陽氣，故周爲天正色尚赤，十二月，萬物始牙而色白，白者陰氣，故殷爲地正，色尚白，十三，萬物孚甲而出，其色皆黑，人得加功展業，故夏爲人正，色尚黑。（禮緯）

　　禮緯這三則文獻可以表列如下：

黑統	十三月				黃帝	高辛	夏
白統	十二月	女媧	少昊	堯	商
赤統	十一月	神農	高陽	舜	周

禮緯的三正三統系譜基本上可視爲讖緯思想的基本共識，其他緯書配合其既有體系或有部份變化，如《春秋‧感精符》的三統爲天地人三統，黑白赤則成服色：

> 十一月建子，天始施之瑞，謂之天統；周正，服色尚赤，象物萌色赤也。十二月建丑，地始化之端，謂之地統；殷正，服色尚白，象物牙色白。正月建寅，人始化之端，謂之人統；夏正，服色尚黑，

〔註36〕三統、三正、文質等制度問題，多見漢初學者討論文獻中，較完整的論述見董仲舒《春秋繁露》。

〔註37〕此段文獻文字頗多舛誤，「高辛以十三月爲正」，《玉函山房輯佚書》作「十二」，此據《通緯》改；「黃帝以十二月爲正」，《玉函山房輯佚書》作「十三」，此處據以改正。

象物生色黑也。

參照《春秋·感精符》、《詩·推度災》、《禮·稽命徵》等文獻可知讖緯思想所主張的三統、五德的對應是這樣的：

伏羲	女媧	神農	黃帝	少昊	顓頊	帝嚳	堯	舜	夏	商	周	漢
木		火	土	金	水	木	火	土	金	水	木	火
黑統	白統	赤統	黑統	白統	赤統	黑統	白統	赤統	黑統	白統	赤統	黑統

將黑白赤視爲三統，則三統可以說是一種制度而非事實，就不必計較黑白赤所代表的顏色，但在天地人三統中黑白赤明顯是指三色，就產生五德色與黑白赤三服色間的扞挌，這一困境該如何消解？《春秋·感精符》以爲：

> 此三正律者，亦以五德相承；以前三皇爲正，謂天皇地皇人皇，皆以天地人爲法，周而復始；其歲首所書，乃因以爲名；欲體三才之道，而君臨萬邦。故受天命而王者，必調六律而改正朔，受五氣而易服色，法三正之道也。周以天統，服色尚赤者，陽道尚左，故天左旋；周以木德王，火是其子，火色赤，左行用其赤色也；殷以地統，服色尚白者，陰道尚右，其行右轉，殷以水德王，金是其母，金色白，故右行用其白色，夏以人統，服色尚黑者，人亦尚左，夏以金德王，水是其子，水色黑，故左行用其黑色。

從天道、人道左行順生，人統之夏與天統周俱爲左行，夏五德屬金，順生則是金生水，水色黑，所以尚黑；周五德屬木，順生則爲火，火色赤，所以尚赤；地統的殷爲地道右行逆生，殷五德屬水，逆生得金，金色白，所以尚白。但這畢竟不是從本質上調和三統與五德，也只能對三代服色做權宜的解釋，或許是讖緯思想太在意牽合天人關係，所以將黑白赤從制度降而爲服色，反倒模糊了制度了。

至於《春秋·元命包》及《禮·稽耀嘉》均有以十二辟卦來說三統的文獻：

> 夏以十三月爲正，息卦受泰。殷以十二月爲正，息卦受臨。周以十一月爲正，息卦受復，其色尚赤，以夜半爲朔。(《春秋·元命包》)
>
> 夏以十三月爲正，息卦受泰，法物之始，其色尚黑，以平旦爲朔。
> 周以十一月爲正，息卦受復，法物之萌，其色尚赤，以夜半爲朔。
> 殷以十二月爲正，息卦受臨，法物之牙，其色尚白，以雞鳴爲朔。

（《禮・稽耀嘉》）

十二辟卦說以復卦配十一月（子月）、臨卦配十二月（丑月）、泰卦配正月（寅月），從卦氣學的角度來說三統，可說是三統說下的派生產物。

三統已定，再來則是禮樂制度的制定，就國家禮制而言，犖犖大者現在郊祀、禘祫、封禪儀典及靈臺、明堂、辟雍的設立，其次則是爵位及吉凶軍賓嘉五禮的制定上。郊祀、禘祫已見第三章第一節，這裡我們略舉封禪、靈臺、辟雍、明堂等文獻，以見其一斑：

（一）封　禪

封禪是受命過程中最具有儀式行爲的禮制，封禪之說始見於《管子・封禪》應是稷下齊學的主張，讖緯多主封禪說：

> 天子受符，以辛日立號，帝宰奉圖，帝人共觀九日，悉見後世之過，方來之害，以告天曰：請封禪。到岱宗，書期過數，告諸命。（《春秋・漢含孳》）

> 刑法格藏，世作頌聲，封於太山，考績柴燎，禪於梁甫，刻石紀號，英炳巍巍，功平世教。（《禮・斗威儀》）

> 王者封泰山，禪梁甫，易姓奉度，繼興崇初也。（《河圖，眞紀》）

光武帝更因《河圖・會昌符》有：「赤帝九世，巡省得中，治平則封，誠合帝道孔矩，則天文靈出，地祇瑞興」等讖言而有封禪之舉。

（二）靈　臺

靈臺爲候天意所在，禮，唯王者方有靈臺，具有表溝通天人的象徵意義，《詩・大雅・靈臺》的「經始靈臺，經之營之。庶民攻之，不日成之」正說明文王受命（江曉原《天學眞原》，頁107），帝王既受命改制，經營靈臺以候神聽自是急務，讖緯頗有其說：

> 禮：天子靈臺。所以觀天人之際，陰陽之會也。揆星度之驗微，六氣之瑞應，神明之變化，睹因氣之所驗，爲萬物獲福於無方之原，招太極之清泉，以興稼穡之根，倉廩實知禮義，衣食足知榮辱，天子得靈臺之則，五車三柱，明制可行，不失其常，水泉川流，無滯寒暴暑之災，陸澤山陵，禾盡豐穰。（《禮・含文嘉》）

> 天子觀天文，察地理，和陰陽，揆星度，原神明之變，獲福于無方，得靈臺之禮，則五車三柱均明，不離其常，川原陸澤，年豐穰。（《禮・

含文嘉》）

　　天子有靈臺，以候天地；諸侯有時臺，以候四時。（〈禮緯〉）天子靈
　　臺，所以觀天人之際，察陰陽之會也，揆星辰之驗徵，六氣之瑞應，
　　神明之變化，睹因氣之所驗，爲萬物獲福無方之原。（《孝經・援神
　　契》）

　　靈臺孝符居高顯，聖王所以宣德察微。（《孝經・援神契》）

靈臺是候天地陰陽變化的樞紐，掌握天意成爲政治成敗的關鍵，讖緯思想重
視靈臺正是其天文本質的展現。

（三）明　堂

　　明堂之說由來甚，武帝建元元年秋七月議立明堂，趙綰、王臧提出具體
建議，至元封二年於泰山立明堂，但這一明堂其實是拜祀上帝之所（《漢書・
郊祀志》），是方士神仙信仰的產物，與國家禮制的明堂並不相同。明堂亦具
有相當重要的象徵意義，在元、成以降儒者的禮制改革運動中想必亦是改造
的重點所在，讖緯中的明堂說或許可以提供我們一些線索：

　　得陽氣明朗，謂之明堂。以明堂義大，故所合理廣也。（《孝經・援
　　神契》）

　　明堂者，天子布政之宮，八窗四闥，上圓下方，在國之陽。（《孝經・
　　援神契》）

　　明堂之制，東西九筵，筵長九尺也。明堂東西八十一尺，南北六十
　　三尺，故謂之太室。（《孝經・援神契》）

　　周之明堂在國之陽，三里之外，七里之內，在辰巳者也。（《孝經・
　　援神契》）

　　明堂有五室，天子每月於其室聽朔布教，祭五帝之神，配以有功德
　　之君。（《孝經・援神契》）

　　明堂所以通神靈，感天地，正四時。（《禮・含文嘉》）

《孝經・援神契》說「周之明堂在國之陽」，平帝時王莽在國之陽立明堂，兩
者之間應有關連；光武建武廿七年博士桓榮、張純議立辟雍、明堂，採讖緯
之說及平帝時議，其事果行，這從代表東漢官方立場的《白虎通義》卷六「辟
雍」對明堂的說法：「天子立明堂者，所以通神靈，感天地，正四時，出教化，

崇有德，重有道，顯有能，褒有行者也。明堂上圜下方，八窗四闥，布政之宮在國之陽，上圓法天，下方法地」與讖緯幾乎全同，亦可見讖緯明堂對東漢明堂的影響。〔註 38〕

其次在作樂方面，一方面「受命而王，為之制樂，樂其先祖也」（《樂·叶圖徵》），是功成報祖之意；另一方面「作樂所以防隆滿節喜盛也」（《樂·稽耀嘉》），所以受命帝王均有制樂之舉：

> 黃帝樂曰咸池，帝嚳樂曰六英。帝顓頊曰五莖，舜曰大韶，禹曰大夏。殷曰大濩。周曰酌。（以上《樂·動聲儀》）

> 堯樂曰大章，舜樂曰簫韶，禹曰大夏，殷曰大濩，周曰勺又曰，大武。（《樂·叶圖徵》）

至於爵位，或主張三等爵、或主張五等爵，《禮·含文嘉》云：

> 殷爵三等，殷正尚白，白者兼正中，故三等；夏尚黑，亦從三等。

> 周爵五等，凡南面之君，五者法五行之剛日，凡北面之臣，五者法五行之柔日。

《春秋·元命包》解釋爵位或三等、或五等，是因為「質家爵三等者，法天之有三光也；文家爵五等者，法地之有五行也」，而「正朔三而改，文質再而復」所以有三等爵、有五等爵。

在禮制亦有一定規劃，《禮·含文嘉》就提到九賜之禮及旗、墳等制：

> 九賜：一曰車馬、二曰衣服、三曰樂則、四曰朱戶、五曰納陛、六曰虎賁、七曰弓矢、八曰鈇鉞、九曰秬鬯。

> 天子之旗九仞，十二旒曳地；諸侯七仞，九旒齊軫；卿大夫五仞，五旒齊較；士三仞，三旒齊首。

> 旗有九名，日月為常，交龍為旂，通帛為旃，雜帛為物，熊虎為旗，龜蛇為旐，奎羽為旞，折羽為旌。

> 天子墳高三仞，樹以松，諸侯半之，樹以柏，大夫八尺，樹以欒，士四尺，樹以槐，庶人無墳，樹以楊柳。

> 大夫達梭謂斳，為四棱，以達兩端，士首本者，士斳去木之首本，令細與尾頭相應。

〔註 38〕 不過東漢明堂的形制前後期似有不同，參見殷善培《讖緯中的宇宙秩序》，淡江大學中研所碩士論文，第四章。

天子三公諸侯，皆以三帛，以薦玉。

五、祥　瑞

　　祥瑞是受命過程中天人相應的展現，既出現在聖王既將受命之際，也出現在聖王修德天下太平之時，《白虎通義‧卷六》云：

> 天下太平，符瑞所以來至者，以爲王者承天統理，調和陰陽，陰陽和，萬物序，休氣充塞，故符瑞並臻，皆應德而至。德至天，則斗極明，日月光，甘露降。德至地，則嘉禾生，莫莢起，秬鬯出，太平感。德至文表，則景星見，五緯順軌。德至草木，則朱草生，木連理。德至鳥獸，則鳳皇翔，鸞鳥舞，麒麟臻，白虎到，狐九尾，白雉降，白鹿見，白鳥下。德至山陵，則景雲出，芝實茂，陵出黑丹，阜出蓄莆，山出器車，澤出神鼎。德至淵泉，則黃龍見，醴泉涌，河出龍圖，洛出龜書，江出大貝，海出明珠。德至八方，則祥風至，佳氣時喜，鐘律調，音度施，四夷化，越裳貢。孝道至，則蓄莆生庖廚。

這段文獻所舉出的祥瑞現象在讖緯文獻中均可一一對應，陳立《疏證》舉證已詳，我們此處舉證就從略，不過，應指出的是讖緯思想的本質究竟是天文，所以從星象說祥瑞是讖緯思想重要的一環：

> 人君致尊而致命，則日月貞明。（《禮‧含文嘉》）

> 天子崇有德，彰有道，顯有功，襃有行，則太微星明，少微處士有德星應。（《禮‧含文嘉》）

> 五禮脩備則五諸侯星正行，光明不相凌侵，五穀應以大豐。（《禮‧含文嘉》）

> 政太平，則月多耀；政頌平，則赤明；政和平，則黑明；政象平，則白明；政昇平，則清而明。（《禮‧斗威儀》）

> 人君政治休明，賢良悉用，陰陽以和，風雨以時，則黃雲繽紛於列宿之間。（《春秋‧元命包》）

亦配合五帝德的方位來架構祥瑞之說，凡此均是讖緯思想將五行學說系統化運用下的產物：

> 君乘木而王，其政昇平，則日黃中而青暈。君乘火而王，其政頌平，

　　則曰黃中而赤暈。君乘金而王，其政象平，則曰黃中而白暈。君乘
　　水而王，其政和平，則曰黃中而黑暈。（《禮・斗威儀》）

　　君乘土而王，其政太平，則官星黃大，其餘六星，暉光四起。（《禮・
　　斗威儀》）

　　君乘火而王，其政頌平，則南海輸以文狐。（《禮・斗威儀》）

從帝王感生、異表、符瑞、改制到祥瑞的過程中，有兩個現象是必須要特別
提出的：

　　其一是聖王繫譜：

　　就聖王繫譜來說，徐興無先生提出「天道聖統」一詞來綜攝讖緯文獻中
的聖王繫譜，徐先生以爲周代的宗法聖統不符合現實需求，於是蘊育出了讖
緯文獻中的天道聖統（徐興無，《讖緯文獻中的天道聖統》，頁 12～29），但我
們以爲此說值得再商榷！因爲周代的宗法聖統雖不行於漢代，但古文經學強
調聖人有父，也就是「同祖說」，今文經學強調聖人感生說，同祖與感生互爲
敵體，讖緯文獻中的帝繫譜正在調和二者，亦即將古文經學同祖說轉成「次
運相據而起」，再將今文經學的感生說納入受命條件之中，所以東漢賈逵會說
「五經家皆無以證明劉氏爲堯後者，而左氏獨有明文。五經家皆言顓頊代黃
帝，而堯不得爲火德，左氏以爲少昊代黃帝，即圖讖所謂帝宣也。如令堯不
得爲火，則漢不得爲赤」（《後漢書・賈逵傳》），賈逵的這段議論不能僅視爲
古文家牽合圖讖以獲得政治利益，更得從讖緯調合同祖、感生所作的努力來
理解。

　　讖緯文獻中的聖王繫譜是從三皇、五帝、三代直承而下，讖緯中的三皇
有二，一是天皇、地皇、人皇的古三皇，一是伏羲、女媧、神農，或伏羲、
遂人、神農的三皇。五帝是黃帝、顓頊、帝嚳、堯、舜及位居黃帝、顓頊之
間的少昊氏，周予同〈緯讖中的皇與帝〉已將讖緯中與三皇、五帝相關的文
獻仔細整理過，此處從略（詳見《周予同經學史論文選集》）。讖緯聖王繫譜
中最爲特殊的是造書契的倉頡亦在其中，《春秋・元命包》云：

　　倉帝史皇氏，名頡姓侯剛，龍顏侈哆，四目靈光，實有睿德，生而
　　能書，及受河圖綠字，於是窮天地之變化，仰觀奎星圓曲之勢，俯
　　察龜文鳥羽山川，指掌而創文字，天爲雨粟，鬼爲夜哭，龍乃潛藏，
　　治百有一十載，都於陽武，終葬衙之利鄉亭。

上一章中我們已指出讖緯對文字的解釋自成一套詮釋系統，既視文字爲神秘

符號，遂將傳說中造字的倉頡升爲聖王，有異表，有感應，這正是對文字魔
力的崇拜。

其二是孔子素王改制

孔子素王是漢代的共識，但這一問題頗爲複雜，不是以神化、教主這類標
籤就可輕易解決。所謂「素王」，乃指有德無爵者，其說始見於《莊子·天道》
的「以此處上，帝王天子之德也：以此處下，玄聖素王之道也」，將孔子與「素
王」聯繫在一起思考則始於董仲舒的「孔子作《春秋》，先正王而繫萬事，見素
王之文焉。」(《漢書·董仲舒傳》)孔子爲素王究竟代表怎樣的文化意涵呢？王
葆玹以爲雖然孔子爲素王普遍爲時人所接受，但因西漢諸帝並不承認孔子是素
王，「素王」的實質內容便有不同，公羊學指的是「王魯」，即代周而有天下的
應是孔子，於是便形成一股對漢代政權的批判勢力，從而帶來公羊學的危機；
穀梁學爲避開公羊學與的政權的矛盾，「素王」指的是繼承殷王統緒，這正是西
漢中後期穀梁學官方扶持穀梁學的原因所在(《西漢經學源流》，第四章)，王先
生的說法極具洞見，公羊學的王魯說的確爲公羊學代來了極爲嚴重的挑戰，也
使儒家最具批判色彩的公羊學爲政權所壓抑。〔註39〕今文經學中對「素王」既
有如此轉折，讖緯思想中的素王就值得我們三致其意了。

在讖緯思想中孔子既是「王」，感天而生、生有異表是當然的：

△感生

孔子母徵在，游大澤之陂，睡夢黑帝使請己，已往夢交，語曰：汝
乳必于空桑之中，覺則若感，生丘於空桑。(《春秋·演孔圖》)

孔子母徵在，遊大澤之陂，睡夢黑帝使請，已已往夢交。曰：汝乳
必於空桑之中，覺則若感生，生丘於空桑。(《春秋·演孔圖》)

△異表

孔子反宇，是謂尼丘，德澤所興，藏元通流。(《禮·含文嘉》)

孔子長十尺，大九圍，坐如蹲龍，立如牽牛，就之如昂，望之如斗。
(《春秋·演孔圖》)

孔子之胸有文，曰：制作定，世符運。(《論語·摘輔象》)

仲尼唇，舌里七重，吐數陳機受度。(《孝經·鈞命決》)

〔註39〕公羊學可以說是中國的政治儒學，代表「制度的焦慮」，與心性儒學有極大的
　　　　區別。仝註15所引蔣慶書，第一章。

> 仲尼虎掌。仲尼龜脊。夫子輔喉駢齒。(《孝經‧鉤命決》)

> 孔子海口，言若含澤。(《孝經‧援神契》)

孔子既是素王，自然亦有「諸神扶持」，而這些「諸神」就是孔門弟子了，其說多見論語讖中：

> 顏回山庭日角，曾子珠衡犀角。子貢山庭，斗繞口。子貢斗星繞口，南容升。樊遲山額，有若月衡，反宇陷額，是謂和喜。(〈摘輔象〉)

> 仲弓鉤文在手，是謂知始。宰我手握戶，是謂守道。子游手握文雅，是謂敏士。公冶長手握輔，是謂習道。子貢手握五，是謂受相。公伯周手握直期，是謂疾惡。澹臺滅明掌，是謂正直。(〈摘輔象〉)

> 仲尼為素王。顏淵為司徒。子路為司空。(〈摘輔象〉)

> 子路感雷精而生，尚剛好勇⋯⋯(〈比考讖〉)

但，孔子畢竟是有德無爵的素王，所以受命程序的第三項「符瑞」就付之闕如，而是意謂周亡的「麟」的出現，「蒼之滅也，麟不榮也；麟，木精」(《春秋‧演孔圖》)，以及「血書」：

> 孔子謂子夏曰：麟得之月，天當有血書端門。子夏至期往視，逢一郎，言門有血書。往寫之，血飛烏化為帛。烏消書出，署曰「演孔圖」。(〈說題辭〉)

> 得麟之後，天下血書魯端門，曰：趨作法，孔聖沒，周姬亡，彗東西，秦政起，胡破術，書記散，孔不絕。子夏明日往視之，血書飛為赤烏，化為白書，署曰「演孔圖」，中有作圖制法之狀。(《春秋‧演孔圖》)

「丘為制法，主黑綠，不代蒼黃」(《孝經‧援神契》)，孔子為黑帝精，而周為木德，承木德者當為火德，孔子生不逢時，所以不得為王，所以名為「素王」。不過「王」畢竟是「王」，《春秋》一書就是孔子的「改制」理念，「聖人不空生，必有所制，以顯天心。丘為木鐸，制天下法。」(《春秋‧演孔圖》)，只是這一「改制」在當時並未施行就制度上講，周為赤統，繼周者為黑統，合為孔子黑帝精之時，所以讖緯中屢言孔子為赤制，如：

> 丘生倉際，觸期稽度，為赤制。故作《春秋》，以明文命；綴紀撰《書》，修定禮義。(《尚書‧考靈曜》)

> 丘立制命，帝卯行。(《孝經‧援神契》)

丘攬史記，援引古圖，推集天變，爲漢帝制法，陳敘圖錄。(《春秋·漢含孳》)

黑孔生，爲赤制。(《春秋·感精符》)

孔子論經，有鳥化爲書。孔子奉以告天，赤爵集書上化爲黃玉，刻曰：孔提命，作應法，爲赤制。(《春秋·演孔圖》)

讖緯中以孔子爲漢赤制的說法來界定「素王」，不但避開了來自政權的壓力，且爲政權的正當性提供了理論依據，讖緯思想亦在此基礎上展開對制度的規劃，這可說是讖緯用意精微處，實不宜用神化孔子，視孔子爲教主一類標籤來理解。

結　論

　　本論部份我們已就讖緯名義、篇卷、命名、敘述、思維、主題等角度將讖緯思想的第一序問題做了較爲全面的解析，唯尙有一雖屬第二序，但實與第一序息息相關的問題必須加以解決，此即《白虎通義》與讖緯的關係，我們不妨再此稍加探討以呼應本論，權爲本題之結論。

　　《白虎通義》與讖緯有相當淵源，這是研究兩漢學術者無不周知的，只是兩者關係究竟是如侯外廬所指的：《白虎通義》「百分之九十的內容出於讖緯」呢？還是如任繼愈所說：把讖緯的本質大量的刪汰了？彼此認知不同，直接觸及對讖緯地位的探討。再則，若從《白虎通義》直接標明爲援引讖緯者，其數量不過二、三十次而已，是否就可如黃復山所說的：「讖緯釋經未成風潮？」若將這些問題與白虎觀會議後順帝陽嘉時張衡上書請禁圖讖提到的「此皆欺世罔俗以昧勢位，情僞駁然，莫之糾禁。且律歷卦候九宮風角，數有徵效，世莫肯學，而競稱不占之書」一併思考，何以向來「立言於前，有徵於後」（張衡語）的圖讖，到此時就成了「不占之書」？這些問題的釐清實有助於理解光武「宣佈圖讖於天下」後，讖緯由「詭爲隱語，欲決吉凶」到助經佐文的轉變。換言之，即從圖讖轉化成圖緯的歷程，同時也有助於理解《白虎通義》引讖緯的命意所在！

　　東漢章帝建初四年（西元 79 年），校書郞楊終上疏，以爲「宣帝博徵群儒，論定五經於石渠閣。方今天下少事，學者得成其業，而章句之徒，破壞大體。宜如石渠故事，永爲後世則。」（《後漢書・楊終傳》），此議爲章帝所採，十一月壬戌，章帝下詔云：（《後漢書・章帝紀》）

　　蓋三代導人，教學爲本。漢承暴秦，褒顯儒術，建立五經，爲置博

士。其後學者精進，雖曰承師，亦別名家。孝宣皇帝以爲去聖久遠，學不厭博，故遂立大、小夏侯《尚書》，後又立京氏《易》。至建武中，復置顏氏、嚴氏《春秋》，大、小戴《禮》博士。此皆所以扶進微學，尊廣道藝也。中元元年詔書，五經章句煩多，議欲減省。至永平元年，長水校尉儵奏言，先帝大業，當以時施行。欲使諸儒共正經義，頗令學者得以自助。孔子曰：『學之不講，是吾憂也。』又曰：『博學而篤志，切問而近思，仁在其中矣。』於戲，其勉之哉！

於是「下太常、將、大夫、博士、議郎、郎官及諸生、諸儒會白虎觀，講議五經同異，使五官中郎將魏應承制問，侍中淳于恭奏，帝親稱制臨決，如孝宣甘露石渠故事，作《白虎奏議》」。〔註1〕

〔註1〕白虎觀會議之後，章帝命班固所撰集的《白虎通義》一書，歷代書志所載書名，及篇卷頗不一致，茲就歷代書志所載，關於《白虎通德論》的著錄如下：《隋書·經籍志·五經總義類》：白虎通六拼。《舊唐書·經籍志·經雜解類》：白虎通六卷。注曰：漢章帝撰。《新唐書·藝文志·經解類》：班固等白虎通義六卷。《崇文總目》：白虎通德論，十卷，後漢班固撰，凡十四篇。《玉海》：中興書目謂白虎通十卷，凡四十篇。今本爵號至嫁娶凡四三。《通志》：白虎通六卷，十四篇。《宋史·藝文志·經解類》：班固·白虎通，十卷。《郡齋讀書志》：白虎通德論·十卷。《直齋書錄解題》：白虎通，十卷，凡四十四門。《四庫全書總目提要》：白虎通義，四卷，四十四篇。在這些書志中，共有《白虎通》、《白虎通義》、《白虎通德論》三種稱呼，卷數也有四卷、六卷、十卷等之別。書名的岐異肇端於《後漢書》對此就有不同的稱呼：《後漢書·班固傳》載：「天子會諸儒講論五經，作《白虎通德論》，今固撰集其事。」《後漢書·儒林傳》載：「肅宗親臨稱制，如石渠故事，顧命史臣著爲《通義》」，《後漢書·章帝紀》載：「侍中淳于恭奏帝親稱制臨決，如孝宣甘露石渠故事，作《白虎奏議》」，而袁宏《後漢紀·孝章皇帝》則說：「秋，詔儒會白虎觀，議五經同異，曰《白虎通》」，針對這種現象，劉師培以爲：「昔在漢章之世，集諸儒於白虎觀，講論五經同異，所纂之書，其名岐出。章紀謂之《議奏》，儒林傳謂爲《通義》，近儒究心錄略者，陽湖莊氏別《通義》於《奏議》之外，謂與《議奏》爲二書。瑞安孫氏列《通義》於《奏議》之中，謂即《奏議》之一類。以今審之，二說均違。考諸儒講議之際，問者魏應，奏者淳于恭，嗣則章帝親臨，稱制決議范書所臚，始末昭明，夫漢儒說經各尚師法，持執既異，辯難斯起，是則所奏之文，必條列眾說，兼及辯詞。臨決之後，則有詔制，從違之詞，按條分級。《通典》所引石渠禮論，其成法也。然上稽班志，石渠論經均稱《奏議》，則章紀所云《議奏》，殆即淳于所奏，漢章所決之詞歟？若夫《通義》之書，蓋就帝制所臚之說，纂爲一編，何則？所奏匪一，以帝制爲折衷，大抵評騭諸說，昭臚而從，或所宗雖一，而別說亦復並存，裁准既定，宜就要刪，故《儒林傳序》又言顧命史臣作於《通義》也。（《劉申叔先生遺書·白虎通義源流考》）即以《白虎通義》才是的名，至於其他異

可知「章句之徒，破壞大體」與「章句煩多，議欲減省」是白虎觀會議之所以舉行的直接原因，〔註2〕然而章句煩多、破壞大體何以會構成一種危機，甚至需要召開一場「連月乃罷」盛況空前的會議？〔註3〕這就關連到漢代經學的性質：漢代經學自武帝以來，「經傳在詔令奏議中的作用，也就是當時常常說到的『經義』作用，有如今日政治中決定大是大非的法制乃至憲法」，〔註4〕而經學博士的設立，無疑是「對自己代表的經所作的解釋，即成為權威的解釋。並且自然演進為『經的法定權威地位』，實際成為博士們所作解釋的法定權威地位。」，〔註5〕而章句之徒動輒萬言的堂皇鉅著，對律法崇向簡明扼要，勿滋疑義的要求，無疑是種背離，為了一統思想，是不得不思齊整經

説如：清・周廣業以為《白虎通》是書名，《白虎通德論》是六朝人的誤題，理由是李善《文選注》引有班《功德論》一書，諒係范曄在寫班固傳時漏掉了一個「功」字，而誤合二書為一書。清・莊述祖則以為《白虎通義》與《白虎議奏》是不同的二本書。孫詒讓則以為《白虎通義》是建初年間的原名，《白虎通德論》是六朝人的改題，《白虎通》則是《白虎通義》的簡稱，而《白虎通義》則是根據《白虎議奏》中的《五經雜議》部份改寫的。孫說甚可商榷，因為孫氏以為白虎觀會議是完全仿照石渠閣會議，而石渠閣會議據《漢書・藝文志》所錄，留有《五經雜議》十八篇，《書議奏》四十二篇，《禮》議奏三十八篇，《春秋議奏》三十九篇，《論語議奏》十八篇，可推知《白虎議奏》當即是《春秋議奏》一類書，而《五經雜議》即《白虎通義》所本，但《議奏》性質其實近似稿本，這可由輯佚書中所考見的石渠議奏得知（引自馬國翰・《玉函山房輯佚書・經・通禮類》），如《禮議奏》載有：「大宗無後，族無庶子，已有一嫡子，當絕父祀，以后大宗否？戴聖云：大宗不可絕。言嫡子不為後者，不得先庶耳。族無庶子，則當絕父，以後大宗。聞人通漢云：大宗有絕，子不絕其父。宣帝制曰：聖議是也。」當如劉氏所云，章帝臨決之後，如班固就《奏議》資料重新整理成定本。至於篇卷問題，雖有四、六、十、十二卷之別，但現行刊本的篇目多半無殊，因此篇卷開合也就不那麼重要了。

〔註2〕兩漢章句之學的性質，林慶彰〈兩漢章句之學重探〉一文有詳盡的分析，此文收在《漢代文學與思想學術研討會論文集》（台北：文史哲，民國80年），又收在《中國經學史論文選（上）》（文史哲・八一）。

〔註3〕《後漢書・儒林傳》載：「章帝建初中，大會諸儒於白虎觀，考詳同異，連月迺罷。肅宗親臨稱制，如石渠故事，顧命史臣著為《通義》。」雖然漢帝命諸儒考校五經同異一事早為故事，如宣帝甘露元年（西元前五三年）就曾為《公羊傳》、《穀梁傳》的同異召開一次會議，這就在石渠閣會議之前。但像這次規模之大、參與人數之多，恐是只有漢昭帝時的鹽鐵會議與宣帝的石渠閣會議可以比配了，但「連之迺罷」恐又非前兩次所及。

〔註4〕徐復觀，《中國經學史的基礎》（台北：學生，民國71年），頁226。徐氏對此現象引證頗多，茲不詳述。

〔註5〕前揭書，頁76。

義的；〔註6〕尤其，東漢承新莽之後，古今文之爭曾一度緊張，〔註7〕再加以
讖緯地位的尊崇，經義取捨難免有別，思想界之混亂可想而知，在這種背景
下，因而有白虎觀會議的舉行。

　　參與這次會議的究竟是那些學者？《後漢書》的記載頗為零散，參較相
關紀傳，可得：班固、賈逵、魏應、召馴、樓望、李育、張酺、桓郁、魯恭、
丁鴻、淳于恭、楊終、成封、劉羨等人。〔註8〕再察與會諸人的學承，可考如
下（所引資料，悉據《後漢書》本傳）：

　　班固：博貫載籍，九流百家之言，無不窮究。所學無常師，不為章句，
　　　　　舉大義而已。

　　賈逵：父徽，從劉歆受《左氏春秋》，兼習《國語》、《周官》，又受《古
　　　　　文尚書》於塗惲，學《毛詩》謝曼卿，作《左氏條例》二十一篇。
　　　　　逵悉傳父業，弱冠能誦《左氏傳》及五經本文，以大夏侯《尚書》
　　　　　教授，雖為古學，兼通五經穀梁之說。

　△魏應：建武初，詣博士受業，習魯詩。

　△召馴：少習韓詩，博通書傳，以志義聞，鄉里號曰「德行恂恂召伯春」

　△樓望：少習嚴氏《春秋》

〔註6〕《漢書·儒林傳贊》所說的「自武帝立五經博士，設科射策，勸以官祿，訖
　　　於元始，百有餘年，傳業者寖盛，支葉繁滋，一經說至百餘萬言，大師眾至
　　　千餘人，蓋祿利之路然也」，誠可睹其盛況，而章句繁多的情況，由下引幾則
　　　文獻即可見其一斑。桓譚《新論》：「秦近書能說〈堯典〉，篇目兩字之說至十
　　　餘萬言；但說『曰若稽古』三萬言」，《後漢書·鄭玄傳論》：「經有數家，家
　　　有數說，章句多者或乃百餘萬言，學者勞而少功，後生疑而莫正」，《後漢書·
　　　桓郁傳》：「初，榮受朱普學章句四十萬言，浮辭繁長，多過其實。及榮入授
　　　顯宗，減為三十三萬言。郁復刪省定成十二萬言，由是有桓君大小太常章句」。

〔註7〕光武帝建武四年（西元28年），尚書令韓歆上疏，欲為費氏易、左氏春秋立
　　　博士，陳元、范升諸人爭辯許久。

〔註8〕據〈章帝紀〉知此議是楊終所上，帝命魏應承制命，淳于恭奏，再參〈桓榮
　　　丁鴻列傳〉：「肅宗詔鴻與廣平王羨及諸儒樓望、成封、桓郁、賈逵等，論定
　　　五經同異於北宮白虎觀」（鴻，丁鴻。廣平王羨，劉羨，明帝子），〈班固傳〉：
　　　「天子會諸儒講論五經，作《白虎通德論》，令固撰集其事。」〈卓魯魏劉列
　　　傳〉：「肅宗集諸儒於白虎觀，恭特以經明得召，與其議」（恭，魯恭），〈儒林
　　　傳·召馴〉：「建初元年，稍遷騎都尉，侍講肅宗。拜左中郎將，入授諸王」（案：
　　　召馴為侍講，又為郎將，正是章帝詔書中所提及的「郎官」，自當與會），〈儒
　　　林傳·李育〉：「四年，詔與諸儒論五經於白虎觀，育以公羊義難賈逵，往返
　　　皆有理據，最為通儒」，〈袁張韓周列〉：「張酺……及肅宗即位，擢酺為侍中、
　　　虎賁中郎將。」（案：侍中、中郎將正是詔書中所列名與會者）。

　　△李育：少習《公羊春秋》，沈思專精，博覽書傳，知名太學，深爲同郡班
　　　　　固所重……頗涉獵古學，嘗讀《左氏傳》，雖樂其文采，然謂不得
　　　　　聖人深意，以爲前世陳元、范升之徒更相非折，而多引圖讖，不
　　　　　據理體，於是作《難左氏義》四十一事。
　　△張酺：酺從祖父充受《尙書》，能傳其業。又事太常桓榮。
　　△桓郁：敦厚篤學，專父業，以《尙書》教授。（案：郁父榮，少學長安，
　　　　　習歐陽《尙書》，事博士九江朱普。）
　　△魯恭：習魯詩。
　　△丁鴻：從桓榮受歐陽《尙書》，三年而明章句，善論難，爲都講。淳于恭：
　　　　　善說《老子》，清靜不慕榮名。
　　△楊終：年十三，爲郡小吏，太守奇其才，遣詣京師受業，習《春秋》（案：
　　　　　受業京師，是知終所學當爲今文學）
　　成封：（無傳）。

　　有△號者爲今文經學系統，李育雖兼習古文，但在白虎觀會議，「育以《公
羊》義難賈逵，往返皆有理證，最爲通儒」仍是站在今文經學的立場。很明
顯的，這次會議的與會學者以今文經學佔優勢，隸屬古文學的賈逵、班固二
人，其實是「通儒」性質的學者，造成這種現象，原因不難索解；雖然在白
虎觀會議之前，今古文經學間曾發生兩次較激烈的論爭，一次是光武帝建武
初年，范升等今文學家與韓歆、許淑、陳元的爲《春秋左氏》立爲學官的問
題展開激辯，光武雖爲左氏立學官，但立而旋廢，仍是今文經學主導學官；
一次是章帝建初元年，也就是白虎觀會議的前三年，賈逵、李育又爲《左氏
傳》的優劣展開論爭，這場論爭持續到白虎觀會中仍在進行。但，古文經學
一直未列入學官，未列學官，在典律的性質上就遠遜於今文經學，所以在「講
議五經同異」，深富典律性質的白虎觀會議上就難怪是以今文經學爲主導了，
〔註9〕而章帝的「親臨稱制」也帶有典律裁決的意味。值得留意的是書名中的
「通」字，章權才以爲：「這個『通』字是很關緊要的字眼。它無疑體現了這
本書的特點和風格。我們認爲，可以從三個角度理解這個『通』字，一是從

〔註9〕在《白虎通義》引書中，博引今、古文乃至讖緯諸書，但據莊述祖〈白虎通
　　　　義考序〉的考證，所採古文經學如《毛詩》、《古文尙書》、《周官》，但獨無《左
　　　　氏傳》，這就頗堪玩味了。自西漢末年以來的今古文之爭都是環繞《左氏傳》
　　　　而起，從特定的角度來看，《左氏傳》可以說正代表著古文經學，白虎觀會議
　　　　刻意壓制《左氏傳》，足證彼時經學仍是今文家天下。

地位上理解；一是從內容上理解；一是從作用上理解。地位上，它是經由皇帝欽定的闡發經義、闡發聖人之道的書籍，而據說聖人之道是無所不通的……內容上，通過『考詳同異』，使在各類經籍和有關書籍中找到共通點，這就是所謂『通義』或『通德』。作用上，這部書據說不僅可以用之經緯社會，而且可以指導長遠，這就是時人所稱：『唐哉皇哉，永垂世則』（章權才，《兩漢經學史》，廣東：廣東人民，1990，頁 215），其實，「通」乃是東漢以來所興起對知識階層的要求，《說文》：「通，達也」，《論衡‧超奇》：「能說一經者爲儒生，博覽古今者爲通人」，《風俗通義》：「授先王之制，立當時之事，綱紀國體，原本要化，此通儒也」。《白虎通義》的「通」當由此索解。

侯外廬說《白虎通義》「百分之九十的內容出自讖緯」，這是指《白虎通義》所論述的內容與讖緯多所互見，莊述祖說：「是書之論郊祀、社稷、靈臺、明堂、封禪，悉檃括緯候，兼綜圖書，附世主之好，以混道目，違失六藝之本，視石渠爲駁矣。」（〈白虎通義考〉）若從「隱括」的角度看，《白虎通義》的確「檃栝」了不少讖緯的內容，如：「所以名爲歲何？歲者，遂也。三百六十六一周天，萬物畢成，故爲一歲也。《尚書》曰：「期三百有六旬有六日，以閏月定四時成歲。」（卷九‧四時）陳立疏證就引〈元命苞〉的：「歲之言遂也」，及「冬至百八十日春夏成，夏至百八十日秋冬成，合三百六十日歲數舉」（舉全數，故言三百六十日也）。但是若要證明檃括現象的成立，就必須能回答這兩個問題：其一、讖緯既爲當時顯學，又何以有檃括的必要？其二，既檃括矣，又何以有直接徵引讖緯之必要？難道這些徵引的條目是無從檃括嗎？可見檃括是無法解釋《白虎通義》與讖緯的關係！

只是這種近乎「檃括」的現象畢竟存在，這究竟該如何解釋呢？其實這是時代逼出的命題，因爲讖緯的出現自然也回應了漢代思想的種種問題，從這一層面言，讖緯與經學之通經致用的功能是相當一致的，《白虎通義》既是整齊經義，兩者在這一層面上可以相通；因此並非《白虎通義》檃括讖緯，而是這些檃括現象，正是讖緯與經學所共同面臨的時代問題，不可因文中與讖緯有近似處便說「百分之九十的內容出於讖緯」！

不過，問題並不如此簡單，全書中徵引讖緯不過廿六處廿七條（引《尚書中侯》二處引不詳所出的「讖」一處不計在內），〔註10〕若讖緯地位凌駕經

〔註10〕 這幾則分別是：《中侯》曰：「天子臣放勳、」（卷一‧爵）《中侯》曰：「廢考，立發爲太子。」（卷一‧爵） 讖曰：「閏者，陽之餘。」（卷九‧四時）

學之上，何以徵引數量如此之少？這是否就是任繼愈所謂的把讖緯的本質大量的刪汰了？或者是黃復山指的讖緯釋經未成風潮？我們以爲糾葛於徵引數量的多寡是無法找出答案，尚須考慮《白虎通義》與讖緯的性質是否一致。事實上《白虎通義》所關心的問題是禮制，所以全書（除卷十二闕文爲莊述祖所輯補，暫置不論），十一卷共討論了42項合節，計308小節目在10條以上者有爵（10）、社稷（13）、禮樂（11）、封公侯（14）、三軍（10）、巡狩（10）、蓍龜（12）、嫁娶（30）、喪服（16）、崩薨（23）等 10 項，這些問題中尤其是「嫁娶」、「崩薨」之禮佔了全書六分之一以上的條目，更可見其受重視的程度，這正表示這些條目是最有爭議而亟須議定的。〔註11〕換言之，《白虎通義》乃是國家儀法大典，與讖緯命意在天文與受命者迥然異趣，性質既有別，因此直接徵引的數量自然不多，不可由此推出將讖緯大量刪汰或讖緯釋經未成風潮。

　　再則，引讖緯與引其他典籍都是通經致用的一種手段，但我們得考慮引讖緯與引其他典籍在性質上是否相同？從上下文看，《白虎通義》引讖緯似與引其他經書無別，但若從「爲何引讖緯」這一角度考察答案就出來了。因爲東漢初讖緯挾其政治上的優勢及占驗之說，地位遠遠凌駕在其他典籍之上；到光武宣佈圖讖以後，讖緯「圖讖」功能已失，漸成「不占之書」；及至張衡之後圖讖更轉成圖緯，本來凌駕於其他經籍之上的圖讖已成爲一種特殊的文獻——配經佐文之用了。《白虎通義》就處於圖讖到圖緯轉變的前期，既雜有占驗功能，但已不具有「圖讖」的影響力；雖有文獻性質，但還構不上「圖緯」的釋經功能，換言之，《白虎通義》引讖緯與引其他典籍是不同的，引讖緯仍意在徵驗、論斷或裁量，但引其他經書則是爲了「正經義」，意在去取。雖然在敘述型態上兩者似乎無別，但性質完全不同，唯有掌握此間幽微的區別才能解釋《白虎通義》與讖緯的關係，茲舉數例爲證：

> 天子者，爵稱也。爵所以稱天子何？王者，父天母地，爲天之子也。
> 故《援神契》曰：「天覆地載，謂之天子，上法斗極。」《鉤命決》
> 曰：「天子，爵稱也。」（卷一·爵）

〔註11〕白虎觀會議之後，曹褒請制漢禮，並於章帝章和元年上《漢禮》，但問題並未結束，和帝永元九年，張奮上書：「臣以爲漢當制作禮樂，是先帝聖德，數下詔書，恐傷崩缺。而眾儒不達，議多駁異。臣累世台輔，而大典未定，私竊惟憂，不忘寢食。臣犬馬齒盡，誠冀先死見禮樂之定。」（後漢書·張奮傳）可見禮制問題一直是東漢政治上的大問題，並不因白虎觀會議的召開而結束。

「天子」為爵稱是《易》及《春秋》今文家說，但古文家則有異說，引〈鉤命決〉明顯是裁判意味。

> 天左旋，日月五星右行何？日月五星，比天為陰，故右行。右行者，猶臣對君也。〈含文嘉〉曰：「計日月右行也。」〈刑德放〉曰：「日月東行。」（卷九‧日月‧論日月右行）

日月左行右行與漢代天文學說有關，漢代有右旋、左旋說爭，此處說天左旋、日月五星右行，是採「右旋說」，這是為平議天文學問題而發。

不過為能清楚說明此一過程，我們將光武建武元年至章帝建初四年間與讖緯相關文獻繫年如下：

甲、光武帝

1. 建武二年改服色

自帝即位，按圖讖推五德，漢為火德，周蒼漢赤，木生火，赤代蒼。故帝都洛陽，制兆於城南七里，北郊四里，行夏之時。時以平旦，服色犧牲尚黑，明，德之運，常服徽幟尚赤，四時隨色，季夏黃色。（《東漢漢記》‧卷一）

2. 建武二年薛漢受詔校定圖讖

建武初，為博士，受詔校定圖讖。（《後漢書‧薛漢傳》）

3. 建武二年令尹敏校圖讖

帝以敏博通經記，令校圖讖，使鐫去崔發所為王莽著錄次比……（《後漢書‧尹敏傳》）

4. 建武七年問鄭興郊祀事

初，帝嘗問興郊祀事，曰：「吾欲以讖斷之，如何？」興對曰：「臣不為讖。」帝怒曰：「卿之不為讖，非之邪？」興惶恐曰：『臣於書有所未學，而無所非也。』帝意乃解。興數言政事，依經守義，文章溫雅。然以不善讖，故不能任。（《後漢書‧鄭興傳》）

按：建武六年鄭興為太中大夫，建武七年五月光武詔三公曰：「漢當郊堯，其與卿大夫博士議。」故繫此事於是年。

5. 建武廿六年定禘祫禮

《後漢書‧張純傳》載光武詔張純「宜據經典」制定禘、祫之禮，張純引據《春秋公羊傳》、漢舊儀、《禮》及「禮說」。「禮說」之文為：「三年

一閏，天氣小備；五年再閏，天氣大備。故三年一禘，五年一祫。禘之
為言諦，諦定昭穆尊卑之義。禘祭以夏四月，夏者陽氣在上，陰氣在下，
故正尊卑之義也。祫祭以冬十月，冬者五穀成熟，物備禮成，故合聚飲
食也。」此「禮說」正是《禮緯·稽命嘉》。

6. 建武廿七年立辟雍、明堂

　　純以聖王之建辟雍，所以崇尊禮義，既富而教者也，乃案七經讖、明堂
圖、河閒古辟雍記、孝武太山明堂制度，及平帝時議，欲具奏之。其事
果行。（《後漢書·張純傳》）

　　自古受命而帝，治世之隆，必有封禪以告成功焉。《樂·動聲儀》曰：……
宜及嘉時，遵唐帝之典，繼孝武之業。以二月東巡狩，封于岱宗。（《後
漢書·張純傳》）

　　三十二年正月，上齋，夜讀《河圖·會昌符》曰：『赤劉之九，會命岱九。
不慎克用，何益於承。誠善用之，姦偽不萌。」感此文，乃詔松等復案
索河雒讖文言九世封神禪事者。松等列奏，乃許焉。（續漢書·郊祀志）

　　建武元年已前，文書散亡，舊典不具，不能明經文，以章句細微相況。
八十一卷，明者為驗；又其十卷，皆不昭晰……（《續漢書·祭祀志》）

　　（樊儵）永平元年，拜長水校尉，與公卿雜定郊祀禮儀，以讖記正五經
異說。（《後漢書·樊儵傳》）

　　時氣，五郊之兆。□自永平中，以禮讖及月令有郊迎氣服色。顯宗即位，
（曹）充上言：漢再受命，仍有封禪之事。而禮樂崩闕男子燕廣告英與
漁陽王平、顏忠等造作圖書，有逆謀，事下案驗。輔矜嚴有法度，好經
書，善說京氏《易》、《孝經》、論語傳及圖。

7. 建武卅年張純奏請封禪

8. 建武卅二年行封禪禮

9. 中元元年（56A.D.）宣佈圖讖於天下

乙、明　帝

1. 帝尤垂意經學，刪定擬議，稽合圖讖。（《東觀漢記·明帝紀》）

2. 永平元年以讖記定五經異說

3. 永平二年五郊迎氣服色

時氣，五郊之兆。□自永平中，以禮讖及月令有郊迎氣服色。(《續漢書·郊祀志》)

4. 永平三年改大樂為大予樂

，不可為後嗣法。五帝不相沿樂，三王不相襲禮，大漢自當制禮，以示百世。帝問曰：「制禮樂云何？」充對曰：「《河圖·括地象》曰：有漢世禮樂文雅出。《尚書·璇璣鈴》曰：有帝漢出，德洽作樂，名予。」帝善之，下詔曰：「今改大樂官曰：太予樂，歌詩曲操，以俟君子。」(《後漢書·曹褒傳》)

5. 永平十三年楚王英造圖讖

有司奏英招聚姦猾，造作圖讖，擅相官秩，置諸侯王公將軍二千石，請誅之。(《後漢書·光武十王傳》)

6. 沛獻王好圖讖

讖，作《五經論》，時號之曰沛王通論。(仝上)

7. 蘇朗偽言圖讖事，下獄死。(《後漢書·班固傳》)

丙、章　帝

1. 建初元年賈逵上書

帝立，降意儒術，特好古文《尚書》、左氏傳，詔逵入講北宮白虎觀，南宮雲臺。帝善逵說，使出左氏傳大義長於二傳者。逵於是具條奏之曰：「……臣以永平中上言左氏與圖讖合者，先帝不遺芻蕘，省納臣言，寫其傳詁，藏之秘書……至光武皇帝，奮獨見之明，興立左氏穀梁。會二家先師，不曉圖讖，故令中道而廢……又五經家皆無以證圖讖明劉氏為堯後者，而左氏獨有明文……。」(《後漢書·賈逵傳》)

2. 建初元年李育非難左氏

（李育）頗涉獵古學，嘗讀左氏傳，雖樂文采，然謂不得聖人深意，以為前世陳元范升之徒，更相非折，而多引圖讖，不據理體，於是作《難左氏義》四十一。(《後漢書·李育傳》)

這些文獻清楚地反映出讖緯在「圖讖」階段的「徵驗」功能，其地位是超越五經而起裁判功能，這是白虎觀會議舉行前的風尚，但參與會議的李育，已對「多引圖讖」多所非難，及至白虎觀會議，性質是「講議五經異同」，這與圖讖預決吉凶的本質並不相符，但時代風氣仍尚圖讖，這就牽合圖讖使之

與經義相涉，從引文中可以得見此時圖讖的地位高於五經之上，但這已是圖
讖轉爲圖緯的先聲，圖讖的預言性也因此而喪失，曹褒在會議之後雜以「五
經讖記之文」（章帝元和二年）以定漢儀，讖記用來定漢儀，圖讖的轉變於此
可以思過半矣。

參考書目舉要

一、

1. 《緯書集成》，上海古籍。
2. 《重修緯書集成》，安居香山、中村璋八合編，明德。
3. 《緯學源流興廢考》，清・蔣清翊，研文出版。
4. 《緯書の基礎的研究》，安居香山、中村璋八合著，圖書刊行會。
5. 《緯書思想の綜合研究》，安居香山編，圖書刊行會。
6. 《緯書の成立とその展開》，安居香山，圖書刊行會。
7. 《緯書》，安居香山，明德。
8. 《緯書と中國の神秘思想》，安居香山，平河。
9. 《緯書與中國神秘思想》，安居香山，田人隆譯，河北人民。
10. 《古讖緯研討及其書目解題》，陳槃，國立編輯館。
11. 《鄭玄之讖緯學》，呂凱師，政大博士論文。
12. 《緯學探原》，王令樾，幼獅。
13. 《神秘文化》，王步貴，中國社會科學。
14. 《論讖緯文獻中的天道聖統》，徐興無，南京大學 1993 博士論文。
15. 《讖緯論略》，鍾肇鵬，遼寧教育。
16. 《神秘文化的啟示：緯書與漢代文化》，李中華，新華。

二、

1. 《周易正義》，唐・孔穎達，藝文。
2. 《尚書正義》，唐・孔穎達，藝文。
3. 《毛詩正義》，唐・孔穎達，藝文。

4. 《周禮注疏》，唐・賈公彥，藝文。

5. 《禮記正義》，唐・孔穎達，藝文。

6. 《今文尚書考證》，清・皮錫瑞，北京中華。

7. 《周禮正義》，清・孫詒讓，北京中華。

8. 《大戴禮記解詁》，清・王聘珍，漢京。

9. 《五禮通考》，清・秦蕙田，聖環。

10. 《孝經義疏補》，清・阮福，臺灣商務。

11. 《兩漢三國學案》，清・唐晏，仰哲。

12. 《兩漢經學政治》，湯志鈞等，上海古籍。

13. 《經學歷史》，清・皮錫瑞，藝文。

14. 《中國經學史基礎》，徐復觀，學生。

15. 《中國經學史論文選集》，林慶彰，文史哲。

16. 《兩漢經學史》，章權才，廣東人民。

17. 《西漢經學源流》，王葆玹，東大。

三、

1. 《國語》，吳・韋昭解，世界。

2. 《春秋左傳注》，楊伯峻，源流。

3. 《左傳紀事本末》，清・高士奇，里仁。

4. 《史記》，漢・司馬遷，鼎文。

5. 《史記會註考證》，瀧川龜太郎，宏業。

6. 《漢書》，漢・班固，鼎文。

7. 《後漢書》，南朝宋・范曄，鼎文。

8. 《漢紀》，漢・荀悅，鼎文。

9. 《東觀漢記》，漢・班固等撰，鼎文。

10. 《晉書》，唐・房玄齡，鼎文。

11. 《隋書》，唐・魏徵，鼎文。

12. 《舊唐書》，後晉・劉昫，鼎文。

13. 《新唐書》，宋・歐陽修，鼎文。

14. 《西漢會要》，清・徐天麟，世界。

15. 《東漢會要》，清・徐天麟，世界。

16. 《漢晉學術編年》，劉汝霖，長安。

17. 《秦漢文獻研究》，吳樹平，齊魯書社。

18. 《中國上古史研究講義》，顧頡剛，文史哲。

19. 《秦漢的方士與儒生》，顧頡剛，里仁。

20. 《顧頡剛讀書筆記》，顧頡剛，聯經。

21. 《二十五史補編》，開明。

22. 《奉天承運：古代中國的「國家」概念及其正當性基礎》，王健文，東大。

四、

1. 《全上古三代秦漢三國六朝文》，清·嚴可均，世界。

2. 《老子釋證》，朱謙之，里仁。

3. 《莊子集釋》，清·郭慶藩，世界。

4. 《呂氏春秋校釋》，陳奇猷注，華正。

5. 《新語校注》，王利器注，明文。

6. 《賈誼集校注》，吳雲注，中州古籍。

7. 《淮南鴻烈集解》，劉文典，文史哲。

8. 《春秋繁露義證》，清·蘇輿，中華。

9. 《論衡校釋》，黃暉，臺灣商務。

10. 《白虎通疏證》，清·陳立，廣文。

11. 《潛夫論集釋》，胡楚生，鼎文。

12. 《釋名》，漢·劉熙，臺灣商務。

五、

1. 《中國人性論史》，徐復觀，商務。

2. 《中國哲學十九講》，牟宗三，學生。

3. 《中國哲學史新編（二）》，馮友蘭，人民。

4. 《中國哲學史》，勞思光，中文大學。

5. 《中國思想通史》，侯外盧，中國史學社。

6. 《中國哲學發展史》，任繼愈，人民。

7. 《中國哲學範疇發展史（天道篇）》，張立文，中國人民大學。

8. 《中國哲學問題史》，張岱年，彙文堂。

9. 《中國古代天人鬼神交通之四種類型及其意義》，楊儒賓，臺大博士論文。

10. 《先秦兩漢之陰陽五行學說》，李漢三，維新。

11. 《先秦兩漢陰陽五行說之政治思想》，孫廣德，政大博士論文。

12. 《先秦齊學考》，林麗娥，臺灣商務。

13. 《兩漢思想史》，徐復觀，學生。

14. 《漢代思想史》，金春峰，中國社會科學。
15. 《易學哲學史（上）》，朱伯崑，北京大學。
16. 《兩漢易學史》，高懷民，商務。
17. 《兩漢哲學新探》，于首奎，四川人民。
18. 《董學探微》，周桂鈿，北京師範大學。
19. 《董仲舒天道觀》，王孺松，教育文物。
20. 《從災異到玄學》，謝大寧，臺灣師大博士論文。
21. 《從漢書五行志看春秋對兩漢政教的影響》，劉德漢，華正。
22. 《漢初學術與王充論衡述論稿》，李偉泰，長安。
23. 《鄒衍遺說考》，王夢鷗，臺灣商務。
24. 《稷下學史》，劉蔚華，苗潤田，中國廣播電視。
25. 《稷下鈎沉》，張秉楠，上海古籍。
26. 《批判的繼承與創造的發展》，傅偉勳，東大。
27. 《公羊學引論》，蔣慶，遼寧教育。
28. 《象數與義理》，張善文，遼寧教育。
29. 《漢代春秋學研究》，馬勇，四川人民。
30. 《易文化傳統與民族思維方式》，羅熾・劉澤亮，武漢。

六、

1. 《中國天文學史》，陳遵嬀，明文。
2. 《中國天文學史新探》，劉君燦編，明文。
3. 《二毋室天文曆法論集》，張汝舟，浙江古籍。
4. 《中國之科學與文明》，李約瑟，商務。
5. 《曆法叢談》，鄭天杰，文化大學。
6. 《天文與人文》，陳江風，國際文化。
7. 《中國科技史與文化》，劉君燦，華世。
8. 《史記天官書今註》，高平子，中華叢書。
9. 《異時空裡的知識追逐：科學史與科學哲學論文集》，傅大為，東大。
10. 《星占學與傳統文化》，江曉原，上海古籍。
11. 《中國節令史》，李永匡・王熹，文津。
12. 《天學真原》，江曉原，遼寧教育。
13. 《中國方術概觀：占星卷》，李零編，人民中國。
14. 《陳久金集》，陳久金，黑龍江教育。

15. 《天人之際》，江曉原・鈕衛星，上海古籍。

16. 《天人象：陰陽五行學說史導論》，謝松齡，山東文藝。

17. 《神秘的星象》，劉韶軍，廣西人民。

18. 《神秘的占候》，張家國，廣西人民。

19. 《星占與夢占》，劉文英，新華。

20. 《天文崇拜與文化交融》，陳江風，河南大學。

21. 《神秘的預言》，丁鼎・楊洪權，山西人民。

22. 《歷史上的星占學》，江曉原，上海科技。

23. 《宇宙星象探秘》，張啓亮，氣象。

24. 《陰陽新論》，顧文炳，遼寧教育。

25. 《五行新論》，殷南根，遼寧教育。

26. 《五行大義》，隋・蕭吉，明德。

27. 《方術迷信與科學》，鄭杰文・陳朝暉，山東人民。

28. 《優入聖域：權力・信仰與正當性》，黃進興，允晨。

29. 《追尋一己之福：中國古代的信仰世界》，蒲慕州，允晨。

七、

1. 《四庫全書總目提要》，清・紀昀，商務。

2. 《四庫提要辨正》，余嘉錫，北京中華。

3. 《普通語言學教程》，索緒爾，弘文館。

4. 《社會語言學》，赫德森，社科院。

5. 《人論》，卡西勒，結構群。

6. 《釋名研究》，徐芳敏，臺大中文所碩士論文。

7. 《山海經校注》，袁珂校注，里仁。

8. 《鄒衍遺說考》，王夢鷗，商務。

9. 《漢代的相人術》，祝平一，學生。

10. 《中古代游藝史》，李建民，東大。

11. 《漢代樂舞百戲藝術研究》，蕭亢達，文物。

12. 《漢代的巫者》，林富士，稻鄉。

八、

1. 〈齊詩學之三基四始五際六情說探微〉，林金泉，《成大學報》二〇卷。

2. 〈詩緯星象分野考〉，林金泉，《成大學報》二一卷。

3. 〈易緯六十四卦流轉注十二辰表研究〉，林金泉，《漢學研究》六卷二期。

4. 〈漢碑裡的緯書説〉，中村璋八，《孔孟月刊》二三卷六期。

5. 〈天人感應與天人合一〉，黃樸民，《文史哲》1988 年第四期。

6. 〈古籍神秘性編撰型式補證〉，楊希枚，《國立編譯館刊》一卷三期。

7. 〈讖對秦漢政治的影響〉，賀凌虛，《社會科學論叢》三六期。

8. 〈明堂形制初探〉，王世仁，《中國文化研究集刊》第四期。

9. 〈先秦禮論初探〉，劉澤華，《中國文化研究集刊》第四期。

10. 〈讖緯思想與訓詁符號：以白虎通爲例〉，羅肇錦，《臺北師院學報》·第三期。

11. 〈緯書與政治神話研究〉，冷德熙，《天津社會科學》1992 年第五期。

12. 〈兩漢之際陰陽五行説和讖緯説的演變〉，陳其泰，《孔子研究》1993 年第四期。

13. 〈兩漢讖緯透視〉，王清淮，《遼寧大學學報》1992 年。

14. 〈論緯書〉，王鐵，《華東師範大學學報哲學社會科學版》1992 年。

15. 〈漢天人感應思想對宰相制度的影響〉，于振波，《中國社會科學院研究生學報》1994 年第六期。

16. 〈讖緯異名同實考辨〉，黃復山，《輔仁大學漢代思想研討會》。